U0601466

山陰縣志卷二十四

政事志第三之六

二氏之學大旨以心性爲歸其以因果感應爲言亦足翊政刑而戢姦暴故竺典丹經流傳不廢名藍精舍時奉

勑修所以壹道德齊風尚也至於墓大夫之掌古有專官槨下季之壟昔禁樵采

聖朝仁育義正

恩浹壤泉凡前哲體魄所藏並

勑有司歲加防護今浙中封疆重臣勤爲一書檄行郡邑詳前壇廟卷倉帝廟條下舉舊章而實力行之可謂仁心善政矣昔程子見釋氏誦經謂可見三代威儀又皇覽水經注多言先賢窀墓所在謂俾後來無犂墓爲田之歎是二說也鄞志取焉今並采之以佐

軼聞其合寺觀剏墓而爲卷者仍前志也

大能仁寺在縣南二里舊志本晉許詢捨宅建號祇園寺後廢吳越王時觀察錢儀復建號圓覺宋咸平六年從知州事兵部員外郎康戩之請用承天節名改賜承天寺政和七年上后土號曰承天效法厚德光大后土皇地祇詔天下承天僧寺皆改爲能仁是歲詔建神霄玉清萬壽宮以僧寺壯麗富贍者改建而越以能仁爲之石刻御製宮碑奉安法堂正殿左奉長生大君右奉清華帝君侍立眞人各二人側殿奉韓君丈人又繪左右仙伯及從官於兩序道士皆降勅差氣焰熏灼建炎中興命神霄復爲僧寺遷像設於天慶觀而能仁寺復故州又有能仁院故郡人謂此爲大能仁寺云嘉泰會稽志　元至正間重創明嘉靖三十年後倭患作有司議鬻諸寺院以助軍興能仁遂廢舊府志　大

學士呂本卽其地建櫻木園崇禎十五年祁鳳佳復買之仍爲大能仁寺國朝康熙四十五年僧德禧次第修之復還舊觀府志近祁呂兩姓後裔請於郡守延僧住持贖回田產公請勒石以垂永遠呈報事實郡人姚陶有碑記

案琳宮紺宇標目雖殊其爲佛剎一也洛陽伽藍記以城內爲始次及四門以外幷各書其遠近茲倣其例而不著某門第別以方隅里數而已其里數閒有參差仍舊志也

古雲西寺在縣南二里下植坊舊志

寶林寺在縣南三里舊志劉宋元徽元年製法華經維摩經疏僧遺教等與法師惠基於寶林山下建此寺時有皮道與捨宅建山造寺山巔有石岫岫有靈鰻禱雨多應旁有巨人跡錫杖痕

唐會昌毁廢乾符元年重建改爲應天寺案原文此下挿入晉末造塔事今併入後應天塔條宋崇寧三年詔改崇寧萬壽禪寺又改爲天寧每歲天寧節郡齋祝聖於此紹興七年改報恩廣孝禪寺俄又改爲光孝專奉徽宗皇帝香火蓋以此本天寧祝聖之地也嘉泰志紹興初以濮安懿王園廟寓焉郡守汪綱以錢十萬令寺僧重修庭宇益整肅焉寶慶續志乾道末藻繪尤盛置田五千餘畝後頻毁明永樂十一年僧善愆重構嘉靖三年郡人蕭副使鳴鳳言於郡召僧鐵瓦復建塔萬歷六年寺僧眞理募緣修之又將前殿改加高敞寺舊有聖母閣今廢寺田亦罕存塔前近建許元度祠舊府志

國朝康熙初年僧性譽募修省志

應天塔在飛來山寶林寺晉末沙門曇彥與許詢元度同造甎

不二塔未成詢亡久之岳陽王將至彥預告門人許元度來也岳陽亦早承誌公密示至州入寺尋訪彥望見輒云許元度來何暮昔日浮圖今如故王曰弟子姓蕭名詧師何故以許元度呼之彥曰未達宿命焉得知之遂握手命入室席地王忽悟前日造塔之事宛若今日由是塔益加壯麗嘉泰志　唐乾符元年改寺爲應天其塔高二十三丈隨寺額以應天名錢端禮記述沙門曇彥與許詢同造塔事謂彥有神異天降相輪故有應天之號前志拾遺門云應天塔今浮恩寺浮圖也吳越春秋范蠡謂句踐曰王之築城其應天矣義取此錢參政塔記云天降相輪故有應天之號恐別有證案范蠡此語自謂築城於釋氏事何預烏得謂塔名取於此後來取寺名欲表降相輪之異故云應天塔應天二字偶同范蠡語爾非取諸此也寶慶志

大慶尼寺在縣南三里舊志西晉永康元年有諸葛姥日投錢井中一日錢溢井外遂置靈寶寺唐大中元年觀察使李褒重建改今額及廢顯教院又併其尼入焉西偏别爲教院用十方規制選名行尼主之頗習經學勵行業郡人稱之嘉泰志今久廢府志

清涼寺在縣南三里飛來山上宋時建即寶林寺上殿

國朝康熙年間重修舊志

擊竹菴在縣南一里明崇禎十四年建舊志

青蓮菴在縣南二里東觀坊舊志

仙露菴在縣南二里舊志

永慶菴在縣東南半里美政坊宋時建舊志

大乘菴乃古大雲寺在縣東南二里祀大雲坊土穀神舊志

小隱菴在山陰學前相國朱賡别業

國朝康熙三十年太學生潘銘購之建爲菴府志

萬春菴在縣西南四里上植坊元時建舊志

獅子林菴在縣西南五里南淵門內僧寶林買舊菴廢址重建呈報

南秀菴在南堰門內舊志

清涼菴在龐公池南府志

圓覺菴在縣西一里臥龍山麓元大德三年建舊志

覺道菴在縣西一里臥龍山麓元大德三年僧浮耆建旁有三汲泉舊志

集慶菴在縣西一里臥龍山下王公池側宋咸淳五年僧法雨建舊志

永福寺在縣西北一里許臥龍山之陰上有白郡守墓舊志

小能仁寺在縣西北三里舊志開寶六年觀察使錢儀建太平興國二年吳越給地藏院額大中祥符元年改承天政和七年改賜能仁院嘉泰志　明萬歷四年道人李明性淨桂如曉重修城中諸寺獨小能仁習禪持戒具食接衆凡渡海謁普陀者往反必一飽當春時日以百千計鄉人爭擔米助之小能仁之名遂聞於四方叢林修寺之費蓋即其口食餘資也府志

檀香禪院在縣西北五里北海橋東順治六年僧異目建舊志

廣成菴在西門內北海坂康熙二十二年僧廣成建舊志

光相寺在縣北三里舊志後漢太守沈勳公宅東晉義熙二年宅有瑞光遂捨為寺安帝賜光相額嘉泰志　世說許掾年少時人以比王苟子許大不平時諸人士及林法師並在會稽西寺聽講王亦在焉許意甚忿便往西寺與王論理相傳此即西寺明嘉

靖初寺尚存十一年改爲越王寺萬歷末僧廣譽於寺西復建寺仍名光相國朝康熙閒僧智尚德心次第修之府志　一在縣西四十里宋時建僧至善重建舊志

妙明寺在縣北三里開寶五年鎮海軍都指揮使陳志建吳越給光讚般若院額大中祥符元年改今額佛殿東南有八角石井舊嘗有大珠夜風雨晦冥輒出照殿上及廊廡晝明或濬而索之不得建炎兵亂有北客來居墜小兒死焉珠遂絕不出院本甚廣今非復舊址矣嘉泰志　寺在東如坊萬安橋北明呂文安之孫天成修舊志

至大寺在縣北三里元至大四年僧本立購石氏故宅建咸祐中賜額曰至大報恩寺殿壁刻宋高宗御書詩尚存舊志　元韓性

有碑記載碑刻卷

石室菴在縣北二里晝錦坊元至正二十五年建舊志

妙心菴在縣北三里新河坊宋咸淳十年建舊志

大善寺在縣東北三里舊志梁天監三年民黃元寶捨地有錢氏女未嫁死遺言以奩中資建寺僧澄貫主其役未期年而成賜名大善屋棟有題字云天監三年歲次甲申十二月庚子朔八日丁未唐開元二十六年改名開元後唐長興元年吳越武肅王別創今開元乃復大善舊名宋建炎中大駕巡幸以州治爲行宮而守臣寓治於大善及移蹕臨安乃復以行宮賜守臣爲治所然歲時內人及使命攢陵猶館於大善乾道中蓬萊館成乃止慶元三年不戒於火一夕煨燼惟羅漢天王堂浴院經院庫堂僅存寺有塔亦焚或發其塔中地得石刻乃越州龍興寺

劉宋太始元年建唐大中元年造塔宋淳化三年火焚塔寺俱盡景德元年重建石刻斷闕不可盡讀案龍興寺與龍興橋相近或謂提舉廨舍是也疑龍興塔既焚後人取廢塔所瘞舍利佛骨瘞以他舍利瘞於大善塔耳以棟上字觀之則大善自建寺以來未嘗有被焚之事亦未嘗名龍興也嘉泰志　明永樂初寺僧重修寺塔復煥然舊府志

國朝康熙八年僧萬休同邑人重修舊志

戒珠寺在縣東北六里蕺山之南本晉右將軍王羲之宅或曰其別業也門外有鵝池墨池其爲寺不知所始陳大建二年有僧定光來寓寺中耳過其頂擎銀像長立不臥寺之中爲臥佛殿有十大弟子者哀泣其旁或候氣或捫足而佛之父母亦在焉寺有上方院宋熙寧中郡守程公師孟與法雲長老重喜來

游喜能詩乃擬程公體坐上立成曰行到寺中寺坐觀山外山程公大喜又有竹堂雪軒宇泰閣皆一郡登覽之勝宇泰紹興中爲士子肄業之地策名巍科者相踵蓋山川之秀有以相之寺南百步有題扇橋蕺賣扇老姥所居云嘉泰志初名昌安大中六年改戒珠案唐咸通三年衢州刺史趙璘直書戒珠寺云浙東觀察治其東北有山曰蕺在晉爲王逸少别止尚留故池與祠堂又云陳天建初有天竺徒辨博神異及死葬山上其形數見後夢語門人曰必爲臥像屋之以厭我則不見爲之果如言而所構華壯儆潔甲於郭內所謂昌安寺者後值唐會昌廢毁大中初復許郡府量立寺宇而越州得其五昌安在詔中六年又别以戒珠爲名寶慶續志案新府志以天竺徒一段作萬歷志臥佛殿後改爲萬壽戒壇舊府志明萬歷閒僧越凡妙彩重建大殿南海僧募鑄銅

佛像無所爲臥像矣

國朝康熙間僧慈帆修之五十七年僧法如募資重建府志

天王寺在縣東北六里昌安坊蕺山東麓舊志院後山壁刻字有曰唐景福元年歲在壬子准敕建節度使相國隴西公生祠堂蓋董昌生祠也昌敗祠廢後唐天成四年吳越王錢鏐夢神人求祠宇或言祠本古天王院有魚池因建天王院宋大中祥符元年改通教院天聖初避章獻明肅皇后父名又改今額案此云今額乃廣教院也建炎末與開元寺同時廢於火紹興中院僧惠迪募緣再建佛殿西北隅山壁有陸少師題名石刻云盧駿元王源之吳廷瞻曹季明沈詠道孫元禮陳志行陸元鈞自戒珠寺雪軒過竹堂登上方尋徑到此政和八年三月二十八日元鈞題嘉泰志案此刻已剝落不存寺後范蠡祠前職方調越別駕馬承學所建冷然

池越守洪珠書鐫石壁萬歷四年增祀范文正仲淹子恭獻純禮下有文正香火院府志明永樂元年僧道法復建堂宇萬歷初併屬戒珠寺今復舊志

國朝嘉慶五年僧祥海重建正殿舊柱皆蠹易以石新增

蛾眉菴在縣東北一里蛾眉山上府志內有活石隱起僅二尺許俗即認爲八山中之蛾眉故名舊志

望江樓菴在縣東北三里宋時建舊志

大悲禪林在縣東二里大雲坊之西唐大珠禪師駐錫於此

國朝順治癸巳僧海湛與胡姓重建舊志以上在城

鐘山興聖寺在城南十里爐峯山下康熙十三年王三傑新建置田數十畝山數頃爲寺業舊志

興教院在縣南一十五里晉天福四年建號道林院即鳥窠禪

師道場宋治平二年改賜今額嘉泰志　宋末燬明天啓五年僧寶舍移建於栴山嶺去城六十里

國朝順治初年又移建迎恩門外地名婁港去郭五里雲棲法孫内衡銓藏靈骨於其中舊志後移於會邑偁山建塔呈報

奉聖院在縣南二十五里承務鄉唐開元十六年建爲元儼禪師度僧戒壇院宋大中祥符年改今額嘉泰志　久廢舊志

鑑湖顯聖寺離城五里鍾堰橋北僧體明修建舊志

天衣寺在縣南三十里晉義熙十三年僧曇翼結菴誦法華經多靈異内史孟顗請置法華寺至梁惠舉禪師亦隱此山武帝徵之不至有翼公所頂戴紫檀十二面觀音及梁昭明太子蕭統遺舉公金縷木蘭袈裟紅銀澡瓶紅瑠璃鉢至今具在又有金銅維衛佛像本西域阿育王所鑄浮海而至梁武以施山中

儀相甚偉今奉於西序宣和初詔改僧爲德士寺院爲宫觀銅鐃銅像期以十日盡輸官俄復命惟輸鐃而銅像悉存故維衛像至今嚴奉焉寺有十峯堂以山之十峯爲堂名山下有雙澗淳熙七年詔以皇子魏惠憲王薨攢於山中設置衛守歲時加恩澤有差嘉泰志 寺有化身普賢及飛來銅像化身普賢卽曇翼所立飛來銅像乃海南維衛無量壽佛像云是西域阿育王第四女以姿貌寢陋冀其端嚴捨金銅冶鑄斯像四十九軀首飾火焰足飾蓮花布散天下爲衆生植福之本浮海而至梁武以施山中奉於西序寺多杜鵑花每歲盛開觀者競集十峯堂之前有唐李邕撰碑斷石尚存元末寺燬於火佛像碑悉煨燼明洪武中再建寺嘉靖初僧亦稍修之田產尚盛三十五年召佃爲民業寺遂廢府志 李邕碑文載碑刻卷

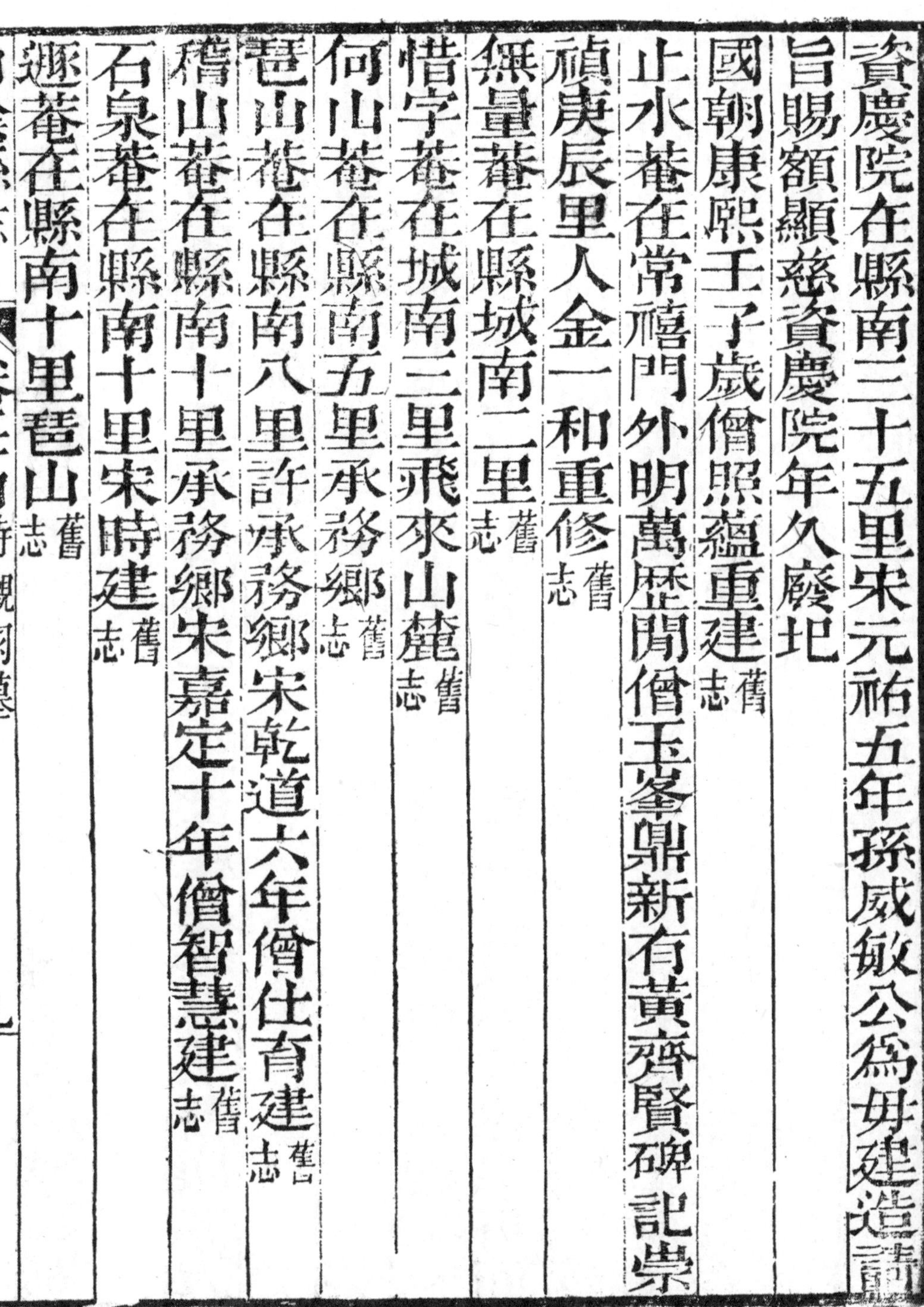

資慶院在縣南三十五里宋元祐五年孫威敏公爲母建造請
旨賜額顯慈資慶院年久廢圮
國朝康熙壬子歲僧照蘊重建舊志
止水菴在常禧門外明萬曆間僧玉峯鼎新有黄齊賢碑記崇
禎庚辰里人金一和重修舊志
無量菴在縣城南二里舊志
惜字菴在城南三里飛來山麓舊志
何山菴在縣南五里承務鄉舊志
邑山菴在縣南八里許承務鄉宋乾道六年僧仕育建舊志
稽山菴在縣南十里承務鄉宋嘉定十年僧智慧建舊志
石泉菴在縣南十里宋時建舊志
遯菴在縣南十里邑山舊志

清秀菴在縣南十里承務鄉宋嘉定十五年董仕義捨地建歸併至大寺舊志

梅心菴在亭山之陰順治間邑人張世燈建菴舊無名康熙五十四年知府俞卿題額府志

石岩菴在縣南一十三里舊志

上方菴在縣南四十三里承務鄉宋咸淳六年僧一大建舊志

石屋禪院在縣東南十里爐峯之陰有奇石攢爲蓮花峯折而上兩石峽對峙如門舊有佛寺明隆慶萬歷間僧一金倚石爲廬禪寂於此里紳張汝霖搆書院於傍晨夕相從即捨書院爲梵刹號表勝菴內有鷗虎軒砎閣汾香亭名僧雪竇奇東山密寶壽鼎皆出鑪錘之下後改稱石屋禪院

國朝康熙初僧智驤修整遂爲名藍舊志

玉笥菴在玉笥峯下順治初僧睿德自詢同建府志

宏濟菴在謝墅小珠山僧智尙塔院康熙三十八年建外爲茶亭府志

龍德菴在天柱峯明萬歷中建僧智陵德清重修府志

龍潭菴在秦望山俗呼龍王堂有龍潭禱雨輒應萬歷中僧圓通重修府志

天章寺在縣西南二十五里蘭亭宋至道二年二月內侍高班內品裴愈奏昨到越州見晉王羲之蘭亭曲水及書堂舊基等處得僧子謙狀乞賜御書收掌於書堂上建一寺舍焚修崇奉宸翰因特賜天章寺額淳熙十年重建御閣奉安仁宗皇帝天聖四年六月十二日宣賜御書篆文天章之寺四字鐫刻牌額又紹興八年降到高宗御書蘭亭序石刻一本賜浙東安撫使

孫近有近題跋勒石蘭亭曲水右軍書堂及畫像至今皆在或謂仁宗書此額時本書眞宗御集閣爲天章之閣四字既成聖意未愜再書之前本遂不用有内侍奏章獻明肅皇太后言越州天章寺天下名山今欲乞皇帝更書一寺字易閣字以賜越州太后與上皆欣然許之此四字是也嘉泰志元季寺燬碑像猶在舊有供應田千畝今則飲於豪右久矣府志明永樂六年僧智謙重建舊志

花徑寺在花徑山元大歷中建府志在縣西南二十五里迎恩鄉國朝順治五年僧少徵重建舊志

蛟平寺在縣西南二十五里寺始自晉舊名興仁有巨蛟爲害至寺邊聞經飲井水即隱去王右軍改寺爲蛟平寺井曰蛟平井井水芳洌深廣二尺許取之不竭元末寺燬

國朝康熙十九年僧六和等重建寺宇掘土得井碑記舊志

華藏院在縣西南二十五里承務鄉唐咸通四年觀察使王龜建號華嚴院治平三年改今額嘉泰志久廢舊志

乾峯寺在蘭亭西唐咸通中建後廢爲胡坤世業

國朝康熙初捨地延僧智省重興舊志乾隆十六年

聖駕南巡

頒賜各寺廟心經塔僧聖建領得一軸謹藏寺中府志

靜德禪院在縣西南二十七里宋嘉泰年建後漸頹圮

國朝順治八年僧六和等改建舊志

慧日禪院卽古慧日寺在城西南三十里漓渚小步北螭山下舊志

華峯寺在縣西南三十里寺久圮改爲朱華山菴康熙六年僧

介巢募貲建復山下有南院係陳法祖所捨介巢建爲下院舊志

六峯護國寺在縣西南三十五里周武帝勅建至宋荒廢明崇禎時僧成賢重建舊志

華嚴禪院在縣西南四十里湯家坂院基一十六畝齋僧田三十畝舊志

環翠寺在縣西南六十里宋時建舊志

靈石禪院距蘭亭西四十里東坑溪山幽邃人跡罕至一石笋壁立數仞相傳王右軍曾勅詩以誌唐時爲雷所擊明季至國初石復長如故因號曰靈石僧自省建院舊志

青蓮教寺在縣西南七十里唐乾符元年建號蓮華院宋治平三年改賜青蓮院嘉泰志

明因院在縣西南一百里晉開運元年建號遇明院宋治平三

年改賜今額嘉泰志　禪寺也在縣西六十里夏履橋西湖之塢有懷素匾遇明山三字近以兵燹失之寺有玉泉井凝碧池歎雪澗名八題咏最多舊志

渡船菴在南堰門外有二船渡往來者府志

永慈菴距縣治五里在印山之前背山臨池地甚佳勝明建坊旌義董氏建以奉佛子張陞承母志捨爲菴舊志

湖山菴在縣西南十五里迎恩鄉宋咸淳二年僧善維建今歸併戒定寺舊志

普濟菴在縣西南一十五里二十五都瀝渚大江渡口舊志

峽山菴在縣西南二十里承恩鄉元至正十五年僧智惠建今歸併大能仁寺舊志

指月菴在城西南二十里舊志

柴菴在城西南二十五里舊志

萬勝菴在縣西南三十里漓渚大步舊志

盤峯菴在縣西南五十里溫泉鄉明洪武二年惠生捨地僧文顯建今歸併天章寺舊志

清淨菴在縣西南七十里溫泉鄉地名寨口宋元祐七年劉氏捨地僧法惠建今歸併青蓮寺舊志

雙髻菴在縣西南七十里溫泉鄉上村地方明時建舊志

雲衢菴在溫泉鄉虎柏嶺府志看柏嶺有此菴里人姜華兩姓同僧大因建并造茶亭呈報

萬壽菴在鵝鼻峯之麓明萬歷中僧明寵建後燬

國朝康熙六年僧永覺重興德璿修之府志

宗鏡禪林在縣治西離城五里邑人林雪厓遺言以鑑湖畫僑

旁所有別業田畝捨以爲寺延僧雪子焚修子曰蔚建石謁聲爲記舊志

隆興教寺在縣西七里靈芝鄉舊志　案原文有云宋號香嚴寺改爲提舉司云云攷嘉泰志乃城內之龍興寺此恐誤引故姑存舊目而已

萬化禪院在縣西二十里地名石涇舊志

大慶禪林在縣西二十五里唐家灣代久傾廢基址俱開作田其灣有渡屢遭覆溺因村落窎遠救援不及康熙年間里民胡勒卣葉叔如等捨基募蓄數椽即以大慶名之接濟往來夜則施燈雨則施蓋自茲得免水患舊志

萬勝禪院在縣二十五里迎恩鄉唐大順年間建

國朝順治九年僧德明重修舊志

彌陀教寺在縣西三十里梅市鄉地名福嚴元泰定元年僧普

吉創敕賜前額元季歸併柯亭靈祕寺舊志

寓山禪院在縣西二十五里爲祁忠惠彪佳別業乙酉閏六月六日忠惠殉節於梅花閣下水中子理孫班孫遵遺命捨作招提淨息上人駐錫道風慧業冠絕一時舊志

融光寺在縣西三十里柯橋館之旁紹興中僧智性創柯橋接待院初惟蘧篨一廈日誩增葺請於府移江北安昌鄉靈祕廢院額智性年九十餘猶能領院事淳熙十六年九月準尚書禮部符甲乙住持嘉泰志舊傳柯亭卽其地也明正統十二年詔從侍郎王佑言賜經一藏購重屋貯之賜今額俗呼爲柯橋寺府志正統賜經藏久湮滅萬歷閒太學生王應遴經營購募得金藏築御經樓陶望齡爲記舊志

國朝乾隆五十三年燬於火五十八年僧銘治募建寺內存有

前明湯太守永鎮扁額采訪

柯山寺在縣西三十里晉永和年間勅建舊志產石爲民所採成岩洞巧匠琢爲佛唐以來創寺覆之明萬歷間副使黃猷吉重建更名普照寺

國朝康熙五十七年邑人南陽知府沈淵捐千金葺之石佛高五丈餘飾以金府志

修塘禪院在柯亭東康熙十六年兵部尚書吳興祚題額舊志

廣福院在縣西三十五里初僧思純造香林賓治平四年賜壽勝院額紹興三十二年改今額嘉泰志

教寺也地名壽勝埠元季燬明洪武十五年僧得悅重建舊志

院社教寺在縣西三十五里唐乾符三年建宋崇寧五年重建嘉泰志元季燬歸併柯亭靈祕寺舊志案嘉泰志名日報恩院

秀峯禪院在縣西三十五里銅坑嶺邊舊志

寶壽院在縣西三十五里唐大順三年建大禧三年造殿號清化院宋景德二年改賜今額嘉泰志

國朝順治七年僧大鼎重建改爲寺舊志

寶覺院在縣西四十里鑑湖塘上舊志

寒溪寺舊名無量寺在柯亭山西十里鑑湖之南古城埠舍舟入山二里許即至寺門翠嶂環列碧流叢篁最爲幽勝相傳梁天監四年建近年重興舊志

鷲臺教寺在縣西四十五里晉乾祐三年建號重臺院宋治平三年改賜今額嘉泰志

國朝乾隆十四年僧啟南募修案鷲臺寺即鷲峯寺晉支遁道場原名鷲臺王右軍嘗訪支不值書鷲峯二字於案而去遂鐫

爲額府志

香林院在縣西四十五里漢乾祐三年建號寶林院宋治平三年改今額嘉泰志　敎寺也地名興塘元燬歸併廣福寺舊志

雲峯寺在縣西五十里其地盤龍迴繞天然大觀明劉青田游憩於此舊志

普香寺在縣西六十里梅花山中明時建有勅建普香禪寺額府志

延福院在縣西六十里新安鄉牛頭山之麓晉天福三年置宋開寶六年錢氏給安國院額大中祥符元年改賜今額後廢紹興五年重建乾道五年始畢工有石菴慈禪師安禪之地景德初贈太傅陸公軫與鄉士數人肄業於此嘗遇大雪絕食累日陸公禱山神明日獲一麂聞者嘆異及陸公直集賢院來守鄉

邦遣衙校致祭書堂在寺西北隅今寺僧猶能識其處嘉泰志

臨江寺在縣西六十里舊志萬歷志云臨江寺一名牛峯寺嘉泰志無臨江寺而有延福院縣志幷臨江寺兩載之案兩寺俱在牛頭山同年建又同有陸太傅及石室遺蹤疑是一寺今改臨江寺在牛頭山下平原臨溪延福院在牛頭山之浮峯下蓋古今移建之不同矣

國朝乾隆十六年

聖駕南巡

頒賜各寺廟心經塔僧本空請領一軸謹藏寺中府志

慶壽院在縣西六十五里開寶七年邵仁造捨山建號烏石院大中祥符元年改賜今額嘉泰志教寺也元至正中燬明洪武二十三年重建舊志

曹山古報恩寺在縣西七十里順治三年僧啟元重建府志寺左右勝景共十餘處有故進士田軒來厲清來等題咏新增

延壽院在縣西八十二里後唐天成四年建號普安院大中祥符元年改賜今額嘉泰志　延壽教寺地名江塘舊志

崇教院在縣西九十里梁大同元年建周顯德五年鎮海軍都指揮使薛溫重建號新興塔院治平三年改賜今額院東一百步有越王城嘉泰志　禪寺也在天樂鄉地名山西梁大同元年僧大訥建舊志

慈禪寺在縣西一百十二里晉天福三年僧道山建號天長院宋大中祥符元年七月改賜今額嘉泰志

興教寺在縣西一百十六里晉天福五年建號興善院宋治平三年改賜今額嘉泰志　一在謝墅

國朝順治年間僧白雲重建舊志

惠悟院在縣西一百二十里周廣順元年建號全悟院宋治平三年改賜今額嘉泰志　教寺在黃灣明永樂元年重建改觀音堂歸併資壽寺舊志

廣利院在縣西一百二十里清化山開寶九年柳公訓捨宅建吳越給清化西塔院額大中祥符元年改賜今額嘉泰志　講寺也後歸併寶嚴舊志　清化故雲峯也自五代晉時純一國師闢爲道場廣利爲西塔院有雙巖七字三廚九井之勝

國朝順治中普慈禪師重興趙天士等有志其開梵刹凡三寶嚴寶壽廣利皆純一所刱呈報

寶壽院在縣西一百二十里唐貞元三年建周廣順三年吳越給永豐院額宋大中祥符元年改賜今額嘉泰志　禪寺在天樂鄉

唐時僧純一建舊志
國朝康熙四十三年獨超方禪師重建府志
資敎院在縣西一百二十一里晉天福七年建漢乾祐元年吳越給城山院額大中祥符元年改賜今額嘉泰志　敎寺在天樂鄉明洪武中重建法堂佛殿舊志
慈恩院在縣西一百二十二里後唐長興二年謝君彥捨地建晉天福七年吳越給元安院額宋大中祥符元年改賜今額嘉泰志　敎寺今歸併延壽舊志
報恩院在縣西一百二十三里乾德四年竇珍捨地建號彌陀院大中祥符元年改賜今額嘉泰志　在麻溪元季燬明洪武十三年重建歸併寶嚴寺報恩有二一在縣西三十五里唐乾符三年建崇寧五年重修卽今之院社寺也舊志

寶嚴院在縣西一百一十五里晉開運二年建純一禪師壽塔漢乾佑元年吳越給清化純一塔院額宋大中祥符元年改賜今額嘉泰志

普嚴院在縣西一百二十七里元至正初僧善至建舊志

晃旒寺在縣西一百三十里晉開運二年建地名大嚴舊志

資壽教寺在縣西一百四十里晉開運二年建號延壽院宋治平三年改賜今額嘉泰志　今毀府志

德修菴在西郭門外諸公韜屠昌耀建舊志

廣成菴在西郭門外王元秀建舊志

石岩菴在縣西九里迎恩鄉地名九里宋乾道五年僧惠明建舊志

資福菴在縣西二十里梅墅鄉宋咸淳二年建舊志

蘿菴在縣西二十五里柯山古岸禪師建舊志

放生菴在縣西三十里柯鎮融光橋之東北康熙十年建郡丞孫魯額曰萬古慈流舊志

柯橋放生菴距縣三十五里康熙己酉闔鎮捐資買珠字號蕩放生舊志

千佛菴在縣西五十里明崇禎間朱璘建舊志

香水菴在縣西五十里文學朱兆案別業捨爲菴舊志

友梅菴在縣西五十里文學周有章建舊志

道林菴在縣西七十里新安鄉宋淳祐二年曹宗榮捨地僧道林建舊志

淸慧菴在縣西七十里新安鄉宋咸淳二年建舊志

圓明菴在縣西七十里新安鄉元至元六年建舊志

深雲菴在縣西七十二里新安鄉元元統三年建舊志

靈峯菴在縣西七十五里元至順二年建舊志

大悲菴在縣西八十里蒲山僧妙峯建舊志

夢花菴舊名水月菴在縣西九十里天樂鄉刹竿村舊志

清隱菴在縣西一百一十一里元天歷元年建舊志

萬善菴在縣西一百二十五里天樂鄉元延祐二年歸併慈禪寺舊志

觀音敎院在府西北三里乾道九年有沈安中者捨所居請於府移會稽縣界圓通妙智敎院舊額建嘉泰志

戒定敎寺在縣西北五里迎恩鄉先名虹橋接待院宋紹興五年僧法宥建明洪武十一年僧添育重修舊志

法雲寺在縣西北八里本名王舍城寺久廢吳越王時有大校

巡警見其地有光乃復興葺宋開寶七年改名寶城寺中允陸仁旺及弟大卿捨園地益之大中祥符中改額法雲建中靖國元年大卿之孫拜左丞請爲功德院三歲度僧一人建炎初金人入越有二騎至寺主僧道亨不勝憤閉寺門擊殺之尸諸門後騎至遂焚寺道亨婺州人在法雲四十年度弟子三十二人寺焚復營葺不少挫未成而卒其後自修契嶷繼之乃成道澤又建觀音殿鐘樓經藏往時有重喜不知何郡人爲童子時擁篲掃廊忽渙然有省遂能詩有傑句元豐中居法雲嘗作詩曰地爐無火客囊空雪似楊花落歲窮拾得斷麻縫破衲不知身在寂寥中嘉泰志　明正統初佛殿圮僧月澄宗縝重葺呼爲王城寺舊志

安隱院在縣西北一十里隋開皇十三年建唐武德中修後唐

清泰元年高伯興等重建號安養院宋治平三年改賜今額嘉泰志教寺今歸併戒定舊志

本覺寺在縣西北一十五里梅山後唐清泰三年節度經副使謝思恭捨宅建號靜明寺有雲峯堂以曾文清詩得名亦有曾公手書行記寺後有適南亭可以望海郡牧程給事建陸左丞作記有子貞泉嘉泰志　宋嘉定十五年郡守汪綱重加整葺復還舊觀寶慶續志　在縣西北梅山郎梅福隱處舊志

蜀阜寺在縣西北二十五里太平興國元年建嘉泰志　在縣西北四十五里舊名集善教寺宋時里人馬氏捨地能法師建元皇慶二年燬泰定二年重建至正十五年復建圓通閣舊志

翠峯禪寺在縣西北三十五里宋紹定五年錢皇后捨地僧道詵建號翠峯寺後歸併崇福舊志

永興院在縣西北四十五里晉天福八年建嘉泰志講寺在黃山今歸併靑蓮舊志

普濟禪院在縣西北四十五里爲水陸往來之衝遇波濤洶湧即可泊舟冬夏行旅憩此供給茶湯康熙辛酉冬里人余應霖等修建舊志

龍山寺在縣西北五十里舊志

崇福院在縣西北五十里建隆三年衢州刺史朱仁幹建號浴室院乾德二年改法水院大中祥符八年十二月改賜今額嘉泰志教寺元季燬明洪武十四年僧仲芳重建舊志

保安院在縣西北五十一里晉開運元年建號保寧院宋治平三年改賜今額嘉泰志

安康教寺在縣西北五十五里清風鄉地名安昌唐長興元年

僧安普建號安昌院
國初時僧凡成重建舊志 案寺一名安昌嘉泰志作西北九十三里
廣濟院在縣西北五十五里晉天福六年因古福壽院基建號
聖壽院宋開運元年改嘉宥院大中元年改賜今額嘉泰志
上方院在縣西北九十一里晉天福二年建嘉泰志 寺在縣西北
清風鄉上方山晉天福二年僧寧光建號上方院明洪武十二
年僧宏深重建府志
福安寺在縣西北九十二里後唐長興元年因古棲隱寺基建
號資福院宋治平元年改福安院嘉泰志 寺向在山之東南明嘉
靖間營何詔墓遷寺於溪之東岸後僅存側樓三間寺僧稍葺
之額曰塗山古剎府志 案舊志作西北五十里塗山東麓地名西扆又名西余
智度教寺在縣西北九十五里後唐天成三年建周顯德元年

吳越改旗壇寺大中祥符元年改賜今額嘉泰志寺有江聲月色二樓又有大樹軒慈雲樓經遠堂瑞竹軒幽勝可游在縣西北五十五里舊志

成家菴在縣西北二十二里梅墅鄉宋咸淳元年建今歸併上方寺舊志

梁家菴在縣西北二十五里舊志

湖門菴在縣西北三十里宋咸淳三年包氏捨地僧惠登建舊志

道堂菴在縣西北三十里梅墅鄉地名福嚴宋咸淳二年建今歸併柯橋舊志

興浦菴在縣西北三十里梅墅鄉宋咸淳三年建舊志

龍南菴在軀山南遶山東明嘉靖中天池僧玉芝來謁王文成問道相契遂留於此結菴居之俗呼新菴府志

會日菴在縣西北五十五里禹會鄉僧陸懋建舊志
靈鎮菴在縣西北六十里禹會鄉樗里舊志
寶積禪寺在縣北二十八里感鳳鄉先名三江玉山觀音堂宋乾道元年僧用欽請今額後廢歙僧無量重建併建文昌都土穀二祠於寺之右舊志
指月禪院在縣北三十里僧若愚玉通建爲接待院舊志
福林禪院在縣北三十五里晉天福中僧茂宗開山後燬今僧戒舟重建併法堂舊志
靈祕教寺在縣北五十里梁大同十年將軍毛寶捨宅建唐大中五年重建嘉泰志元燬明永樂初僧法命萬歷間僧文禮先後復興舊志嘉慶六年僧智文等重修呈報
壽量院在縣北四十里後唐長興元年陳司空捨宅建嘉泰志郎

下方禪寺在縣西北四十里久廢其西院僧廣恩於
國朝順治初重建舊寺後有觀音閣倚山本明御史俞咨益書
院故址崇禎十六年其後裔捨基建府志
積慶菴在縣北十五里靈芝鄉宋紹興二十年建舊志
澄心菴在縣北十五里感鳳鄉元至正二十五年建舊志
六度菴在縣北三十里巫山鄉王相橋北明萬歷年王恭簡偕
僧處空建舊志王亹有記
萬壽菴在縣北四十里齊賢里蓬萊山北明萬歷閒僧處空建
祁熊佳有記舊志
法源菴在縣北塗山明宏治閒白洋朱和妻矢節撫子設宅延
王文成守仁爲之師其子姪籃簦篪節等俱成名崇禎閒曾孫
總制燮元偕姪春坊兆柏歸老捨宅爲菴捐助畝字號田數十

餘畝呈報

長壽院在縣東北一十五里晉天福六年鄒彥超建周廣順二年吳越給願果院額宋大中祥符元年改賜今額嘉泰志

大樹菴在縣東北十里大樹港之滸宋高宗封其樹爲松楊長官故以樹爲神舊志單國驥有記

清遠菴在縣東北二十里感鳳鄉地名石泗宋乾道二年待制陸佃捨地僧志誠建舊志

祠漬菴在縣東北二十里亞山鄉宋建炎二年建舊志

蟾山菴在縣東北二十五里感鳳鄉宋淳熙十六年建舊志

長慶寺距城十里地名鍾山明季僧瑞白重建舊志

普福禪院距縣四十里順治年間僧自剛建朱陳二姓捨地舊志

鏡清寺距城二十里唐天成年間建元時燬

國朝順治年閒朱金吾室張氏捐資重建同女雪照焚修舊志案城內亦有鏡清寺在府橋東北數十步舊志不載父老言北司分署改爲之固不久也府志

大悲菴距縣城四十里地名徐村順治年閒僧古梅重建舊志

翼龍菴距城五十里地名遺風順治年閒僧慧劍重建舊志

普濟菴在雷門鄉當山陰蕭山之衝明萬歷中小能仁寺僧知曉建有義井茶亭供給行旅府志

附載　廣仁堂在縣治南半里順治十四年邑人虞敬道任福建尤溪令歸舉育嬰會建此堂就養者衆募僧時雨等先後董其事兼及賑饑修塘放生捨棺掩骼諸善舉舊志

同善堂在府城中開元寺內東廡會稽縣志　先是紹郡官山野地多寄厝之棺風日暴露無賴者結同奸僧斂錢燔燬拾其燼餘雜

置一塔或私取屍身衣物棺匱板片變價漁利焚化之日穢氣觸人流染疾疫積習日久乾隆五十七年知府李亨特示禁復捐廉倡率紳士僚屬公捐置局掩骼拾棺煮茶施藥收燬字紙名曰同善堂遴延幹謹紳士鍾英諸鶴司局凡經費田產申詳備案勒碑以垂永久府志　附同善局捐置田畝坐落本邑各字號土名一荒字三百四十一號田二畝五分八釐二毫一荒字四百九號田六畝四分一釐二毫俱在亭瀆村一朝字三百六號田一畝二分一朝字三百二十八號田二畝九分二釐二毫一朝字一百四號田二畝七分一釐四毫一朝字一百九十二號田一畝五分一朝字一百三十九號田二畝二分五釐四毫一朝字三百八十五號田三畝八分五釐俱在河山橋一盈字十五號田四畝九分在則水牌

天王寺前茶亭康熙二年金標美徐洪業同建本寺僧半壑捨田二十畝舊志

廣陵茶亭在縣東四里順治年間傅上林同僧具德建舊志

畫橋茶亭在縣北五里僧法恒建舊志

履橋茶亭乾隆十七年士人鄭偉捐田五畝入呈報

八仙橋大木橋武勳橋望江橋清道橋捨于廟以上六處皆有

茶亭府志云載山陰縣志今舊志俱闕

守中菴路亭在縣西北二十五里邑人孫毓敏建子連玉捐田

呈報

新殿茶亭在四都三啚康熙六十年王謝二姓合捐田若干畝

入□□以報以上附載

佑聖觀在臥龍山東麓前瞰簞醪河岸側有測水牌嘉靖二十

年知府張明道改祠大節祠後又改爲徵愛祠今爲火神廟然

士人□□其地爲佑聖觀前府志

大清道家道院在縣東北六十步臥龍山麓元延祐三年邑人

孟成之捨地道士張元悟建明嘉靖十六年知府湯紹恩改名

太乙仙宫二十一年知府張明道復題紫陽道院額後道士虞宗衍置地建東西二樓祠祀國朝順治十四年邑人以西樓遺址建美政坊土穀祠舊志

開元宫在府東南一百二十步唐開元二十八年建舊極閎廣後多爲民居所侵今所謂甲子巷者乃開元之六十甲子殿也嘉泰志　久廢舊志

玉虛道院在縣東南一里元大德四年道士呂雷山建明宏治閒道士馮廸元重建舊志

治平道院在縣東南三里元大德四年里人溫平捨地道士徐仙翁建舊志　以上在城

瑞應宫在縣西北十里宋皇慶閒建元至正巳亥燬於火遂廢舊志

雲霞觀在縣南二十五里容山之西大岵尖頂每值亢旱祈禱靈應舊志

浴龍宮在虹橋宋理宗兄弟幼時浴處舊志今廢府志

附

大能仁寺碑記略 姚陶 以下皆國朝人

自晉許徵君元度捨宅爲寺而宋政和間改名能仁其爲梵刹古矣郡城以內巨麗者凡三區自能仁外曰大善曰開元其廣輪略相等然二寺在城心市闤旁午駔儈喧咽獨能仁僻居西南清流環繞挹飛來而面鮑郎塵埃之所不及明嘉靖季年呂文安太傅乘寺之廢營爲別墅祁德公先生以三千金購而復之遂還舊觀余聞長老言太傅別墅號樛木園其值可萬餘金子孫家焉皆精爽不寧或恍惚變現光怪因曠其宇而他徙祁

先生方夢寐間見金甲神拱揖來前乞金三千兩先生異其事曉起徘徊簷下適僧無量至無量苦行頭陀也語以故無量勸先生買呂氏園呂慷慨許之而無量復募緣稠人增飾棟宇置田百二十畝後六十年以匪人主席寺復頹敗緇流無可棲居民埋棺槨其中爲義冢惡少年剔佛金屑而鎔之無畧存者祁先生後裔會瞻欲圖興復徧謀之知識皆逡巡不敢前最後遇慶菴禪師力任其艱重慶翁願堅而道卓天神相之遂次第振起建大殿天王殿伽藍堂祖堂禪堂以及方丈兩廊爲屋者若干楹飾大佛羅漢諸天韋馱天王爲金者若干軀遷居民叢襍淺露之柩於南門段山爲安厝者若干具而又贖田畝庀器用大集遠方承學之徒演三乘十二部以化導之而能仁之勝復甲於浙東其功偉矣佛氏之派五宗其於天下名藍各有所屬

惟能仁無常主有道者迭居之今曾瞻目擊邱墟以其地永歸之慶菴而不自居檀越慶菴持鉢繞城從者雲集星馳慶菴之道風越人之好義皆盛事也慶菴名德禧嗣法臨濟諸曁人俗姓俞氏子

六度菴記略　王亹

六度菴在王相橋畔初一椽耳萬歷間開士處空修普賢行先恭簡爲拓地結菴時橋且圮處公督其徒營綜橋事橋去三江閘不二里受諸浸衝閘弛水決洪濤崩瀉魚鱉顛倒舟楫戒矣於是廣門鋭磯以駛流而殺勢益以繩竹邪許以相濟者便焉且晝飲宵燈雨笠施行者靡勿至自攺建來垂五十年舟絶覆溺行絶艱虞則菴德也先恭簡以今名額之明是菴之有處公也嗣之者林谷益修禪定問道天童服盧祖之行不言而躬造

諸方至者如歸菴規劃無崇麗相作準雲棲堂寮取足供佛棲僧山門庖湢具體而已然入之而舍宇無塵行庭無人器鉢無聲肅肅焉括括焉其門庭爲何如耶菴之址爲地八畝許其施於菴而飯僧者爲田七畝許先恭簡許志之久於官未果亹自丙戌遯訪緇髡庚寅之冬山和尚主大能仁亹詣受戒林師爲教授頻以記屬亹以先志不敢辭次其大略以告夫後之居是菴者知有處公林師之人而后有是菴也

大樹菴記　單國驥

宋靖康末高宗初迎兩宮於金營將留以爲質金人不知帝爲徽宗子也遣之既出有云若爲康王且有天子氣益速追之於是兀朮以精騎三千尾追之高宗之馬罷而躓有神贈以馬浮水而過視之其馬化爲泥始知爲神馬立爲祠祀之此其事傳

矣乃有松楊之神更奇於馬者而事反不傳且及今五百年松與楊蓋二木也今越城西北十餘里所稱大樹港其故址也二木高且大不知植自何代時金人追康王急至大樹港長河瀰漉無以濟松與楊忽自拔其根俛於水兩木相向如覆舟狀帝緣木而渡及崖顧其木仍昂首自植已而金兵至望崖際裒盧無一戢栰繫疑之其松根砍裂樹杪水潏潏不絕且隔岸長楊亦然度木所濟者怒而伐之截爲數段委於河而返高宗得入西門官軍護蹕駐越州乃曰非松楊渡我不及此使人至樹所驗其跡報曰金人斲松而退其楊亦自萎矣遂以長官封之故後人相傳曰松楊長官云木生而有知者死而益靈因標泊於城之西北若護城郭狀浮沉自如雖疾風不爲上雖湍流不爲下予家界大樹港五里許往來掉舟歲必三四遇其色黦而澤

長不過丈許大可一圍行舟者偶遇之多吉有意觸之災禍立至或因水漲時入隄卽偃卧堤上雖遲久土人不敢犯至水復來仍乘流而去自南宋迄今未嘗離於數十里之外至順治丙戌以後凡十年許不復見已亥冬日復出大樹港東南隅橫眠波上於是邑人迎其木於崖築廟祀之

附錄

寶林寺　舊有長老滋須者有高行會改當十錢爲當五郡守召須及能仁長老密告之曰聞二寺方大興造有未還瓦木工匠之直而蓄當十錢多歸可急償之明日文字一出皆大折閱矣二人既歸能仁呼知事僧告以將赴他郡之請凡有負者卽日償之於是出千餘緡與之抵夜乃畢得者皆喜明日遣寺僧問天寧則曰長老歸自郡齋卽以疾告閉方丈門熟睡至今猶

未杞也及令下須始以當五之數償負能仁乃大媿服嘉泰志

戒珠寺　寺之中爲臥佛殿有所謂十大弟子哀泣其旁詳前本寺條

僧惠迪言政和閒道家盛時有道士詰僧曰寺院皆祝壽之地乃爲此狀何也當聞於州毀之有僧出曰比見道宮進天寧節祝聖疏首列道德經若干卷經中乃云上將軍居右言以喪禮處之死而不亡者壽强梁者不得其死死之徒十有三以其求生之厚是以輕死民至老死不相往來如此類皆何等語汝乃殊不避何也道士掩耳而去同上

天王寺　盧公名天驥西安人以儒學進名重當世後避天字改名襄字贊元終於吏部侍郎時爲浙東提點刑獄陸少師元鈞時爲淮西提舉常平沈諴道名時升爲部酒官有文學盧公遇之如交友游覽必與俱後以子貴贈至太師安國公同上

石寺觀

越王允常冢在縣南十五里木客山舊志句踐都瑯邪欲移允常冢冢中生風飛沙射人人不得近句踐謂不欲遂止水經注獨山大冢者句踐自治以爲冢徙瑯邪冢不成去縣九里越絶書今獨山在城西二十五里府志

越王庶子冢在縣南三十里夫山舊志夫山大冢者句踐庶子冢也去縣十五里越絶書案越世家句踐之後爲王子歫與而庶子不得其名嘉泰志

越大夫文種墓在種山舊志文種城於越而伏劒於山陰越人哀之葬於重山水經注卽今臥龍山山之北麓有坎相傳卽種所葬處府志

越陳音冢在縣西南五里陳音山音善射孔靈符記云其冢壁

猶畫作騎射之像嘉泰志

越秦伊匑句踐客秦伊善灼龜者匑也因名爲秦伊山越絶書案

十道志當在龜山下嘉泰志　以上周

漢靈文園薄太后父也吳人死山陰因葬焉文帝卽位追尊靈

文侯會稽郡置園邑三百家史記索隱云在會稽縣西北䃅山

上今猶有兆域括地志以爲蕺山去會稽西北三里一曰稷山

名勝志　在山陰縣境漢文帝薄太后之父卒葬於此明一統志

會稽太守馬臻墓在城南二里鑑湖鋪西

國朝康熙五十六年知府俞卿修之府志　入防護錄

下邳令謝夷吾墓在種山南夷吾將死敕其家曰漢末當亂必

有發掘露骸之禍宜懸棺下葬子孫遵之故得獨全嘉泰志　今在

縣東北一里府治儀門下舊志　以上漢

丁固翁十道志編在會稽官至司徒又名司徒翁嘉泰志在所未詳

孫權父翁在亭山西山上據水經注　以上三國吳

尚書左僕射孔愉墓在縣南二十九里嘉泰志

會稽內史郗愔墓在城西南二十五里嘉泰志

會稽內史謝輶墓在縣西三十里於越新編謝靈運之從祖名勝志

嚴堅墓在沅港嘉慶五年土人掘得古甎上有晉嚴堅墓字詳碑刻卷旋掩之采訪　以上晉

臨川內史謝靈運墓在縣南三十三里靈運死廣州歸葬於此嘉泰志　以上南朝宋

吏部侍郎諡定徐浩墓在縣南二十一里嘉泰志

祕書監賀知章墓在城南九里因名九里墓在山巔鄉人呼爲賀墓於越新編在城南十五里防護錄

刺史康希詵墓在蘭亭希詵會稽人歷饒海台睦四州刺史其碑顔魯公撰并書郡守吴奎得之王荆公及弟平甫賦詩而墓始著嘉泰志

康德言墓在離渚贏石湖旁湖之得名以其墓碑石贏云名勝志

以上唐

宋宮嬪墓在贏石湖濱獅山側有二十四處俗傳廿四堆者是也邵廷鎬詩云贏湖湖水瑩如鏡照出興亡事可哀二十四堆春草綠紅兜幸未摸金來詩見舊畦集府志

魏惠憲王愷墓在法華山案王孝宗第二子初自魏邸出判寧國府又判明州兼領維州牧薨有旨攢於紹興善地權厝遂厝於天衣寺之法堂遣使軷祭且視窆焉嘉泰志在縣東南三十里舊志

太師賀王謚孝敏趙士會墓在天衣寺法華山嘉泰志距縣東南三十里舊志　案舊志作士奎誤

節度使滕國公謚恭靖趙不微墓在東黃直閣不隲祔嘉泰志

知郡陸眷墓在黃祊嶺嘉泰志縣西南三十里舊志　案舊志作陸潛誤

尙書齋執象墓在昌原嘉泰志

銀靑光祿大夫傅傳正墓在承務鄉尙書墨卿祔嘉泰志

修撰宋煇墓在九里嘉泰志

提學宋興宗墓在苦竹村嘉泰志縣西南三十里舊志

中書王孝迪墓在九里嘉泰志

贈開府儀同三司謚忠肅陳過庭墓在黃祊嶺嘉泰志

特進王俊乂墓在西山尙書佐祔嘉泰志西山村有王佐祠額曰忠孝乃同榜進士朱熹書後於墓旁掘得南宋全皇后妹合葬

墓碑始知佐會孫婦亦祔於此府志　案舊志在祝里峯又攷佐會孫名易餘

提舉司馬棿墓在亭山侍郎伋監丞僖祔嘉泰志　在縣南五里舊志

顯謨閣待制呂正己墓在九里嘉泰志

太子太師祁國公杜衍墓在永昌鄉苦竹村嘉泰志　案歐陽文忠墓誌銘公以嘉祐二年月日卒葬於應天府宋城縣之仁孝原府志　案宋城志作宋仁今據九域志改

觀文殿學士謚威敏孫沔墓在承務鄉嘉泰志

太保陸昭墓在承務鄉左丞之祖四世葬此有陸氏大墓碑嘉泰志

趙太師墓在承務鄉清獻公之祖與陸氏墳相對墓碑亦存舊志

武翼郎閤門宣贊舍人王用亨墓在項里河塔之原案用亨字吉夫尚書端明殿學士克謙之父府志

翰林學士沈繼祿墓在苦竹山府志

右史唐闓墓在蘭亭嘉泰志

運使唐閱墓在古城嘉泰志在城西南三十里蘭亭相近府志

銀青光祿大夫石元之墓在盛塘孫朝議瑞中寺正邦哲祔嘉泰志

提舉石繼曾墓在謝墅嘉泰志縣南二十里舊志

少卿唐翊墓在蘭亭西名勝志縣西二十五里舊志

翰林學士毛元章墓在城南四里臨大路名上山頭配趙氏祔府志

孝子蔡定墓在下和坊寶珠橋懸孝祠內防護錄案府志入會稽觀巷下

溫州通判曾惁墓在縣南三十里秦望山道樹村舊志入防護錄

和靖處士尹焞墓在龍瑞宮前峯石帆山下案是墓久已盜賣

明嘉靖中爲里豪所發得其志石知府洪珠訪求則石既毀矣
國朝乾隆四十九年邑人李觀察浚原至謝墅見碑石仍在遺書與嵊令訪其遷嵊子孫於是尹瑢等來拜墓因備價向徐姓贖出凡三十餘畝修墓樹碑以復其舊府志在城南三十里謝墅天柱峯下防護錄　案府志入會稽

直顯謨閣俞亨宗墓在縣西北三十里張漊舊志

太尉李顯忠墓在法華嶺側於越新編　案行狀淳熙五年九月安厝於山陰承務鄉秦望山之原福國夫人周氏祔府志在城南三十里秦望山北舊志入防護錄　案秦望山跨山會兩境府志入會稽

義士唐珏墓在梅山孟家灣配壽春公主趙氏祔呈報　以上宋

僉江浙樞院事西夏侯謐忠勇邁里古思墓在蕺山邁里古思以紹興錄事司官掌總督越兵爲御史拜住所殺瘞其首溷中

未死前三日有星大於盃盤墜鎮越門化爲石舊志

韓元帥惟仁墓在里南𨺗山陽有金頭墳相傳至正末明將胡大海攻越韓公惟仁嬰城死詔賜金頭以葬今華表石柱猶存府志詳鄉賢卷中

贈迪功郎陳俊墓在下方玉屏山案俊字侃齋元至正末隱於玉屏山府志

儒士王麟墓在温泉鄉河塔之原案麟字文明工畫能書卒年十九府志

以上元

明紹興府知府白玉墓在縣西北一里許臥龍山之陰舊志案職官志白玉漢中人正統中任紹興府知府合家病卒無所歸因葬焉嘉靖二十一年知府張明道因永福寺故址立祠墓前有司春秋祭

國朝乾隆五十七年知府李亨特修祠立碣禁人樵採府志

贈光祿寺少卿郁采墓在城西南八里余家岸頭倉橋下防護錄

應奉翰林文字唐肅墓在縣南二十里赤土舖舊志

處士錙績墓在縣南三十里直步舊志

處士羅頎墓在梅山馬莊嘉靖十年知府洪珠立碑表墓舊志

總兵陸建夔墓在木柵舊志

吏部尚書王華墓在徐山碣鐫皇明成化辛丑狀元南京吏部尚書晉封新建伯龍山府君暨德配累贈一品夫人鄭太君之墓孝男王守仁同弟守儉守文守章奉祀府志在縣南十八里天柱峯背茅山防護錄　案府志入會稽亦以山故也見前

新建伯謚文成王守仁墓在蘭亭山浙江通志在府城南二十里花街洪溪文成與其父母三墓爲土人所佔侵削殆盡康熙五十

四年知府俞卿盡歸所佔者還之王氏俾世守之府志

刑部郎中周文燠墓在普安山呈報

吏部尚書謚清簡孫鑨墓在梅山餘姚縣志在縣東南二十五里鑄浦山舊志

國子監祭酒周文燭墓在安昌呈報

南京工部尚書贈太子少保何詔墓在西扆山之陽嘉靖丙申閏十二月諭祭葬府志

兵部郎中王畿墓在婁家塢縣冊

刑部尚書趙錦墓在城西南二十五里蘭亭婁家塢防護錄案府志入會稽

贈禮部尚書謚文懿諸大綬墓在城西南三十里漓渚寶壽山九板橋防護錄

兵部尚書吳兌墓在城西北七十里芝塘湖防護錄

左春坊左諭德張元忭墓在南門外南山舊志在城南五里南華館之珠山防護錄案府志入會稽

贈光祿寺少卿孫如法墓在縣西七十里芝塘湖裏鳳凰山土名大山防護錄

太僕寺少卿馮應鳳墓在縣南十里衙前鶴子塗防護錄

總督朱燮元墓在城南八里九里山防護錄

徐渭墓在城西南十五里裏木柵山舊志

太倉州判傅元縉墓在花徑山浙江通志

副總兵昭勇將軍周洪印墓在賓舍呈報

兵部尚書王業浩墓在城西南十里徐山防護錄

巡撫淮鳳都御史兼兵部侍郎徐如翰墓在城西北四十五里

古城山麓土名大灣口又名新墳頭防護錄

征東將軍茅國器墓在鳳儀鯰魚灘呈報

戶部尚書謚文貞倪元璐墓在白蓮嶼山聖儀洞府志康熙十年巡撫范承謨以其子孫貧不能葬捐俸四十金行府議知府張三異更爲捐俸營葬先是里紳姜天樞知文貞無葬地欲以白蓮嶼贈之後竟踐其言浙江通志

濟南府知府周懷錸墓在周家橋呈報

蘇松巡撫祁彪佳墓在城西十里亭山南面防護錄

給事中周洪謨墓在木柵呈報

總兵左都督同知薛允勛墓在府城東南十五里爐峯之西案允勛字子勣明季殉難卒年二十九配孟氏祔府志

長安知縣吳從義墓在城西三十五里型塘傳家塢防護錄

處士倪文徵墓在城西三十里勞家塢倪家山黜石菴側護防錄

處士義成先生潘集墓在城南三十里謝墅官山嶼護防錄

河間府同知周洪圖墓在後馬駐駟潭南岸呈報

魯王參將史在慧墓在山陰九里山麓案史氏家譜在慧會稽人明崇禎末中武舉魯王監國授守備旋擢爲參將分守江口

國朝順治初

王師東下監國兵潰江上在慧力不能支遂遇難於西郭門外驛亭其父宗聖收屍葬之府志

陳洪綬墓在謝墅官山嶼橫棚嶺下府志

封朝議大夫馬熠之墓在螭山舊志

處士金輅墓在九里舊志

孝女諸娥墓在稽山菴之上土名鵝鵡山護防錄　以上明

國朝

兩廣提督殉難

賜蔭襲祭葬芧生蕙墓在大漊灣(呈報)

太子少保兵部尚書福建總督姚啟聖墓在濟渚山蔣家塔(防護錄　案府志入會稽然濟渚隸山陰界)

倪宗賢墓在麻地鄉人祀之香火不絕(府志)

總兵韓祖勳墓在花徑山(府志)

同州知州周禮墓在七眼橋(呈報)

待贈文林郎金機墓在駱家葑(舊志)

江西南安府同知平廷鼎墓在峽山蔣家池(呈報)

知府陳景仁墓在王家塢太史山(舊志)

分守寧紹道副使史光鑑墓在亭山(舊志)

文學徐廷玠墓在運使尖下舊志

濟寧州知州周道濬墓在夏履橋呈報

江寧府知府唐咨伯墓在梅溪呈報

永寧州知州周鑲墓在後馬太史湖側呈報

江南提督陳奎墓在謝墅大珠山麓奎字掌文原籍定海由行伍歷陞提督賜花翎入籍會稽府志

奉天府府丞余泰來墓在張墅小觀坂呈報

隴州知州周道泮墓在蔡堰呈報

湖北布政使徐垣墓在亭山二斗漊府志

松江府知府贈太僕寺卿周中鋐墓在後馬三十畝漊呈報

翰林院侍讀學士周長發墓在後馬譚家池呈報

兵部侍郎安徽巡撫何裕成墓在盛塘府志

安徽潁州府知府史曾璠墓在亭山一斗漊呈報

邱贈世襲雲騎尉福建臺灣縣丞陳聖傳墓在蓬萊山之原舊名駝峯山府志

山西吉州知州平世增墓在峽山蔣家池呈報

廣東崖州知州金紳墓在裏謝墅呈報

江西九江府知府金明源墓在安城呈報

象山烈婦墓在錢清江畔環翠寺右里人葉金等祠祀立石府志

宋漏澤園在縣南七里舊志初崇寧三年詔收葬枯骨凡寺觀旅櫬二十年無親屬或不知姓名及遺骸暴露者令州縣命僧主之擇高原不毛之土收葬名漏澤園周以牆柵庇以土地所宜易生之木人給地八尺方甎一刻原寄之所知日月鄉里姓名

者弁刻之暴露者官給轉葬日給寓鏹及祭奠酒食墓上立案有子孫親屬而願葬園中者許之給地九尺已葬而願葬他所者亦聽禁無故輒入及畜牧者又紹熙五年少監李公大性來爲提舉浙東常平於會稽鎭塢山陰洄涌塘各置義冢嘉泰志

蓬萊驛旁漏澤園康熙二十九年知府李鐸建周圍築土垣造墓門令民掩埋其中五十二年里紳姚陶又於南堰門外段山置義冢十數畝復建普同塔二所於其旁以貯骨骼府志

官義冢一在二十二都一啚項里是字四百二十六號山地二十五畝一在三十都二啚裏木柵斯字九百十號山地十九畝三分斯字九百十七號山地四十九畝七分斯字一千一百二十號山地三十五畝六分六釐七毫斯字一千一百二十一號山地二畝斯字一千一百五十號山地二十一畝一分一釐同善局捐置詳前同善局條

青墩古義冢嘉慶四年安昌鎭婁姓等續捐地五畝有奇呈報

茅氏義舠在粜家灣茅蓮峯捐置呈報

孫氏義舠在陽嘉龍孫毓敏捐置呈報

附憑依所在下和坊寶珠橋側丁業等呈請捐建以爲供度焦依木主之所呈報

右舠墓

山陰縣志卷二十四

山陰縣志卷二十五

政事志第三之七

通鑑一書不書符瑞蓋以春秋爲法且循省夫資治之稱而愼之也夫休徵吉卜福應禎符之理非不著之於經以寓勸勉至於西漢白麟赤雁芝房寶鼎之歌神雀五鳳甘露黃龍之紀漸涉矜夸其後讖記天書寖多誣妄宋祥符之際芝產潤谿叠谷閙四方上告者以萬數不適以貽笑而失政體乎李沆爲相日以四方水旱盜賊之事上聞言人主當知四方之艱難區區所以報國者在此至哉儒者之言茲仍前志舊文述災祥一卷災異之萌足以恐懼修省故備錄焉而削去晉義熙三年若耶山五色雲見及唐天寶三年移風鄉產瑞瓜宋政和五年承天寺瑞竹明天啟六年東方五色雲見等凡四條（太平御覽以五色雲列於咎徵）以

盛世所寶以爲瑞者不在此也至舊載星變三條乃據分野以言徵應案分野所包甚廣茲志不立分野一門所以別於府志通志故天象星占亦未敢侈陳也晉書天文志始析言某郡某度如會稽郡入牛一度是也然以一度計之已二千九百三十二里則一縣所值之度無幾矣其易名曰禨祥者禨亦祥也祥者徐鉉云吉凶之兆孔穎達云善惡之徵蓋舊文爲對舉茲第命以統辭云

晉太康四年蟛蜞及蟹皆化爲鼠甚衆大食稻晉書

太和元年六月火燒倉米數百萬斛居民數千家舊志

太和中山陰縣邸倉鑿地得兩大船滿中錢皆輪文大形至明且失錢所在惟有船存晉書案舊志在太和三年

義熙三年地陷方四丈有聲如雷府志八年春三月壬寅地陷方四丈通志

唐大歷二年水災舊志
貞元二十一年夏鏡湖水竭唐書山崩舊志
元和十二年水害稼唐書
咸通元年有星隕於山陰府志
乾寧元年有星隕後有光起丈餘狀如蛇唐書
宋咸平二年竹生米如稻民採食之舊志
景祐四年八月大水壞民居府志
宣和元年十一月大水災舊志
紹興元年大饑舊志冬大火宋史是年疫府志三年水害稼五年五月水災十八年大水十九年大饑二十年大水流民廬舍淹沒者數百八舊志二十三年大饑府志
隆興元年八月大風水大饑宋史

乾道四年七月大水舊志

紹熙五年鑑湖竭府志

慶元三年九月水害稼舊志

嘉定二年大水漂民居五萬餘家壞田十萬餘畝舊志　四年海水敗堤漂田四十里斥地十萬畝宋史　六年水災九年大水沒田廬害稼十五年衢婺徽嚴暴流與江濤合氾濫於境內圮田廬害稼舊志

元至元二十年大疫府志

元統元年境內自正月不雨至秋七月舊志

至正二十二年大疫舊志　二十六年臥龍山裂舊志

明洪武二十六年閏六月大風海潮漲溢漂流廬舍居民伏屍蔽野舊志　二十八年天樂瀛湖塘掘一物類小兒臂紅潤如生或

云肉芝也食之延年府志

建文二年大水舊志

景泰七年五月大水舊志

天順四年四五月陰雨連綿江河泛溢麥禾俱傷明實錄

成化三年村落閒李生桃實民訛言九年板橋村徐堅家生一犢兩首兩尾八足十二年芥生荷花十二月蓬萊坊馬氏生子四手十三年春村落李樹生梔是歲隆興橋范家店杏實開花四種夏六月大風海水溢害稼福嚴夏瑄家庭中血濺地上高可二尺廣二尋有司聞於朝遣官致祭南鎮以禳之十七年民間訛言有黑眚自杭至紹閭里皆驚踰月而息舊志

宏治九年六月山陰蕭山同日大雨山崩溺死三百餘人明史十八年地大震舊志

正德元年民間驚有怪物夜入人家爲妖彌月不止實旱魃也三年大旱七年七月颶風大作海水漲溢頃刻高數丈許並海居民漂沒男女枕藉以死者萬計苗穗淹溺歲大歉舊志十六年二月地震舊志

嘉靖元年府署東廊黃冊庫儀仗庫俱燬十月西廊燬三年二月地震大歉斗米一錢四分十八年夏四月有魚涸於海際數十餘民採其肉啖之獲異物如黿狀不閱月大水衢婺嚴暴流與江濤合決堤灌於河倏入城高丈餘並海居民淹沒伏屍蔽野二十一年八月天裂有光如電二十三年夏大旱湖盡涸爲赤地斗米銀二錢二十五年春謝塢民家生一犢二首二尾八足三十一年春村落有血濺於地高數尺是年倭兵入寇三十九年二月地大震四十一年夏天裂有光如電四十二年臥龍

山鳴舊志

隆慶二年元旦晝大風室廬皆震是日縣災次日虎入郡城宿戢山徙明眞觀道士曉開戶攫傷之逐至千秋巷爲諸丐所斃舊志

萬歷十四年王文英舉鄉飲大賓年九十三歲五代同堂賜額曰人瑞府志十五年自秋雨至冬至始晴大饑十六年淫雨疫癘交作府志大饑斗米銀三錢莩民載道二十五年紹興府大堂燼燬舊志二十八年大饑殍死無算府志三十年七月二十三日海風大發巨浪直衝內地石梁漂去里許方沉倒壞民居淹溺者不可勝計四十八年四月二十一日大雪舊志

天啟元年臥龍山發洪水五年大旱舊志

崇禎元年七月二十三日午後大風雨海水大溢街市行舟沿

海居民溺死者以萬計二年八月初九日大水較元年增五寸許九年十一月二十六日戌時地震十三年有蝗從西北來不雨者四月米價騰貴十四年至十六年癸未俱大旱連年桃李冬花正月大雪經旬斗米三錢五分十月辛卯朔日食既見星

統萬歷至崇禎年間俞姓一家父子夫妻百歲俞槪百歲妻鮑氏九十九歲子俞仕朝九十八歲婦韓氏一百四歲舊志

國朝順治二年時紹興未入版圖夏六月太白晝見初八日夜有流星如月大小相隨光芒甚白三年六月朔日

大兵臨府城士民嚮化府志六月十一日星隕如雨又大旱舊志八月初一日大風拔木海溢禾稼淹腐四年民家羊生羔三足前二後一豢於江橋張神廟人不敢宰食府志五年山海多嘯聚七年大饑十二年大冰十三年大旱十六年虎至西郭門外山中

虎亂計傷百餘人十八年六月天裂有光舊志
康熙二年寶盆陳姓婦生四子微見鱗甲舊志三年八月大水府志
五年六月十五日夜半天裂有光七年六月十七日戌時地震
三十日又震又夏秋間遍地生白毛狀似馬鬣長短不一九年
正月二十八日夜大雪忽有聲如雷有光如電五六月大水低
田禾盡壞七月初二日雨雹十二月初三日大風連日冰凍不
通十四日起連雪十餘日雪高數尺十年四月二十五日江橋
火起延燒七十餘家同觀三狀元牌坊燬五月單港產豕十二
皆四耳六七月大旱湖水盡涸十九年冬大雪浹旬積至丈餘
山民難於出入凍餓載道二十一年夏霪雨兩月海塘倒壞海
水沖入低田大歉二十二年春雨連綿至八十日小麥全枯夏
月瘟疫流行四十四年四月

聖祖仁皇帝南巡至杭州縣民王錫元錫魁錫爵錫驥錫則皆同母生龐眉皓髮跪伏道旁恭迎

聖駕問其年錫元與錫魁孿生俱八十歲錫爵等三人各七十餘歲五人之婦皆結髮齊眉其家有女弟二人亦年近八十與其夫偕老合夫婦十四人壽盈一千七十餘歲

御書一門人瑞四字以旌其閭舊志五十八年縣民徐允祿一百歲府志

乾隆十年縣民胡乾妻俞氏一百歲十六年

高宗純皇帝奉

孝聖憲皇太后南巡縣民陳法周妻王氏渡錢塘江接

駕

憲皇太后賜克食

純皇帝賜銀牌二面至三十年氏一百歲巡撫具題奉
旨賜坊額粟帛府志三十三年陳廷槐年踰百歲申請
旌表縣冊四十一年金蓮先百歲申請
旌表四十七年平上楨之妻陶氏年百有一歲子二灶辛酉舉
人爌諸生孫二聖墳監生聖垣庚子舉人曾孫六人元孫一人
禮部具題給與貞壽之門字樣奉
旨加恩賞給上用緞一疋銀十兩四十五年朱清顯一百歲申
請
旌表五十五年捐職從九品施楷年八十九歲子三人孫七人
曾孫十四歲元孫四歲五世同堂五十五年王茂源五世同堂
申請
旌表三十七年縣民田君求年八十歲子一人孫七人曾孫八

人元孫二人五世同堂府志

嘉慶四年前馬村孔毓傑妻孫氏年百歲孫繼祖等呈請

旌表給與貞壽之門字様支款建坊呈報

右禨祥

山陰縣志卷二十五

山陰縣志卷二十六

政事志第三之八

自荀謝任殷諸子皆以四部標題隋唐以來遂爲定式閒有刻意師古不用四部而仍七錄之名者惟宋莆田鄭氏一家自非通例我

朝

欽定四庫全書部分鴻規昭示千古并廣鈔分貯以嘉惠士林洵爲

一代攷文鉅典至下而州縣方志亦多遵用四部之目立書錄一門藉以談文獻記姓名昭盛事也竊謂簿錄凡有二類勅撰

奏御掌之在官者爲一類私家著錄所藏爲一類其中體製又分四種自劉氏七略以至趙宋史館書目太學書目等見明以前諸史

藝文者約三十種論列一時所有者也隋唐各志通紀一代之藏者也宋綬尤袤諸目元以前見於通志通攷說郛石林燕語揮麈錄等書不下數十家僅錄一家之蓄者也明史藝文志專載本朝所撰者也獨鄭樵通志藝文一略則竝登往籍古今全載可稱鉅觀論者乃云一槩鈔入大悞後學又云讀者眩於名實其有無反不可知此或一偏之見谿刻之談而史通論史部藝文則直謂附贅縣疣雷同一律譏隋史而竄范書抑又何也然則方志書目允宜有變通之法既以遠襲隋唐之著錄存軼難知近徇坊巷之流傳有無莫定與其博收毋寧約取劉知幾之褒譏任意固未可盡遵王浚寧之攷證淹通亦難猝辦也今惟遵照

欽定皇朝文獻通攷

欽定四庫書目所有者依次以類載之次則浙江采書目錄俱

經呈進卷帙名籍一一可徵亦載之此外行世之書及家藏善本已有論定確經目見者亦附於後乃是一時一邑之所有庶幾邦人案籍求書亦裨實用其他自有專門著錄及見於各本傳中始從略焉

易學四同八卷別錄四卷明季本撰是編大旨主於發明慈湖楊簡之易以標心學之宗以四同爲名者蓋反朱子天地自然之易伏羲之易文王之易孔子之易四者不同之說其別錄則爲圖文餘辨二卷著法別傳二卷

周易澹窩因指八卷明張汝霖撰汝霖字明若官江西布政司參議其書隨文訓釋蓋專爲科舉制藝而作

周易古文鈔二卷明劉宗周撰案明史藝文志作三卷

易原二卷國朝趙振芳撰案易原無卷數此府志據經義攷載之又案宋程大昌有易原八卷本朝姜垚有三卷又案欽定四庫書目載是書列古本圖圖書古本易經爲首卷列諸圖與說爲六卷則亦分二卷也

周易井觀十二卷　國朝周大樞撰大樞字元木號存吾乾隆壬申舉人官平湖教諭

詩說解頤四十卷明季本撰凡總論二卷正釋三十卷字義八卷多出新意不肯剽襲前人而徵引該洽足以自申其說案明朱善有詩解頤四卷

鑑湖詩說四卷明陳元亮撰元亮字貞倩

儀禮易讀十七卷　國朝馬駉撰駉字德淳

夏小正戴氏傳四卷宋傅崧卿撰崧卿字子駿官至給事中是編仿杜預編次左氏春秋之例列正文於前列傳於下每月各為一篇附以注釋朱子作儀禮經傳通解以夏小正分析經傳實沿其例

讀禮疑圖六卷明季本撰

廟制考議無卷數明季本撰

春秋合題著說三卷元楊維楨撰維楨字廉夫號鐵崖是書專為科舉而作

春秋私考三十六卷明季本撰

論語學案十卷明劉宗周撰宗周講學以慎獨為宗故其解為政以德及朝聞道章首揭此旨其

解見危致命章曰人未有錯過義理關而能判然於生死之分者卒之明社既屋甘蹈首陽之餓可謂大節皭然不負其言矣

樂律纂要一卷明季本撰凡十三篇　案明史藝文志本尙有律呂别書一卷浙江采書目同

蔡氏律同二卷明蔡宗兗撰宗兗字我齋正德丁丑進士官興化府教授是書以本性稽數候氣三篇爲上卷以文聲協律制器正度量權四篇爲下卷

埤雅二十卷宋陸佃撰佃字農師是書凡分八門皆因名物以求訓詁因旁通於經義大旨

右經部

元史續編十六卷明胡粹中撰粹中名由以字行永樂中官楚府長史是書全仿通鑑綱目之例然綱目訖五代與此書不能相接其曰續編蓋又續陳桱書也商輅等修續綱目全取此書爲藍本並其評語亦頗采之其持論之公實非輅等所及

督蜀疏草十二卷明朱燮元撰燮元久膺閫寄歷樹邊功威望著於西南史稱其治事明果軍書絡繹不假手幕佐此編乃其總督四川時經理苗疆事宜及舉劾僚屬諸疏其曾孫人龍校刻者也

朱襄毅疏草十二卷明朱燮元撰是書皆其總督雲貴時論平定諸苗奏疏與督蜀諸疏始

末均具明史本傳其事蹟委曲年月先後較史爲詳

朱少師奏疏鈔八卷明朱燮元撰 此編爲其曾孫世衡所重刊冠以倪元璐所撰行狀及劉宗周所撰墓誌銘末有世衡跋

入蜀記六卷宋陸游撰 游以乾道五年授夔州通判以次年閏六月十八日自山陰啟行十月二十七日抵夔州因述其道路所經以爲是記游本工文故於山川風土敘述頗爲雅潔而於考訂古蹟尤所留意非他家行記徒流連風景記載瑣屑者比也

保越錄一卷 案府志据黃氏書目云張士誠幕客作又据居易錄云海寧教授徐勉之作　欽定四庫書目云不著撰人名氏今以題云保越姑附錄之浙江采書目則題山陰郭鈺韓莊武備志一帙附古越書後

孔孟事蹟圖譜四卷明季本撰

蹇程別紀一卷　國朝余棠撰 棠字同野

吳越春秋十卷漢趙煜撰 元徐天祜注隋志作十二卷今佚二卷漢魏叢書併爲六卷此本猶元初刻所

越絕書十五卷漢袁康撰 其友吳平同定隋唐志皆云子貢作非其實也原本二十五篇今佚五篇博奧偉•麗趙曄弗及也

南唐書十八卷音釋一卷宋陸游撰 宋初撰錄南唐事者凡六家其後撰南唐書者三家胡恢馬令及游也恢書傳本甚稀惟馬令與游書盛傳而游書尤簡核有法元天歷初金陵戚光爲之音釋博士程塾等校刊

吳越備史四卷補遺一卷宋錢儼撰 案府志據書錄解題曰九卷范垌林禹撰蓋儼託名又據宋史藝文志別載吳越備史遺事五卷忠懿王勳業志三卷戊申英政錄一卷總題曰錢儼撰今遵欽定四庫書目

嘉泰會稽志二十卷寶慶續志八卷 案府志云今人但謂之放翁志不知有施宿等然觀篇末參訂之語則亦與其事今以陸游山陰人故附錄之續志之張淏亦寓賢也

會稽三賦三卷宋王十朋撰史鑄注 鑄字顏甫號愚齋初嵊縣周世則嘗爲注會稽風俗賦鑄病其不詳又爲增註併註後二賦鑄以當時之人註當時之作耳聞目覩言必有徵視後人想像考索者特爲詳贍且所引無非宋以前書尤非近時地志杜撰故實牽合名勝者可比與十朋之賦相輔而行亦劉逵張載分注三都之亞也

皇輿考十二卷明張天復撰 天復號內山官至雲南按察司副使元忭之父

嶺南風物紀一卷　國朝吳綺撰宋俊增補俊字長白所增補凡七條皆別識之

紹興府志五十卷明張元忭孫鑛同撰忭字子藎官至左諭德是志分十八門每門以圖列書後體例頗善末序志一卷凡紹興地志諸書考其源流得失亦爲創格

雲門志略五卷明張元忭撰

恒嶽志二卷明趙之韓王濬初同撰濬初山陰舉人

嶽麓志八卷　國朝趙寧撰寧字又齋官長沙府同知

雁山圖志無卷數　國朝曾實行撰實行字奕庵山陰林氏子居雁山能仁寺

館閣漫錄十卷明張元忭撰是書不著撰人姓氏　欽定四庫書據明焦竑國史經籍志定爲元忭撰忭竑相去不遠必有據也書錄明成祖至武宗時翰林除授陞遷之事編年紀載亦間有論斷又案　欽定四庫書目無卷數今據焦志及浙江采集遺書錄定爲十卷

牧津四十四卷明祁承㸁撰承㸁字爾光官至江西布政司參議

陽明鄉約法一卷明王守仁撰是書已載陽明全書中崇禎閒嘉善陳龍正錄出別行

陽明保甲法一卷明王守仁撰亦陳龍正所錄而各附題識於其下

救荒事宜一卷明張陛撰陛字登子崇禎庚辰歲大饑劉宗周及祁彪佳皆里居宗周倡議煮粥彪佳倡議平糶陛更出其家粟五百石佐二人所不及慮賑或未周貲或虛糜於是斟酌情形創爲十法擘畫具有條理多所全活陛因䟽其綱要爲此書

史義拾遺二卷元楊維楨撰此書傳中不載明皇甫汸始爲刊行

右史部

聖學宗要一卷學言三卷明劉宗周撰案聖學宗要一卷蓋本劉去非宋學宗源一書而增益之學言三卷則宗周講學語錄其門人姜希轍所刻也

人譜一卷人譜類記二卷明劉宗周撰案府志子部錄劉子各書多據會稽縣志集部錄劉蕺山集引欽定書目稱山陰人蓋忠介本產山陰籍用會稽故也邑人似此者尚多今遵欽定書目卷帙名目錄之仍以儒家兵家等爲序不拘時代是書乃其主蕺山書院時所述以授生徒者也

說理會編十五卷明季本撰案浙江采書錄作十六卷府志作十二卷今遵欽定四庫書目

證人社約言一卷明劉宗周撰

劉子節要十四卷明惲日初編

左略一卷明會詮撰詮字子謙其書專摘左傳所言兵事凡五十六篇

類經三十二卷明張介賓編介賓字會卿號景岳是書分十二類聚爲十七卷又圖翼十一卷附翼四卷以素問靈樞分類相從雖不免割裂古書而條理井然易於循覽其註亦頗有發明府志稱四十二卷者誤

景岳全書六十四卷明張介賓撰大旨以溫補爲宗然主持太過傳其說者功過參半

玉機微義五十卷明徐用誠撰用誠字彥純其書雖皆採掇諸家舊論舊方而各附案語多所訂正非餖飣抄撮者比

石室祕籙六卷　國朝陳士鐸撰士鐸字遠公

筆元要旨一卷明徐渭撰渭字文淸後更字文長

奕律一卷明王思任撰思任字季重官至江西按察司僉事

雲林石譜三卷宋杜綰撰綰字季揚號雲林居士宰相衍之孫也是譜彙載石品一百十有六各具

出產之地采取之法詳其形狀色澤案府志作雲門者誤

百菊集譜六卷菊史補遺一卷宋史鑄撰 是書薈萃諸家菊譜訂為一編編次頗無體例而采摭頗博案府志作百菊譜六卷今遵 欽定書目錄之又案菊譜後更名菊史觀補遺自題可見

蟹譜二卷宋傅肱撰 肱字自翼自署曰怪山陳振孫謂怪山乃越之飛來山蓋會稽人案飛來山即塔山在山陰縣署東南里許應為山陰人書中所錄皆蟹之故事上篇多採舊文下篇則其所自記詮次頗見雅馴所引唐韻十七條尤足備考證

天彭牡丹譜一卷宋陸游撰 是書已載渭南文集第四十二卷此其別行之本也

老學庵筆記十卷續筆記二卷宋陸游撰 宋史藝文志入雜史文獻通考入小說史志以其多述舊聞通考則以其楊戩諸條近神怪鮮于廣諸條近諧戲也實則綜述見聞考訂文藝確為襍家又案宋史藝文志載陸游老學庵筆記一卷陳振孫書錄解題作十卷與此本合宋史蓋傳刻之譌續筆記二卷陳氏不著於錄疑當時偶未見也

霏雪錄二卷明鎦績撰 案說文有鎦無劉徐鉉附註以為鎦即劉字此書作鎦蓋偶從古體非鎦劉異

姓也續字孟熙先世洛陽人從家山陰

路史二卷明徐渭撰案舊本題青籐山人撰青籐山人徐渭別號故知是渭撰也又案宋羅泌有路史四十七卷此則偶襲其名蓋其襍記之冊耳

呂氏筆奕八卷明呂會見撰會見字晉陽官西安縣敎諭案欽定四庫書目題云紹興人浙江采集遺書錄則云明訓導山陰呂會見撰襍論經史中故實故錄之

物原一卷明羅頎撰頎字儀甫此編分十八門共二百三十九條蓋訂宋高承事物紀原而成書者

翰林諸書選粹四卷明張元忭撰

祝氏事偶十五卷明祝彥撰彥字元美是書大致與方中德古事比相似

讀古紀源九卷　國朝何懋孔撰懋孔字念脩

政譜十二卷　國朝朱栗夷撰栗夷字心庵篇首總題曰象山嚴新書蓋其襍著中之一種也

右子部

溫飛卿集箋註九卷明曾益撰顧予咸補輯其子嗣立重訂

唐英歌詩三卷唐吳融撰融字子華龍紀元年進士融與韓偓同爲翰林學士偓純忠亮節非融所及以文章工拙論融詩音節諧雅猶有中唐遺風較偓爲稍勝案府志一作四卷

元英集八卷唐方干撰干字雄飛新定人咸通中一舉不第遂遯跡會稽嘗居鑑湖邑志入寓賢傳故錄之集名元英者干私謚曰元英先生也又案浙江采集遺書錄原題元英先生集今遵欽定書目

慶湖遺老集九卷宋賀鑄撰鑄字方回衛州人唐諫議大夫知章之後元宗時知章致政詔賜鏡湖據謝承會稽先賢傳謂慶湖以王子慶忌得名後譌爲鏡故鑄自號慶湖遺老其詩自元祐已卯以前凡九卷自製序文是爲前集已卯以後者爲後集合前後集共二十卷同時程俱爲之序今後集已佚惟前集僅存耳

陶山集十四卷宋陸佃撰此書據書錄解題本二十卷歲久散佚今以永樂大典所載裒爲十四卷蓋僅存十之七矣佃本受學於王安石故埤雅及爾雅新義多宗字說然新法之議獨斷斷與安石爭後竟入元祐黨籍可謂剛直有守者矣

劍南詩稾八十五卷宋陸游撰游宦蜀十年樂其風土故一生所作總目以劍南猶元白一生之作統名長慶也此本爲游子虡所編游詩法傳自曾幾而所作呂居仁集序又稱源出居仁二人皆江西派也然游詩清新

刻露而出以圓潤實能自
闢一家不襲黃陳舊格

渭南文集五十卷逸稾二卷宋陸游撰游晚封渭南伯故以名集陳振孫書錄解題作三十卷三五字筆畫相近蓋誤刻也此集雖子遹所刊實游所自定逸稾二卷爲毛晉所補輯府志作三卷誤

放翁詩選前集十卷後集八卷附別集一卷宋陸游撰羅椅劉辰翁所選

泠然齋集八卷宋蘇泂撰泂字召叟右僕射頌四世孫宋史頌傳不詳列其後裔故泂始末無可攷陳振孫書錄解題作十二卷亦久亡佚今從永樂大典錄出共得詩八百餘篇釐爲八卷集中有送陸游赴修史之命詩有弟子先生云云知其從學於游詩法流傳淵源有自故其詩鑱刻淬鍊自出清新

玉笥集十卷元張憲撰憲字思廉家玉笥山因以爲號憲早游京國所作多奇氣鬱勃頗有志於功名後從淮張之招非其本願蓋初同王粲之依劉晚類韋莊之仕蜀讀其詞可以知其志矣

東維子集三十卷附錄一卷元楊維楨撰

鐵崖古樂府十卷樂府補六卷元楊維楨撰門人吳復所編維楨以樂府擅名此

見全帙也

復古詩集六卷元楊維楨撰 門人章琬所編

麗則遺音四卷元楊維楨撰 東維子集不載所作古賦鐵崖文集中亦僅有土圭蓮花漏記里鼓車三作而他賦槩未之及是集爲賦三十有二首皆其應舉時私擬程試之作乃維楨門人陳存禮所編

唐愚士詩二卷附會稽懷古詩一卷明唐之淳撰 之淳字愚士亦以字行肅之子是集詩文相閒成編而總題曰詩非體例又僅丁卯戊辰二年之作亦非完本會稽懷古詩一卷乃其少作

王文成全書三十八卷明王守仁撰 語錄三卷文集五卷別錄十卷外集七卷續編六卷附以年譜五卷世德紀二卷初本各自爲書隆慶壬申御史新建謝廷傑巡按浙江始合梓以傳仿朱子全書之例以名之守仁勳業事節卓然見諸施行而爲文博大昌達詩亦秀逸有致不獨事功可稱其文章自足傳世也

劉蕺山集十七卷明劉宗周撰 案是書爲乾隆壬申督學副都御史雷鋐所刊摘錄數種未免掛漏 欽定四庫書惟將奏疏以下十七卷勒爲一編而他書仍別著錄也

輝山存藁一卷元蕭國寶撰 國寶字君玉號輝山山陰人流寓吳江

恒軒集六卷明韓經撰經字本常浙江采集遺書錄作七卷今遵欽定書目

陽明要書八卷附錄五卷明王守仁撰葉紹容編

王陽明集十六卷明王守仁撰其五世孫貽樂重編

陽明文鈔二十卷明王守仁撰康熙已巳江都張問達所編

陽明全集二十卷傳習錄一卷語錄一卷明王守仁撰康熙中餘姚俞嶙所編

青湖全集十四卷明汪應軫撰應軫字子宿官至江西提學僉事是集前七卷爲文後七卷爲詩應軫有吏才兼以氣節著史稱其在戶科歲餘所上凡三十餘疏皆切時弊今觀集中諸奏牘多侃直之言頗見風采

海樵先生集二十一卷明陳鶴撰鶴字鳴野世襲百戶

金陵覽勝詩一卷明章恩撰恩字元之

龍谿全集二十卷明王畿撰畿字汝中號龍谿傳王守仁良知之學而漸失其本旨史稱其襍以禪機亦不自諱是集爲其子應斌應吉所編凡語錄八卷書序襍著記說共九卷詩一卷祭文誌狀表傳二卷其門人蕭良榦

刊之丁賓又爲重鐫而益以大象義述一卷傳誌祭文一卷

龍谿語錄八卷明王畿撰案龍谿語錄所載乃其生平自著之文故遵　欽定書目入集部

徐文長集三十卷明徐渭撰

徐文長逸稾二十四卷明徐渭撰鄉人張汝霖王思任同輯

朱文懿文集十二卷明朱賡撰賡獨相七年醇謹無過是時東林聲氣傾動一時賡獨借漢唐宋朋黨之害以立論其言切中時病厥後明社既屋乃信賡言其深識卓見非顧葉諸人所及

不二齋文選七卷明張元忭撰

飲和堂集二十一卷　國朝姚夔撰夔字胄師官安化縣知縣凡詩十三卷襍文八卷

釀川集十三卷　國朝許尚質撰尚質字又文

秋塍文鈔十二卷三州詩鈔四卷　國朝曾燠撰燠字敬人會稽籍山陰人

賜書堂詩鈔八卷　國朝周長發撰長發字蘭坡號石帆會稽籍山陰人官至侍講學士

樸庭詩稾十卷　國朝吳爚文撰爚文字樸存號樸庭會稽籍山陰人

抗言在昔集一卷　國朝沈冰壺撰冰壺字心玉

海釣遺風集四卷明蕭鳴鳳編鳴鳳字子雝

越望亭詩集二卷明陳鶴編

百家論鈔十二卷明王思任編

柳亭詩話三十卷　國朝宋長白撰長白原名俊以字行浙江通志作二十四卷

放翁詞一卷宋陸游撰案此本亦汲古閣毛晉所刊乃集外旁行之本

竹屋癡語一卷宋高觀國撰觀國字賓王

右集部

以上遺照

皇朝文獻通攷

欽定四庫全書目錄

左記十二卷明章大吉撰大吉字惠伯

古越書四卷明郭鈺撰鈺字子式附武備志保越錄二帙

茶經一卷明徐渭撰

酒史六卷明徐渭撰

黔行錄六卷明陸夢龍撰夢龍初官廣西提學僉事所作案欽定書目及府志稱會稽人今姑据浙江采書錄編入

王季重文集十三卷明王思任撰

以上係據浙江采集遺書錄

易略三卷明陸夢龍撰欽定四庫總目云是書隨筆標識不載經文頗融會宋儒之說而參以史事惟不取河圖洛書之數則頗有卓見

易解大旨一卷易解二集六卷明張伯樞撰伯樞字慎甫山陰諸生大槩以六十四卦統於乾元而尤託根於潛觀畫如觀象觀象如觀畫大旨一卷爲總解易解六卷逐卦解之曹于汴劉一焜楊廷筠劉宗

周爲之序于頤堂書目經義考並作易象大旨

大易存義 無卷數十二冊寫本 明徐宗堯撰 宗堯字峻伯

周易清本圖說一卷 國朝梁夫漢撰 夫漢字子永布衣濟南唐夢賚序

大易用 無卷數四冊寫本 國朝張岱撰

學易隨筆六卷學易隨筆續編四卷 國朝張元灝撰 元灝字問樵山陰人會稽優貢生

沈氏詩醒□卷 寫本 國朝沈冰壺撰

禮經先路 無卷數四冊 國朝馬駉撰 天台齊召南訂正本乾隆府志作禮記先路十七卷蓋誤記儀禮易讀卷數也

爾雅新義二十卷 宋陸佃撰 已載乾隆府志是書 欽定書目埤雅陶山集提要皆云散見永樂大典譌闕不能排纂成帙獨全祖望經史問答則云嘗見之而未抄錄嘉慶七年從鄞人處見之爲卷二十佃自序不甚斷爛其卷一微有闕文

燕翼詒謀錄五卷宋王栐撰栐字叔永山陰寓賢欽定書目入雜史故錄入

定遠縣志十卷明高鶴撰鶴字若齡見欽定書目故錄入

謝承後漢書四卷謝沈後漢書一卷國朝姚之駰輯載後漢書補逸中

增訂吳越備史五卷補遺一卷雜考一卷國朝錢時鈺撰

越州紀略一卷寫本不著撰人姓名凡十八門體例簡嚴比之武功朝邑二志載及姚啟聖吳興祚事蓋康熙以後人也

蜀事紀略一卷明朱燮元撰記逆賊奢寅父子事凡十二則自有序

汴災紀略一卷寫本國朝劉義林撰義林字曉堂紀崇禎間李曹二賊寇汴事

江表遺事二卷寫本國朝許尚質撰紀魯藩監國事

蒙難錄一卷國朝胡仁治同弟仁濟撰記其父昇猷按察江南以吳三桂被囚事

西征雜記一卷國朝王之灝撰之灝字海門官興安州尉紀雍正八年叛夷犯境守拒事

附詩文

西湖夢尋五卷　國朝張岱撰見欽定書目府志止据皇朝文獻通攷故錄入

念臺奏疏一卷明劉宗周撰是書爲會稽包氏宵仲家藏本凡九疏皆在崇禎甲申

秦良玉傳一卷　國朝金步瀛撰步瀛字隨洲

朱少師事實一卷　國朝朱世衞撰張廷玉序

耐久集三卷藁本　國朝陶及申撰歷紀平生師友

於越三不朽圖贊一卷　國朝張岱撰

蕺山年譜錄遺一卷寫本　國朝劉汋編

與午同姓名錄一卷寫本　明馮士宏撰士宏字任之王業浩陸夢龍有序

史闕無卷數六冊寫本　國朝張岱撰

宦游紀略一卷海外見聞一卷　國朝茹鉉撰官瓊州時紀

粵行紀程一卷　國朝魯曾煜撰

越中園亭記六卷寫本　明祁彪佳撰一攷古二城內三城內未遊園四城南五城南未遊園六城東七城西八城北九以下闕胡恒呂天成有序乾隆府志作越郡名園記誤

寓山志三卷明祁彪佳撰章美序

稽城東南志一卷藁本　明王毓芝撰紀越城東南地理先挈大綱下爲細目係理井井

歷代建都考一卷藁本　國朝傅廷鉞撰廷鉞字墨庸

蘭亭志六卷　國朝徐聯奎撰聯奎號碧塘

救荒全書無卷數寫本　明祁彪佳撰

藏書樓書目無卷數寫本　國朝祁理孫撰理孫字奕慶魏耕徐緘張杉陶素耜有序

理學類編四卷　國朝傅彩撰彩字紫芽彙集先賢先儒之書二百餘種窮十年之力分類編輯自爲序

內經注一卷寫本　明徐渭撰凡六十五篇第二十篇無注府志作素問注

質疑錄一卷明張介賓撰國朝海鹽石楷刊

痘疹須知二卷寫本　國朝何百鈞撰百鈞字公權

本草萬方鍼綫八卷藥品總目一卷　國朝蔡烈先撰烈先字承侯號繭齋鍼綫以李時珍本草卷篇繁賾因錄單方一萬五六千分門別類挨次查登注明出第幾卷第幾篇以便查閱總目亦然

列宿五星圖攷一卷藁本　國朝傅廷鉞撰

納音論二卷明趙珊撰珊字國珍嘉靖中醫官闡明項仁以後納音之理

子平眞詮一卷　國朝沈燡燔撰燡燔字孝瞻乾隆己未進士官宛平知縣持論精核

催官解二卷破愚論一卷明朱傳撰傳字佀石

地理心傳統要一卷　國朝劉勣撰勣字子膚

鳴野山房書畫記三卷續書畫記一卷藁本　國朝沈啟濬撰記所藏所見眞蹟詳其行款位置方幅大小卷軸長短及印記紙絹并附考證所記多明人閒有元人墨蹟

徽言祕旨無卷數五冊　國朝尹爾韜撰爾韜字紫芝

瓷攷十二卷藁本　國朝樊夢鍾撰夢鍾字省市山陰人會稽增廣生排纂古今陶器事

而不及瓦甎等故稱瓷攷

格物辨眞錄四卷明李有元撰有元字貞甫凡十七錄書法錄古硯錄墨錄筆錄紙錄古琴錄古畫錄珍寶錄異石錄窯器錄漆器錄古錦錄異木錄異竹錄異草錄名茶錄奇花錄

雲谷襍記四庫書目四卷說郛本十卷宋張淏撰四庫總目云其本久佚今從永樂大典采撮得一百十條案陶宗儀原本說郛抄本較武英殿聚珍版本多二十三條蓋宗儀所見元時舊本也

文苑襍搊八卷稾本國朝傅廷鉞撰原始一卷政誤二卷誌異五卷

東武山人筆存六卷稾本國朝魯曾煜撰紙尾書二卷衲被二卷狐穴編二卷

小識錄十二卷稾本國朝傅廷鉞撰凡十四門曰姓曰名曰避諱曰謚曰元號曰官名曰友官曰稱謂曰壽夭曰數目曰人異名曰物異名曰釋異曰釋常別有稱謂二卷以廣前書所未備

問名錄四卷稾本國朝傅廷鉞撰凡四目身體宮室器用物產

清尊錄一卷寫本宋陸游撰從陶宗儀原本說郛錄出案元統甲戌王東識云右此錄山陰陸務觀所記也前人誤以廉仲宣已述半郵俞則大亦承前誤余嘗讀王明清揮麈錄有云近日陸務觀清尊錄載紹興閒老內侍

見林靈素於蜀道此最切著明清之父銍字性之務觀曾攜文謁備見於老學菴續筆記中半郵之言似無所據

家世舊聞一卷宋陸游撰凡八則毛晉跋云余簡說郛學海得放翁家世舊聞若干則卷末載蔡京述妖異事獨詳不解何也

齋居紀事一卷宋陸游撰凡一十五則宇文公諒跋云放翁家會稽遺墨多流落人間此帖宜爲僧石谿所寶袁褧跋云右放翁齋居紀事帖藁眞蹟內多塗抹余近得於洞庭陸氏陸氏得於會稽鬻古書者嘉靖丙戌蜡月四日呵凍書毛扆跋云扆近讀袁尚之嘉藝錄中有齋居紀事一弓從放翁眞蹟鈔出者并刊附於後

野雪假排難記一卷寫本宋許景遠撰從陶宗儀原本說郛錄出

見聞搜玉八卷明高鶴撰鶴號望梅嘉靖庚戌進士南京戶科給事中申時行序

談觽二卷寫本明祝彥撰

筆談一卷明劉烻撰烻字仲曙隆慶丁卯舉人

竹笑齋日鈔一冊寫本不著撰人姓名卷首有明卿印抄撮識部開出己意於明季國初諸集中每見之卷內稱引亦及萬歷天啟而止案越殉義傳張焜芳字明卿崇禎戊辰進士未知即此人否故附錄之

夜航船二十卷寫本　國朝張岱撰凡二十二門天文地理人物攷古倫類人品人事選舉政事文學禮樂兵刑日用字玩容貌九流外國植物四靈荒唐物理方術其名夜航船者謙言以備夜航船對付也

後甲集二卷　國朝章大來撰大來字泰顯

宗門拈古彙集四十五卷　國朝釋淨符撰住光相寺

揞黑豆集八卷　國朝平聖臺撰

東武山人集十二卷寫本　明朱公節撰公節字允中嘉靖辛卯舉人此集乾隆府志已載不著卷數故錄入

一枝堂稿二卷　明徐渭撰仁和陸張侯編

梅花詩一卷　明沈襄撰

文飯小品五卷　明王思任撰

念臺先生遺編一卷寫本不著編者姓名輯錄集中所遺詩文

梅園小集十六卷　明祁承㸁撰承㸁字爾雅熊佳父官四川潼川州同知

柳潭遺集六卷　明王自超撰　國朝顧予咸編

陶菴集二十卷　寫本　明陳昱撰　昱字伯高諸生魯王監國授兵部車駕司主事桐江不守自是屏迹里居少時受業於外王父劉忠介宗周

旅中三體詩三卷　國朝徐緘撰　緘字伯調以歲星堂詩集不能全梓故選七古五律七絶三體緘自壬寅以後強半客邸故以旅中橥之

岸舫詩九卷須鐸餘音一卷文鈔二卷　國朝宋俊撰　詩江闓吳嵩序文姜垚序

少菊詩刪二十卷留香生詩餘七卷　藁本　國朝芋逸撰　逸字商隱號少菊少習舉業後棄去專事吟咏貧不能娶客食中州所遇無一合中年殂謝旅櫬汴城曹門外母社之墟桑主政調元爲題墓碑并梓其轉蓬集行世乾隆府志已載轉蓬集少菊詩選不著卷數故錄入

古調自彈集一卷　寫本　國朝沈冰壺撰

心影無卷數三册　藁本　國朝沈冰壺撰　雍正七年自有序

歸田文存二卷詩存三卷　國朝魯曾煜撰皆自序文存自壬寅以後凡四卷芟存二卷詩存自壬寅至甲辰

石笥山房集十卷　國朝胡天游撰文六卷詩四卷嘉慶三年新刊乾隆府志題胡稚威集不著卷數故錄入

吟紅集三十卷　國朝閨秀王端淑撰此集已載乾隆府志不著卷數故錄入

西湖竹枝詞一卷元楊維楨編自爲序

湯海若問棘郵草二卷明徐渭編問棘郵草湯顯祖著渭所編則賦詩贊卷首總評三則渭與湯義仍書一首詩一首

昌谷集註解四卷明曾益撰王思任序乾隆府志稱李長吉詩注亦不著卷數故錄入

毘陵六逸詩鈔二十三卷　國朝孫讜編讜字一士康熙丙戌進士官武進時爲惲格楊宗發胡香昊陳鍊唐惲宸董大倫編次

逸文偶鈔一卷寫本　國朝陶及申編故舊遺文

乙丑種松篇一卷　國朝胡以渙編以渙字若端長白人康熙甲子知紹興府事乙丑種萬松於卧龍山上一時遠近作詩紀其盛凡二百五十餘首以渙自序

以上據邑人舉人樊廷緒采訪

右書籍

山陰縣志卷二十六

政事志第三之九

著錄金石原出於經古量鼎之銘可案也顧三代以前有金無石至宋歐陽永叔趙德甫洪景伯諸家遂極該博有金石竝收者有偏多於石者其間淵源同異時賢頗已詳之（近日嘉定錢氏潛研堂金石文跋前序極爲典博惟云鐘鼎款識取金而不取石今行世之本有石鼓文殆從其多者目之）要其爲用可以翊經尤足以證史故古今輿地之書皆有取焉茲專錄碑刻一卷各載全文畧加疏證欲以通示雅俗庶物來能名而已其所引據或取之正史或采諸舊志遠則歐趙之錄近而金石之跋（即錢氏書）第觀記凌襍未暇盡標所出原書具在諒無掩襲之嫌也其所載止於此者蓋即前卷志書籍之例所謂一時一地之所有信而可徵寧約無濫又舊刻日稀漸就凋泐亟謀所以永

之是以斷自元代不及明碑亦姑以俟後賢云爾

夏大禹岣嶁山碑摹本

右碑王象之輿地紀勝云相傳在岣嶁峰或云在衡山縣雲密峰宋嘉定中蜀士因樵人引至其處搨之得七十二字何致子一摸刻於嶽麓書院者多五字其字非科斗蟲書玉筯文似世傳五嶽眞形圖輿地圖志江西廬山紫霄峰下有石室室中有禹篆文好事者縋入摹得七十餘字惟鴻荒漾余乃權六字可識極似此碑唐劉禹錫云傳聞祝融峰上有神禹銘古石琅玕姿祕文螭虎形韓愈云岣嶁山尖神禹碑字青石赤形模奇崔融云於鑠大禹顯允天德龍畫傍分螺書匾刻似此碑唐以前已見之非宋嘉定中始出也案是碑楊慎楊時喬湛若水李蕃等皆有摹本二楊本幷有釋文但字畫奇古與後之篆籀迥别

湛甘泉云雖習古篆者僅能辨一二字楊氏所釋恐未足爲眞據今碑在府治東水則亭後火神廟門凡六行共七十七字姑就楊氏釋文讀之其文云承帝曰嗟翼輔佐卿洲渚與登鳥獸之門參身洪流而明發爾興久旅忘家宿岳麓庭智營形折心罔弗辰往求平定華岳泰衡宗疏事裒勞餘伸禋鬱塞昏徙南瀆衍亨衣制食備萬國其寧竄舞永奔案碑文所載一字兩釋者共十三字嗟亦作咨洲渚一作水處洪流一作魚池久旅一作以此鬱一作羸瀆一作暴衍亨一作昌言竄一作鼠永一作蒸又葉奕苞金石錄補明發上無而字往求平定作往來平安勞餘伸禋作勞餘神禋與此碑又小異末附跋語三行徑寸楷書文已剝落殆盡其隱約可辨者尚有七十六字文云衡山土裂出神禹石碑古刻奇屈萬狀不可名言蜀人楊深庵慎本號升庵碑

作深菴愼與諸君子口數年丙寶之錫山人安膠峯如山以內翰轉留都口口調越曰稽山神禹衣冠圖書所藏立石臨之而置於穴亭武進葉誠齋金閩人周仰峯鳳岐攷府志職官志郡守門明紹興府通判葉金嘉靖十八年任安如山嘉靖二十年任推官周鳳岐浦城人嘉靖十七年任均與知府張明道同時其碑卽爲此數人所摹無疑又一碑在禹陵禹廟前北向上有亭覆之明嘉靖二十年冬知府張明道得嶽麓本重摹於此末附跋語七行楷書字徑寸餘又年月一行跋云大侍御對川公按節越中以大禹聖德神功昭在萬世而歷代精禋崇報矧越衣冠圖書所瘞廟貌弗葺寧非省方守土者之責嘗命僉羣工而圖新焉卜庚子九月肇事至辛丑秋冬之交告成緅殿丹垣左右廊序掩映於崇山峻嶺古木蒼松之表巋然偉觀以答在天

之靈□□羣情河洛無窮之思無錫安如山以司徒郎調越司農浦江應作浦城碑誤周鳳岐以節推實董其事明道乃守是邦互攷外志禹初被命治水刑白馬禱於衡山精逼而神應偶夢與蒼水使者□□□簡金泥悟疏導條濬之方九年於外衆流底定用錫元圭以有中夏立石紀功於衡山岣嶁之巔以酬神貺唐韓子有青字赤石之韻亦徒托之想慕宋朱張大儒匆忽討求六一□□漁仲金石集俱以不得爲恨近衡山土裂而古碑出焉攷之字畫奇崛萬狀又非先農垂露魯壁科斗穀函玉筋諸篇可及信非隆古之作不能也前修撰西蜀楊公慎精繹其義大□海南湛公復備其說勒石新泉書屋如山暨同知金淳通判葉金知縣許東望疇曰禹之跡莫顯於越龍門以往次之紀對川公戎功而臨以古碑鎮焉當與廟穴相輝永於無□載稽宋孝宗庚子歲大水廟圯重建

辛丑鼎成今廢與時序適與之符果氣數特啟我公而神禹在天亦有所待耶事亦偉矣宜併勒之楚人張明道跋對川姓王氏名紳字□錫巳丑進士古滄州人嘉靖二十年辛丑十二月朔立石

凡用橫畫劃斷者即闕文處也餘同此例

秦會稽頌德碑摹本

右會稽頌德碑丞相李斯撰文并篆始皇東游會稽祭大禹望於南海立石頌秦功德此即其文碑本在秦望山姚令威西溪叢話云在鵝鼻山王十朋莫濟等則云碑在何山案莫濟詩序云紹興初舅氏姚令威登山弔古見碑石猶存後二十餘年石已缺字不可見玩其文義似合何山鵞鼻為一山年代久遠究莫知所在元至正元年紹興路總管府推官申屠駉以家藏舊本摹勒於郡庠之稽古閣即今府學之尊經閣也碑凡十二行

行二十四字字徑四寸許其文曰皇帝休烈平壹宇內德惠攸長卅有七年親巡天下周覽遠方遂登會稽宣省習俗黔首齋莊羣臣誦功本原事迹追衜高明秦聖臨國始定刑名顯陳舊章初平灋式審別職任昌立恒常六王專倍貪戾慠猛率衆自强暴虐恣行負力而驕數動甲兵陰通閒使以事合從行爲辟方內飾詐謀外來侵邊遂起禍殃義威誅之殄熄暴悖亂賊滅亡聖德廣密六合之中被澤無彊彊疆古字通皇帝幷宇兼聽萬事遠近畢清運理羣物攷驗事實各載其名貴賤竝通善否陳前靡有隱情飾省宣義有子而嫁倍死不貞防隔內外禁止淫泆男女絜誠夫爲寄豭殺之無辠男秉義程妻爲逃嫁子不得母咸化廉清大治濯俗天下承風蒙被休經皆遵軌度和安敦勉莫不順令黔首修絜人樂同則嘉保泰平後敬奉灋常治無極

輿舟不傾巡臣誦烈請刻此石光陲休銘碣絶書云始皇取錢塘浙江岑石長丈四尺南北面廣六尺西面廣尺六寸刻文立於越東山上其道九曲去縣二十一里案秦望山在今縣南三十里碑凡二百八十八字宋莫濟詩云二百九十六字殆莫序誤也碑文具載史記秦始皇本紀中但史記攸長作修長卅有作三十有追衞作追首又作追守軌度作度軌而嫁作不嫁敦勉作敦誠與碑文互異數字都穆金薤琳琅云宋書載竟陵王子良剋日登秦望山主簿范雲以山上有秦始皇石刻人多不識乃夜取史記讀之明日登山雲讀如流子良大悦以爲上賓則晉宋以來石固無恙歐陽公趙德父皆集古文不應此獨見遺鄭夾漈通志金石畧亦云疑在越州亦無眞見申屠子迪家藏舊刻不知其先何從得之葉氏金石錄補云申屠氏所藏當

爲范雲所讀原本今案史記所載此頌恰與碑文小異不應范雲所讀之史記與碑適符蓋郎碑之拓本也唐人如張守節司馬貞皆援碑文以證史記而顯陳舊章章字正義作彰又云碑文作畫璋率衆自彊正義云碑文作率衆邦彊詐謀索隱云刻石文作謀詐今案碑文所載又與正義索隱互異小司馬又引王劭案張徽所錄會稽南山碑文意當日所見非一本矣碑與徐鉉所摹繹山碑表裏刻之康熙間爲石工磨去唯繹山碑僅存乾隆五十七年知府李亨特以申屠氏本重摹上石

秦繹山碑摹本

右碑在府學尊經閣會稽頌德碑之陰凡十一行行二十一字秦相李斯書元紹興路推官申屠駉以鄭文寶所得徐鉉摹本重勒上石文曰皇帝立國維初在昔嗣世稱王討伐亂逆威動

四極武義直方戎臣奉詔經時不久滅六暴强廿有六年上薦高號孝道顯明既獻泰成乃降專惠親輔遠方登於繹山羣臣從者咸思攸長追念亂世分土建邦以開爭理功戰日作流血於野自泰古始世無萬數阤及五帝莫能禁止迺今皇帝壹宗天下兵不復起災害滅除黔首康定利澤長久羣臣誦畧刻此樂石以著經紀皇帝曰金石刻盡始皇帝所爲也今襲號而金石刻辭不稱始皇帝其於久遠也如後嗣爲之者不稱成功盛德丞相臣斯臣去疾御史大夫臣德昧死言臣請具刻詔書金石刻（金石刻三字史記作刻石二字）因明白矣臣昧死請制曰可前七行繹山頌德文後四行秦相李斯等請二世刻石章先帝功德文案史記秦始皇本紀泰山琅邪之罘碣石會稽等處始皇刻石凡六皆備載全文唯二十八年始皇東行郡縣上鄒繹山立石與魯

諸儒生議刻石頌秦德而其頌詩不載未知繹山之石刻於何時唐封氏聞見記云魏武登山使人排倒此碑又云後魏太武亦排之似此碑漢時已出魏武既排之後有人樹立復爲太武所排耶鄭文寶得摹本於徐鉉刻置長安趙德父金石錄云文詞簡古非秦人不能爲雖傳摹之餘亦自可貴此言良是末附徑寸小字四行云秦相李斯書繹山碑跡妙時古殊爲世重故散騎常侍徐公鉉酷耽玉箸垂五十年時無其比晚節獲繹山碑摹本師其筆力自謂得思於天人之際因是廣求已之舊跡焚擲畧盡文寶受學徐門粗堅企及之志太平興國五年春再舉進士東適齊魯客鄒邑登繹山求訪秦碑邈然無睹遂於旬浹怊悵於榛蕪之下惜其神蹤將墜於世今以徐所授摹本刊石於長安故都國子學庶博雅君子見先儒之指歸淳化四年

八月十五日承奉郎守太常博士陝府西諸州水陸計度轉運副使賜緋魚袋鄭文寶記以上楷書末接至正元年歲在辛巳二月初五日承德郎紹興路總管府推官會人申屠駉以秦刻校徐模重鐫於越庠之稽古閣共四十五字作八分書碑尾有四明王永仁刊六小字楷書

漢禹廟窆石遺字　永建元年

右窆石在禹廟儀門內東側小阜覆之以亭石高五尺項上有穿狀如稱權攷窆石之制不載於聶崇義三禮圖惟周官冢人共喪之窆器鄭註窆器下棺豐碑之屬檀弓公肩假曰公室視豐碑三家視桓楹鄭註豐大也天子斵大木爲碑形如石碑於椁前後四角樹之穿中於間爲鹿盧下棺以繂繞天子六繂四碑諸侯四繂二碑碑如桓矣四植謂之桓據此則下棺之碑皆

用木夏之時固用石也孔疏桓大也楹柱也其用之碑如大楹柱今窆石體圓而長形如大楹蓋即桓楹之制夏之時惟天子得用之至周乃屬之諸侯耳趙氏金石錄第四十九漢窆銘順帝永建元年五月案本作窆室隸釋作窆石何氏焯定爲窆窒古室亦有作窒者圖經云禹葬於會稽取名爲窆石本無字迨漢永建元年五月始有題字刻於石碑有銘窆無銘趙氏說誤也

國朝康熙初浙江督學張希良嘗搨之以意屬讀得二十九字以爲漢代展祭之文閱今又百餘十年字已剝落殆盡唯四年王石并天文其貞黃等字隱隱可辨後有宋人隸書題名一行云會稽令趙與陞來游男孟握侍十二字又有元人題名二行眞書云員嶠眞逸來游皇慶元年八月八日凡十四字案夏士良圖繪寶鑑云李倜字士宏號員嶠眞逸官至集賢侍讀學士

戴表元剡源草及鐵網珊瑚皆載其名河東太原人也又漢刻之間有小楷書七律一首幷序不知何人所作凡九行以意屬讀得六十字□□□□□九月□□□□□事郎朝大□□命□□南鎮□□禹陵□賦此□以紀盛□云東海□風無□日□□□見聖躬勞古柏參天□元氣梅梁近海作波濤□□遺跡衣冠在□□□□鬼魅□欲覓□陵尋窆石山僧爲我剪蓬蒿

晉楊紹買冢地莂　太康五年

右冢地莂萬歷元年倪光簡冢地掘得之在縣二十七都廳家頭之西形如破竹以陶爲之高五寸廣三寸八分文六行凡六十五字草隸相襍文云大男楊紹從土公買冢地一邱東極闞澤西極黃滕南極山背北極於湖直錢四百萬卽日交畢日月爲證四時爲任太康五年九月廿九日對共破莂民有私約如

律令律古律字詳玩右文卽今祀后土之券版耳栁元穀持家中所得盃與氏券易徐渭畫事見徐文長集崑山葉氏金石錄補嘉定錢氏金石文跋尾續均載此券唯葉氏所載與此小有異同滕字葉氏作藤任字葉氏作伍說文伍相參伍也左傳盧井有伍杜註五家相保曰伍是伍有保義任負也擔也是任有負擔義二說雖俱可通然合上句解之自於任義爲近葉氏書想傳鈔悞耳又案文長集破莂作破剪葉氏又作翦破攷說文無莂字劉熙釋名莂別也大書中央中破別之也古人稱分券爲別若今合同文字周禮小宰聽稱責以傅別鄭司農云傅別謂券書也傅傅著約束於文書別別爲兩兩家各得一也鄭康成云傅別謂爲大手書於一札中字別之傅別故書作傅辨鄭大夫讀爲符別辨與別聲相轉其義一也廣韻莂分契也莂種穊移

蒔也古者書契多以竹簡故傳別字或从竹隸變作莂與移蒔之莂相混又釋氏詩曰偈文曰莂其書往往用記莂字亦取受記作符劵之義據此則徐葉二氏作剪字者亦誤莂舊藏邑人童鈺家

晉賀甲甎 太康八年

右甎乾隆五十年七月間江浙大旱土人於太湖中掘井得之文云晉太康八年七月十五日吳賀甲作凡十四字甎藏邑人陳氏家

晉王右軍禊帖摹本 永和九年

右碑係姜氏鷗波本乾隆五十一年紹興府知府姜開陽重勒上石在蕺山書院右軍祠左壁姜名夔字堯章號白石道人跋云嘉泰壬戌十二月因與鄉人湯升伯過童道人許見此禊帖

知是烏臺盧提點者所藏定武舊刻後數日雪後更欲雪上東寒凜因詣童買得之白石道人姜堯章書又云廿餘年習蘭亭皆無入處今夕鐙下觀之頗有所悟漫書於此癸亥三月十二日白石案禊帖眞蹟久亡世所傳本以定武爲最此本卽趙子固落水本也

晉嚴堅墓甎 太元二十二年

右甎嘉慶四年蘭渚山土人掘地得一穴大逾甕有好事者縋入昏黑不可辨地寛廣可一屋許以火照之甎滅以手捫壁得古甎五蓋古墓也甎長廣俛尺二尺厚二寸許博一尺一寸碑首書晉太元廿二年建墓凡八字陽文楷書四甎皆同其一甎尺寸相仿文已剝蝕不可辨唯存嚴君之墓君諱堅字君實會稽山陰人也長子玩次子玫凡廿二字陰文楷書晉書孝武帝

在位二十四年改元者二寧康三年太元二十一年是年九月遇弑太子德宗即位是為安皇帝甎云廿二年與晉書異今藏邑人何比部蘭馥家

隋遲杼甎 大業九年

右甎長慮傂尺九寸博六寸四分厚二寸二分斜鈌處長四寸一分旁有隋大業九年太歲癸酉袁凡十字頂上遲杼二字字體秀逸極得晉人家法甎質亦細乾隆五十八年戟山下居人商裕曾於住屋清暉軒掘土得之遲杼者疑瓬人名也

唐秦望山法華寺碑重刻本 開元二十三年

右碑在秦望山天衣寺凡二十三行首行大唐秦望山法華寺碑并序共十一字次行括州刺史李邕撰并書天衣寺舊名法華萬歷志云寺後有十峰堂堂之前有唐李邕碑斷石尚存元

未寺燬於火佛像碑悉煨燼是碑蓋明洪武中重建寺時所重刻也文云昔者法王道開崛山相現實是大事職非小緣順喻孔多證入彌遠故以三界爲宅五濁爲火四生爲子六度爲門一乘爲大車十力爲長者轉置熱惱之衆延集清涼之都念茲在茲廣矣大矣法華寺者晉義熙十三年釋曇翼法師之所建也師初依廬山遠公後詣關中羅什架入禪慧尤邃佛乘雖禮數掘衣而名稱分坐與沙門曇學俱游會稽覩秦望西北山其峰五蓮其溪雙帶氣象靈勝林壑虛閑比興耆闍營卜蘭若蓋涅槃食納如來衣專精法華永言寶意感普賢菩薩爲下里優婆提豬子於竹匣寄釋種於蓬室師以縮屋未可枕展乃明移出樹間延入舍下及杲日初上相光忽臨乘六牙衛八部勝幡虹引妙樂天迎翩僊騰雲遥裔上漢師想望太息沈吟永懷葉

公好龍已遇眞物羅漢測佛未了聖心於是苦行自身炯誠通夢宛如昔見彌恨前非象勸持經嘗難其語鳥來聽法不易其人矧乃攝以蜂王吼以師子禮謁者掎其裳袂讚歎者合其風雷時太守孟顗以狀奏聞因以爲寺則知妙法者眞如之正體蓮華者淨道之假名是故崇厥經署於牓入無還義成不住因至若高僧慧邑人陳載皆踵武投跡傳燈襲明或五柱範堂或七寶規殿立普賢座追連弗藍龍王讓池雁子疏塔迦羅衛國蓮至雲山淨明德宮更開日月固足以發慧印啓乎門入位畢臻出家僧應則有持證等觀永藏同流或慧舉十徵或昭明再造或簡文瑞像或武帝香鑪寶鈴吟風珠幡交露僧瑤墨意畫長豪之妙光宮女綖功織大身之變相次有陳隨國施州邑吏擅百寶盈於九隅羣經備於三藏所以神鐘警夜保賢聖之天

居祥烏肅賓迢軒蓋之雲集忍辰靈草梧萋萋於小華僂曇異花搴灼灼於喬幹故得人天迴首江海因聲芭蕉遇雷倏焉滋茂葵藿隨日至矣勤誠登山而野曠心谷浴水而垢除意淨施及先律師道岸今弟子釋儼竝身林久代禪剌都遣性通七事戒揔八關金杖五分優劣既等繒綵四色功德豈殊甘露有加香油不墜頃者豪州剌史前此邦別乘太原王公名鄰法海廣內慧炬融明德立於衷義開於物郅惲致主之節有瑕投竿葛亮報國之誠不忘草奏夫人武氏佩服眞空于櫓正覺及男緬緒等惟肖二尊克愼三業若行若坐依佛依僧去煩惱之外糠得慈悲之內實起普賢臺一級寫法華經千部廣化人吏大啓津塗創普賢臺立法華社每年二月重會一時且地効其靈山呈其秀有上座正覺寺主道解都維那神慧僧表道完律師行

深慧燈等多材爲林衆器成樂一體和合互用住持相與言於王公曰夫名者事之華碑者物之表其或表不立則瞻仰失容名不興則讚述無地願言刻石是用齊山朝散大夫前侍御史今都府戶曹袁公名楚客其皎如日其心如丹旣兼濟之雄才託濱成之雅意顧慙作者徒使懵然其詞曰會計南山秦望北寺高僧往還聖跡標寄耆闍比峯法華取義羣公護持歷國檀施隆寶大來海珍摠萃幡影連珠像光發瑞臺壓龍首殿開鳥翅象馴菩薩鳥迎車騎異香馡馞神鐘髣髴松巘蕭疎竹澗葱翠綱紀有條禪律不墜掾曹正直別乘仁智作爲碑版讚述名字唐開元十三年二月廿八日建刻石人東海伏靈芝棨趙氏金石錄云開元二十三年十二月李邕撰幷行書篆額王象之輿地碑目並同唯顧炎武金石文字記云開元十一年二月令

重刻本又作開元十三年二月廿八日與金石錄不同當以金石錄爲正又案府志祠祀志及縣舊志天衣寺條下均載此碑節去十分之一文亦頗異曾是大事作信是大事順喻孔多作順喻非多五濁爲火作五濁爲家轉置作轉致延集作延巢入作早入想望作相望崇厥經譽於牓作宗厥經署厥牓入無還義作了無量義投跡作蹤跡五柱作五性道蓮弗藍作進蓮佛藍借應作皆應十微作以微寶鈴作寶扇僧瑤作僧繇畫作盡變相作實相天居作大居豪州作亳州讚述作纘述會計作會稽往還作還往羣公作羣佛像光作象光有條作有光此則傳抄刪改致有殊文亦重勒之碑不無譌錯故耳又府志與縣舊志乘喬上漢及法海廣大慧句不成文義若不見此碑全文則不解矣

唐臥龍山貞元巳巳題字 貞元五年

右題字在府治臥龍山頂望海亭下磨崖題云貞元巳巳歲十一月九日開山凡十二字作二行一行五字一行七字嘉泰會稽志及輿地碑目竝作貞元題名及巳巳爲乙巳皆誤也其後刻元祐戊辰楊傑等四人題名

唐戒珠寺尊勝經幢 會昌元年

右幢在戒珠寺後蕺山書院前大學士于敏中爲翰林時視學至越訪得之寺右民舍廁間時乾隆戊辰歲也凡有二幢此幢巳中斷高今工部尺四尺五寸周圍五尺六寸石凡八面每面八行通計六十四行前刻行書序共十三行其第一行佛頂尊勝陀羅尼經前昭義軍節度要籍試右河內序云佛頂尊勝陀羅尼經者□羅門僧佛陀波利儀鳳元年從西國來至此土到

□□□五體□□向山頂禮曰如來滅後衆聖潛靈唯有大士□□□□汲引蒼生教諸菩薩波利所恨生逢八難不覩聖容遠涉流沙故來敬謁伏□□悲普覆令見尊儀言已悲泣雨淚向山頂禮禮已舉首忽□□□□來遂作婆羅門語謂僧曰法師情存慕道追訪靈蹤不憚劬勞遠尋遺跡然□生多造罪業出家之輩亦多犯戒律唯有佛頂尊勝陁知法師頗將此來不僧曰貧道直來禮謁不將經來老人曰既不將經空來縱見文殊亦何必識師可却向西國取此經來流傳漢土拯濟幽冥報諸佛恩也師取經來至此弟子當示師文殊師利菩薩所在僧□□勝喜躍遂裁抑悲淚至心敬禮舉頭之頃忽不見老翁傾誠迴還西國取佛頂尊勝陁羅尼經至永淳二年迴至西京以上事聞□□□□□大帝大帝遂將其本入內請日照三藏法師

乃杜行顗等共譯此經施僧絹三千匹其經□禁在內不出其僧悲泣奏□貧□□□遠取經來情望普濟羣□救拔苦難不以財寶爲本流行庶冀含靈同益遂留翻得之經還僧梵本其僧得梵本將向西明僧順貞奏共翻譯帝隨其請僧遂對諸大德共貞□□□□山入金剛窟於今不出今前後所翻兩本並流行於世小小語有不同者垂拱三年定覺寺主僧志靜因停在神都魏國東寺□□□□逗留一如上說志靜遂就三藏法師諮受神呪法師於是口宣梵音經二□□□□句委授具足梵音一無差失仍更取舊翻梵本勘校所有□□□□云最後别翻者是也其呪句稍異於杜令所翻者其新呪定不錯并注其□□後有學者幸詳此焉至永昌元年八月於大敬愛寺見西明□□□□如前說其翻經僧順貞現在住西明寺此經救

拔幽顯最不可思議恐學□□□故具錄委曲以傳未悟後刻
尊勝經呪共五十一行楷書其第一行佛頂尊勝陀羅尼經罽
賓沙門佛陀波利奉共十七字經云如是我聞一時薄伽梵在
室羅筏住誓多林給孤獨園與大苾芻衆千□□□十八俱又
與諸天菩薩僧萬二千人俱爾時之十三天於住與諸大天游
於園觀又與大天受勝尊貴與諸天女前後圍繞歡喜□□種
種□樂共相娛樂受諸快樂尒時善住天子卽於夜分聞有□
□□□□而作是言我國如來演說讚持大常隨遂守護不令持
□□□□剎利種家主或得□貴最□家主天帝此人得如上
□□□□如來爲我廣說持陀羅尼法尒時佛告諦聽我當爲汝
宣□□□功德如是天帝此陀羅尼名吉祥能淨一切惡道此
佛頂尊□陀羅尼滿其千遍令短命衆生還得增一切業障悉

皆消□□□是亦如閻浮□金明淨柔爽令人喜見不爲穢惡之所染者□受佛言若遇大□病聞此陀羅尼病亦得消滅□墮□□□持讀誦聽聞供養能如是者一切惡道皆得清淨一切地獄□□處□持不□常□□□令罪業遂即命□□□□帝若有苾芻苾芻尼優婆塞優□夷族□男族妙女□□□等上或□□身□其亡者□身十一遍散亡者□□地獄畜生閻羅王界餓鬼阿修羅身惡道之苦皆悉不受亦不爲□樂□□□□誦令捨此身已即得□□況更以多諸供具花鬘塗香末香幢幡作諸莊嚴於□身光照法於其佛前先取淨土作訶薩埵眞是佛子持法棟梁又是如來命□□□窣□波塔爾時閻摩命將欲盡命終之後生閻浮提受七返畜生身即受地獄苦從地獄出人身生於貧賤處於毋胎即死兩目爾時善住天子聞此

聲不樂速疾往詣天帝釋所悲啼號哭惶怖无計頂禮帝釋二
足尊巳□□聽我□說我與諸天女共相圍繞受諸快樂聞有
聲言命終之後生閻浮提七□受畜生身受七身巳墮諸地獄
從地獄出希身生貧賤家而无兩目天帝云何令我得免斯苦
爾時帝釋卽自思惟此善住□□□□七返惡道之身爾時帝
釋須臾靜住入定卽見善住當受七返惡道之身所謂豬狗野
□獼猴蟒爾時帝釋觀見善住天子當墮七返惡道之身極□
苦惱痛割於心□□何所歸依惟有如來應正等覺令其善住
得免斯苦種種花鬘塗香末□以妙天衣莊嚴執持往詣逝多
林園於世尊所□禮佛足右繞七帀卽於佛前廣大供養佛前
胡跪而曰佛返畜□□□□道之身其如上說爾時如來頂上
放種種光遍滿十方□□巳其光還來繞佛三帀從佛□入佛

便微咲告帝釋言天頂□□□切惡道能淨除一切生死苦惱
又能淨除諸地獄閻羅□□之苦又破一切地獄能迴向善道
天帝此佛頂尊勝陀羅尼皆由聞此陀羅尼故轉所生處皆得
清淨天帝不至得到菩提地獄以□隨順如來言敎而護□
爾時護世四天大王曰□羅尼猶如日藏摩尼之寶淨無瑕穢
淨等虛空光焰照徹无不此陀羅尼法亦爲短命諸衆生□當
先洗浴著新淨衣日月圓滿□□□若有衆生持此陀羅尼之
□□如是□斯善淨得生善道天帝此陀□□□□地獄諸苦
亦得解脫諸飛鳥畜□含靈□□□此陀羅尼滅此陀羅尼□
高幢或以高□或淨此□從此胎其地獄或□畜諸佛之於天
佛言前曰日誦此十□遍應道羅尼合掌道歸依禮拜天諸佛
□□常與諸佛俱會□處一切□□□爲演於是夜分來諸佛

所到已以種種天衣妙華塗香莊嚴供養作以種種□□散於壇上燒□□香右膝造一□地獄惡業當得清淨之身隨所主處憶持不忘從□□□至一佛刹從一天界至一天界遍摩三十三天所主之處憶須臾憶念此陀羅尼還得增壽得身口意淨身无苦痛隨其福利一切如來之所觀視一切天神恒常侍衛爲人所敬惡障消若人能須臾讀誦此陀羅尼者此人所有一切地獄畜生閻羅王苦破壞消滅无有遺餘諸佛刹土及諸天宮一切菩薩所在時帝釋白佛言世尊唯願如來爲衆生說增壽命之法尒時世尊心之所念樂聞佛說是陀羅尼法即說呪曰納上慕上□□□波羅帝三毗失瑟吒曳四勃陀曳五薄伽跋帝平六怛姪他七唵八□□□九毗輸陀夜十娑磨三幔多十一嚩婆娑十二颯頗羅拏揭底引十三□□□□□阿平

鞞平詵平柘曼十六蘇平揭多十七伐折羅阿蜜栗多十八毗囉雞阿呵羅二十阿瑜珊陀羅尼廿一輸陀曳輸陀夜廿二薩婆揭摩皮毗輸提廿四烏瑟膩沙毗□□輸提廿五莎呵娑羅遏羅溼彌珊珠婭怛他揭多地瑟吒郍廿七案地瑟恥□慕婭犁廿八伐折羅金剛劍迦羅拏引毗輸提三十般羅底□伐怛夜引阿瑜輸提卅一薩摩羅案地摩尼摩尼摩呵末尼卅三怛闥多部多俱引知般唎輸提卅四毗曳毗社夜毗社夜上薩磨羅薩磨羅勃馱案地瑟恥多引輸提卅六伐折羅揭□卅七伐折藍婆伐堵卅八摩摩某甲薩婆薩埵喃是我師迦黎輸提四十薩婆怛他迦多颯摩溼縛娑案地瑟恥帝卌一勃荼勃荼曳□陁曳法□蒱提三幔多僧般黎輸提卌三薩婆怛他□多婭犁引卌六婆縛呵卌七佛告帝釋言此呪名淨除一切惡道佛□□□

羅尼□除一切罪業等障能破一切穢惡道苦天帝此大陀羅尼佛同共宣說隨喜受持大如來智印印之爲破一切衆生穢□□□一切地獄畜生閻羅王界衆生得解脫故□急苦難墮生死海救護衆生樂造雜染惡業衆生故說又此陀羅尼於閻浮提□故能令地獄惡道衆生種種流轉生死薄福衆生不信善惡□失正天帝我說此陀羅尼付囑於汝汝□與善住天子復當受□思惟受樂憶念供養於閻浮提一切衆生廣爲宣說此陀羅尼印付汝令忘失天帝若人須臾得聞此陀羅尼千劫已來積造惡□應受種種流轉生死地獄餓鬼畜生閻羅王界阿修羅身夜叉羅刹娑摩囉蚊蛇龜响蟒蛇一切諸鳥及諸猛獸一切蠢動含生蟻子之身更不重受卽得轉生諸佛如來一生補處菩薩同會□生□□印屈其□指以其□□誦此陀羅

尼一百八遍訖於其□□□能遍供養八七八俱胝殑伽沙那
庾□百千佛□□□善幾希有眞是障礙智□□□大菩提心莊
嚴三昧持此陀羅一切衆生應墮地獄道令□解脱令持者增
益壽命□□□來將我陀羅尼授與善住天子滿其七日汝天
帝此□羅尼法奉持善住天子受此陀□□□滿六日六夜依
法受持一切願滿應受一切惡道增壽无量驗甚爲難得今我
解脱□時帝釋至第七日與善住天子將諸天衆嚴盛天衣瓔
珞微妙莊嚴往詣佛養世尊繞百十币躍歡喜坐而聽法介時
世尊舒金色臂摩善提記佛言此經名浄一切惡道時大衆聞
法歡喜佛頂尊勝陀羅尼經末附大唐會昌元年某月某日建
云云年字都維那沙門上座玄達寺檀越主姚禹章造檀越主
錢巽姚寓章造都勾郢人應成陳容程曇　攷王復齋碑録云

會昌元年六月奚辨書在戒珠寺嘉泰會稽志云行書序正書經會昌元年六月二十七日建前昭義軍節度要籍試右監門率府兵曹參軍上護軍奚辨書今案此幢第一行前昭義軍節度要籍八字全試右監門以下殘闕然試右二字尚可辨經末大唐會昌元五字尚存則其爲奚辨書無疑也宋高翥游戒珠寺詩敧斜竹屋羲之宅磨滅經幢率府碑蓋卽指此近郡人俞永思乘臆截此幢原委以爲隋智永書董鉦攷屠赤水碑目定爲王凝之書皆誤也

唐勅建節度使相國隴西公生祠題記景福元年

右題記在蕺山東麓院後山壁刻字有曰唐景福元年歲在壬子准勅建節度使相國隴西公生祠堂共二十三字凡六行後題月日云其年十二月十六日興工開山建立凡二行共十四

字蓋董昌生祠也祠今爲天王寺攷唐書逆臣董昌傳禧宗時天下貢輸不入獨昌賦外獻常參倍旬一遣以五百人爲率朝廷賴其入故累拜檢校太尉同中書門下平章事爵隴西郡王而小人意足寖自侈大託神以詭衆始立生祠此卽其題記也開山建立後尚有遍山栽木及節度等字隱隱可辨蓋卽當日禁樵採之文耳

後梁重修牆隍神廟兼奏進封崇福侯記碑　梁開平二年

右碑在臥龍山上城隍廟碑上篆額六字云崇福侯廟之記顧炎武宋彝尊但稱爲鎭東軍牆隍廟記者未見其額也記文吳越王錢鏐撰前十行後八行字大徑寸中列勑文六行字大徑二寸許此式固屬罕見宋賜昭佑公牒亦前後各有小字但非記耳記文云若夫冥陽共理之規人神相贊之道傳於史册今

昔同符切以浙東地號粤區古之越國當舟車輻湊之會是江湖衝要之津自隋末移築子牆因遷公署據臥龍之高阜雉堞穹崇對鏡水之清波風煙爽朗緬惟深固宜叶冥扶故唐右衛將軍總管龐公諱玉（府志作龐君玉）頃握圭符首臨戎政披榛建府吐哺綏民仁施則冬日均和威肅則秋霜布令屬牆愛戴（府志作堵牆愛載）黔庶歌謠而罷市興嗟（府志作罷軍）餘芳不泯衆情追仰共立嚴祠鎮百雉之圖巒（府志作都雉）宰軍民之禍福殿堂隆邃儀衛精嚴式修如在之儀仰托儲靈之應往載豐生劉氏妖起羅平予躬稟廟謀恭行天討數年擐甲兩復越牆皆資肸蠁之功（府志作盼賚）以就戡平之業特爲重增儀像嚴潔牲牢邇來四野無塵重門罷柝丁卯歲揚旌東渡巡撫軍民躬貫椒漿自瞻靈像每暢吳風越俗共歌道泰人安（府志作歌欲）昔爲兩鎮之疆今作一家之慶

遂馳牋表請降封崇（府志作崇封）所冀朝恩與西使始牧齊標（西使始牧四字府志作漢牧與下秦巒屬對工而未知何本）美稱共泰巒對聳壽蒙天澤果賜允俞頒崇福之嘉名（之府志作立）陞五等之尊爵其所奉勅命具列如左此前十行文下接勅文六行云鎮東軍牆隍神龐玉前朝名將劇郡良材頃因剖竹之辰實有披榛之績樹修府署綏緝吏民豈獨遺愛在人抑亦垂名終古況錢鏐位隆三鎮功顯十臣能求福而不回致效靈而必應願加懿號以表冥符宜旌岌業之功用顯優隆之澤宜賜號崇福侯仍付所司牒至准勅者此下文接記文云噫乎（府志作嗚呼）人惟神佑神實人依爰自始建金湯肅陳祠宇奠茲中壘三百來年（府志作年來）雖享非聲未登列爵今則值予佐國運統藩維啓吳越之雙封爲東南之盟主況遇金行應籙（府志作金星）梁德克昌道既泰於君臣澤遂加於幽顯獲

申奏薦遠降徽章今則象軸煥新龍綸遠至表勳名於萬代昭靈感於千秋固當永荷皇私長垂幽贊保我藩宣之地遐清災沴之源共泰斯民永安吾土烜矣赫矣永作輝華今當吳越雙封一王理事亦仗土地陰騭冥力護持神既助今日之光榮予亦報幽靈之煥耀報府志作保但慮炎涼改易星歲徂遷不記修崇奠原事始聊刊貞石石府志作珉以示後來時大梁開平二年歲在武辰月啓聖匡運同德功臣淮南鎮海鎮東等軍節度使檢校太師守侍中兼中書令吳越王鏐記攷唐書王之名附見四世孫麗堅傳云出爲梁州總管徙越州都督嘉泰志則云尋爲越州總管除梁州都督與史互異今此碑亦稱總管是唐書所載未足據也唐書又云爲領軍武衛二大將軍召爲監門大將軍嘉泰志所載亦同今此碑稱右衛將軍又與書志小異未知孰

是碑末武肅署銜云啓聖匡運同德功臣云守侍中亦五代史所未載又案唐亡於天祐四年丁卯梁太祖朱溫稱開平元年後梁紀開平二年八月吳越王鏐遣寧國節度使王景仁奉表詣大梁景仁卽茂章溫曾祖名茂琳父名誠故此碑以城爲牆以戊爲武而茂章亦爲之改名唐人不諱滸勢秉機而梁之諱嫌名如此竊據小朝殊不足法又舊唐書哀帝紀天祐二年七月辛巳勅全忠請鑄河中晉絳諸縣印內有城字並落下如密鄭絳蒲例單名爲文是全忠父嫌名唐哀帝亦已避之宋曾鞏跋韓公井記襄州南楚之故城有昭王井故城今改爲故牆卽鄢也以城爲牆又見於此薛居正五代史載開平元年六月癸卯司天監上言請改日辰內戊爲武從之茂字從戊得音是戊本音茂顧炎武金石文字記曰茂字有讀爲武者後漢執金吾

丞武榮碑云天降雄彥資才卓茂仰高鑽堅允文允武又案焦氏易林云當夏六月枝葉盛茂鸞鳳以庇召伯游暑則是茂字亦有武音而茂之改武非無自矣

宋晁漢臣等臥龍山題名 熙寧□年

右題名在望海亭下磨崖凡五行年月二行題名三行字畫剝蝕殆盡其可辨者五月日丙申熙寧穆得臣張升甫晁漢臣共十六字

宋楊傑等臥龍山題名 元祐三年

右題名在望海亭下磨崖貞元題字之後題云後三百年元祐戊辰楊傑張詢朱[illegible]戚守道登臥龍山凡二十一字三行八分書戊辰哲宗元祐三年也

宋重修山陰縣朱儲斗門記 元祐三年

石碑在府學明倫堂首行越州重修山陰縣朱儲斗門記次三兩行宣德郎知歙州休寧縣事邵權撰河南府左軍巡判官充越州州學教授江嶼書并題蓋文云越之爲州右江而左海鏡湖亘浸環繞郊郭民居田畝園囿廬舍凡所以養生之具皆不在於崇山峻領則必出於廣川巨澤洲坻島嶼之上動出入息非舟楫莫濟民有自生長至耆艾不識陸事輔郭縣山陰會稽田切於水者三千一百頃有塢而膏腴在焉其自城抵湖自湖距海形勢高下遞若階級圖經言湖水高平疇丈許平疇又高丈許故水不常存然農事亦不常資乎水此蓄洩所以多斗門而朱儲之利特爲廣博肇興於唐貞元中皇甫政爲觀察使時而至於今屢作不廢也皇甫之蹟無所於攷大抵當衆浦之會因兩山之間得地南北一十步兩端稍陷則鑿而通之植木爲

柱衡木爲閘分爲八間其中石阜隆然則存而不鑿此其制蓋巳可尚矣植牌則水時其啓閉焉然後二邑之田遠近高下泄之無不及之瀦蓄之無不沃之地吁可謂善矣自貞元迄唐踰五代至我宋景德歷歲百數十其間毀壞至不可用則築塘擁之用力勤而收功寡人以爲病山陰隱者趙万宗號跛隱先生因知縣事段斐裒財於衆而興之斗門復建稍易以石民實賴焉嘉祐二年縣官有適當其氂者先是虞君元旻以發私財賑鄉曲之饑詔授州助教與其鄉人及浮屠元羿出力營治而斗門内外自閘之餘無所不用石矣上覆行閣中爲大亭於石阜之上有足觀者啓閉之悉歸有司於是乎始厥後斗門多居人闤商海船欲交易是邦者往往由浦而上間苦潮徹沙湧舟不達於近滸而非啓放之時則相與刓限剔閘盜決之號曰洗浦

自是稍失綿密斗門之用止利於洩而不利於閉旱暵仍歲矣元祐元年內翰邵武黃公以龍圖閣學士出爲越州始至問民所病皆曰會稽十鄉若瀕巨海而塘護不固人將爲魚朱儲斗門民食所繫而歲久不葺越明年春公既爲發常平餘錢築塘捍海人競歌之謂得未曾有矣又爲度斗門所費會朝散大夫嘉禾朱公來倅府事樂贊其謀於是進士虞敍聞而悅之曰是將無所俟公家之貲矣敍元昱之子也居欲纘襲父志故其於此能銳然率鄉里善士輸財協力而與道士翁懷辯躬任其責公命縣主簿蕭君服董其事於是謂曰庀徒分八閘以前後其工防役時壅溢之暴其摹畫制度悉因前人之善者乃若因時損益則相地宜原物性而加之意閘底舊埽以石限地有不平則粉石爲灰以實其下水漱灰釋隨穴而漏今爲度地之形稍

平易治則甃錯之例覆石版而置限其上否則鑿地石爲渠而納限其中至夫閘撩之金岸甃之甓木之易蠹者易以難石之善潰者易以堅亭閣之旁垣牆而護之委八閘之一低其木焉毋洩灌浦以爲商船之利皆所以救弊而圖安防侵而杜毀也公具酒醴浮舟而勞之經始於三月辛酉訖五月之丙寅爲夫二千用錢五十萬爲日六十有六而告成焉郡人方德公之賜而公移舒州田父野老嘻吁而相謂曰斗門其成公其去我矣咸願得公再游其上庶幾於公風采得覩其詳以釋吾心公從之州人相與繪公之像生祠之咸願述其事而權適在越朱公樂推公美善因民情一日顧謂記之夫先王定四民之業以均節天下相生養之道惟農爲勤其水旱之際畎畝之間有大利害焉欲興除之非得爲其長者惻怛而從之則常見其阻遏而

難戚賢侯善令欲興除農畝之利害非得其所部之人勸功樂
事而克相之則多見其功實之不立至有警然坐視曠數十世
而人不獲其益者非一二也公之爲州能同其憂樂通其避就
昔所利者今必存昔所有者今必具昔所無者今必有非特於
斗門見之一言語一禁令悉能當人人之心而無億拒不協之
態則公之爲賢大矣權嘗獲從公游故樂爲之書而聞越人之
於公有跂戀不足之意也復繫之詩焉其詞曰越城言言江海
掖焉湖湛一鏡郊縈百川渺渺巨浸畇畇大田越人衙衙生長
亟、永孰營其居島嶼洲沚孰致其行舟檝是倚農桑耕作園囿
種蓺防旱決溢曲爲之制其制伊何斗門是肆有山出阿川谷
萃止以蓄以洩以閉以啓悅新而完慍斁而圯公之來斯究爾
民瘼聆以是告爰咨爰度士有執功官有護作公之宴斯泛泛

其舟載酒及羞野詹於艽以勞勸爾匪遨匪游遹觀厥成殖一其秖重門複衡列植齒齒門之闢斯若蠢若轟虢虢巨震可覿可驚公曰咨爾邦之農父爾時旣殫爾利靡盬善飭爾功及爾孫子啓閉以時民食在此咸拜曰俞我公是若勿傷勿忘勿毁勿削翳公之誠實實其有何以榮之椿柏之茂維公之德正直是守何以永之喬松之壽有渝金石有寒暑易頌公其昌永矢弗熄文共二十二行又詩九行末題元祐三年四月望日承議郞知越州山陰縣事兼提舉鑑湖武騎尉王述雄州防禦推官知縣丞莊柔正立石計一行題蓋隸字大四寸許餘用小楷大六七分

宋呂升卿臥龍山題名 紹聖二年

右題名在望海亭下磨崖貞元題字之下題云紹聖二年晉江

呂升卿明甫以提點刑獄攝領州事數與賓佐宴集卧龍山凡八行行四字

宋新修城隍廟記　紹聖五年

右碑在卧龍山上城隍廟卽刻於崇福侯廟碑之陰蕭山縣主簿吳礥撰文知錄事參軍王仲旉書碑首篆額題城隍廟記四字首行越州新修城隍廟記八字文及末行題款共十七行碑字寬徑寸餘文云夫人神相因城隍神保釐一州猶太守也越爲督府爲守者得總制一路視古方伯連帥而州治因山以爲基有若迫窄然以楹計之無慮千數危樓傑閣虛堂廣榭錯起於山之上下而城隍神廟在山之西距州治百步支離罅漏虧於壓覆不足以妥神而像塑失工不能含見威神風薄塵坌顏色服章晻慘剝裂謁者或怠見於色無以感格靈貺紹聖丁丑

孟夏龍圖翟公思來治州事始至之日使庫負民錢百萬撫循以時饋遺有節不閱歲既以其羸盡償所負以紓民困之於是徹城隍廟而新之高明靚深環以門廡神位其中左右以序損益潤色各擅其相凛然人望而畏之案越自隋末始遷于城於此榛莽不治至唐右衛將軍龐公玉始營州治且有善政其死州人德之祀以爲城隍神梁開平二年錢鏐表上之詔封崇德侯鏐以詔刊石揭於廟然其事不見於書傳鏐得其詳疑有所自予曰某之禱也久矣翟公方在隱約已不妄交際毅然自任以天下之重識者許之東南學者從公問學唯恐後蓋公所養如此故能爲朝廷識拔一爲諫官三爲御史信其所學不以聲利易其操克有終始爲世司直自元豐歷元祐紹聖幾二十年朝廷屢更執政大臣是非取舍未始或同當是時士由州縣猶

取貴顯者多矣甚者致位公相而斥逐隨之公每以公議在選中而卒亦齟齬不合然亦不失爲臺閣者偃息方面觀公出處則其禱久矣新是廟非以徼福也肅恭神明理適然爾詩曰靖共爾位好是正直神之聽之介爾景福公雖無意於徼福神其舍諸方且介以景福而申之以難老日新而未艾也廟成於戊寅五月戊申而丁丑季冬癸卯經始之日也越州蕭山縣主簿吳蹟謹記知錄事參軍主仲專書晏粲開平二年詔封越州牆隍神爲崇福侯是碑云封崇德侯德字益福字之訛廟經始於丁丑落成於戊寅攷宋史哲宗本紀紹聖四年丁丑次年五月戊申朔御大慶殿受天授傳國受命寳六月戊寅朔改元元符故五月以前仍稱紹聖五年也

宋賜顯寧廟昭佑公牒 紹興元年

右碑在臥龍山上城隍廟首行尚書省牒越州顯寧廟昭佑公十二大字次三行小字云太常寺狀准尚書省劄子三省同奉聖旨駐蹕會稽今已逾歲妖祲不作行殿載寧越州城隍廟崇福侯可特賜額封公並令太常寺擬定申尚書省依准今降聖旨指揮欲擬昭佑公伏乞朝廷詳酌指揮施行申聞事城隍廟崇福侯共八十九字乃太常寺奉聖旨擬定封號申尚書狀也次六行大字乃尚書省牒文具載敕詞文皆正書惟二牒字兩敕字皆草書而敕字獨大其文曰牒奉敕朕展義東南駐蹕都會宮室城垣之必葺緒歲之周氣祲妖孽之弗興翳神之佑是用錫上公之尊爵加二字之榮名不顯其光肅示無窮之報自今以始常儲有羨之祥宜特封昭佑公牒至准敕故牒後題紹興元年五月日牒鈴以尚書省印後押敕者二人曰參知政事

張而不名曰尚書右僕射同中書門下平章事姓名俱不書以史攷之葢張守范宗尹也碑末一行小字題少傅鎮潼軍節度使判紹興軍府事兼提舉學事兼管内勸農使充兩浙東路安撫使馬步軍都總管信安郡王食邑七千二百戸食實封三千四百戸孟忠厚立石忠厚隆祐太后兄子見宋史外戚傳史作鎮海軍節度葢鎮潼之誤又攷高宗本紀紹興元年十月已丑升越州爲紹興府碑前云越州後云紹興軍府葢立石在升府之後矣

宋賜顯寧廟牒 紹興元年

右碑在臥龍山上城隍廟與昭佑公牒一碑兩面首行尚書省牒越州顯寧廟九大字次三行小字亦即太常寺申聞尚書省奉勅施行狀前二行同前牒惟第二行依准之上多本寺二字

三行聖旨指揮之下接擬定廟額今欲擬顯寧廟爲額伏乞以下至申聞事字竝同前牒無城隍廟崇福侯六字次大字三行云牒奉勅宜賜顯寧廟爲額牒至准勅故牒後題紹興年月鈐印及押勅二八一行大字竝同前牒末附小字四行乃捨石及刻碑人姓名唯攝本府助教兼贊福主管廟事胡元宗承信郎州使馮紳捨石會稽陳師堂刻三十字可辨餘皆糢糊不可復識矣

宋蓬萊閣詩 隆興二年

右詩刻在卧龍山望海亭下磨崖七律兩首府志云僅辨九十餘字今細辨之其可屬讀者共得一百一十一字其一云萬壑千巖百尺樓□□□□州旁窺照水烟波濶回□滄溟府志作江雪浪浮望遠尚餘秦轍跡□□□□晉風流凭欄巳足消塵

廬□□□□汗漫游下刻云右題蓬萊閣其二云歸然千古臥龍山節物年來□□觀猶有樓臺出天半正令府志作今星斗逼人寒春風偶種花千樹夏日仍栽竹萬竿自愧牧民無實□漫留□□後來看下刻云右登臥龍山隆興甲申八月朔府志云其下姓名俱缺今細辨之款題吳明可三字案吳明可名芾仙居人舉進士第爲祕書省正字孝宗隆興元年癸未知紹興府事此題甲申即任事之二年宋史有傳

宋朱子書無年月

右碑在本縣城隍廟几二碑左碑天風海濤四字字寬徑尺六七寸末題晦翁二字右碑書與造物游四字字寬徑與左碑同末題晦翁書三字又府治後松風閣前石壁上亦有晦翁書與造物游四字不詳何時所刻也

宋朱子范蠡祠書無年月

右石刻在蕺山天王寺祠壁間凡十二行共九十五字字皆行草寬徑寸餘文云富貴有餘樂貧賤不堪憂誰知天路幽險伍員互相酬請看東門黃犬更聽華亭清唳千古恨難收何似鴟夷子散髮弄扁舟鴟夷子成霸業有餘謀收身千乘卿相歸把釣魚鉤春晝五湖煙浪秋夜一天雲月此外儘悠悠永棄人間事吾道付滄洲款題朱熹書三字案舊志范蠡祠條下備載此詞少何似鴟夷子子字共九十四字又伍員舊志作倚伏收身舊志作致身當以舊志爲正又請看請字誤作清第二鴟字煙字秋字俱有小誤想石刻模糊後人重爲摸刻故多訛錯形體亦頗失眞矣後附上泉張明道跋明道羅田人嘉靖十九年知紹興府事

宋太守汪綱等臥龍山題名 年月闕

右題名在望海亭下磨崖上下爲苔蘚所侵不能卒讀可辨者惟太守汪綱宴刺史李壽朋通判趙汝捍十餘字而已案府志職官志汪綱字仲舉黟縣人以寧宗嘉定十四年知紹興府事理宗寶慶元年再任攷宋史理宗本紀寶慶四年改元紹定是爲紹定元年刺史李壽朋於寶慶三年到任次年卽命汪統接任在浙僅一年而太守汪綱先李公卸事亦係汪統接任臥龍山題名想卽寶慶三年所題也

元成宗勅封南鎮廟詔 大德二年

右碑在南鎮廟二門西廡大德二年二月立凡十行碑首篆額二行皇帝詔書四字碑之四圍皆作雲龍紋詔云上天眷命皇帝聖旨三代以降九州皆有鎮山所以阜民生安地德也五嶽

四瀆先朝已嘗加封唯五鎭之祀未舉殆非敬恭明神之義其加東鎭沂山爲元德東安王南鎭會稽山爲昭德順應王西鎭吳山爲成德永靖王北鎭醫巫閭山爲貞德廣寧王中鎭霍山爲口德應靈王仍勅有司歲時與嶽瀆同祀著爲定式故兹詔示想宜知悉大德二年二月日其碑陰卽刻也先帖木兒等南鎭廟記

元南鎭廟記大德二年

右南鎭廟記勒於前勅封南鎭詔碑之陰凡二十一行皆蘚剝泐不盡可辨今剔蘚捫碑以意屬讀完好成篇其不可識者七字而已文云會稽實維神禹會侯計功之地周職方氏列於鎭山之一四方諸山雖大且衆莫敢與等東隋開皇閒卽山創廟歲口迎氣日一祭唐始封永興公宋進封王爵載在祀典有自

來矣洪惟聖朝受天景命咸秩百神嶽瀆以序並膺顯號□大德二年春二月詔有司復修五鎮之祀於是南鎮會稽山加封爲昭德順應王歲時與嶽瀆同祀著爲定式□命御位下必闍赤札剌兒邪□朝列大夫御史臺治書侍御史冀德方馳驛頒賫御香貯以□□香□申錫寶旛用昭殊寵仍給楮券以勞洒掃祠下者三月癸丑欽奉詔旨將事而奉直大夫江浙等處行中書省左司員外郎喬簣成以終獻相明祀文武僚吏駿奔在列牲酒豐潔籩豆孔嘉禮肅樂和神用顧享也先帖木兒等叨分郡寄幸覩盛典嘉與邦人士若民鼓舞綸音之下豈特山川草木衣被昭回之光而已敢拜手稽首奉詔書刻諸堅珉以對揚聖天子之明命而紀其事於碑陰云承務郎紹興路總管府推官傅汝霖承直郎紹興路總管府判官馬良奉議大夫紹興

路總管府治中朱端義奉議大夫同知紹興路總管事沙不丁通議大夫紹興路總管兼管内勸農事忽哥兒昭勇大將軍紹興路總管府達魯花赤兼管内勸農事也先帖木兒謹記案府志職官志元紹興路總管忽計兒大德二年任從南鎮廟記補入而金石志元成宗勅封南鎮廟詔條下亦作計字今細閲碑文忽字下可字尚屬完好其上一小可字亦尚存外廓蓋哥字也又元制諸路總管府分上下路上路達魯花赤一員總管一員散府達魯花赤一員知府或府尹一員達魯花赤掌印信以總府縣之治其品秩與知府同

元重建南鎮廟碑皇慶元年

右碑在南鎮二門内西側北向儒林郎浙江等處儒學提舉鄧文原奉勅撰幷書丹皇慶元年六月三日建其碑陰刻紹興路

總管府達魯花赤馬合馬沙及紹興路總管桑兒等十四人官爵姓名又府吏縣典史司吏南恩州儒學教授并邑士邑人三十八名碑凡二十七行首行題云皇元重建南鎮廟碑次行儒林郎浙江等處儒學提舉臣鄧文原奉勅撰并書丹共二十一字文云周官職方氏辨九州之國東南曰揚州其山鎮曰會稽鎮山各長其方貴莫與夷而會稽次居先亦若傳志所載南海神在北東西三神河伯之上先王敍秩常祀固自有旨哉地主靜故物生而不息鎮山因地之厚而相其成功在人則方伯宣仁風敷政本俾民阜康而不知所利由是道也粲虞帝巡守則望祀山川乘輿所經歲周四岳雖古者省方設教禮崇易簡然而道里遼廓涉時燠寒聖人之於民亦已勤矣自巡守道廢而望祀僅以名存歷世隆汙益昧原本秦漢肇興五時旁禮八神

諸若陳寶碧雞壽星泰一諸君武夷莫不有祠禁方秘祝畢說交集祈禳雩禜降及厲淫先王之理天下所以存誠贊化孚格神明者其道隱而弗彰夫山林川谷邱陵能出雲爲風雨者禮皆列諸百神而況名山具瞻貫鎮下土利澤周施其重豈直與勤事定國禦災捍患者侔稽古盛際四鎮咸在封域之內分合世殊政教弗通神或匱祀聖元啓運武戡亂畧德懋好生天人順應萬方臣服自昔車書會同之盛未有窺其際涯者也文治修明中外禔福則又懷柔百神示民禮秩謚延景命惟東南控帶江海層岡峭嶺圭立屏峙莫可殫狀而會稽之山秀萃無儔明靈所司由隋唐暨宋祝號祭式公王次升大德己亥詔尊南鎮會稽山爲昭德順應王與嶽瀆同祀使者肅將式具白金函香旛以綺錯牲醑芳潔籩豆靜嘉然而象飾弗嚴梁傾棟橈庭

序榛蕪陟降祼薦室不稱儀越十有一年爲至大巳酉嘉議大夫臣朶兒赤來守茲土進謁祠下顧視興嘅曰守臣職在蕃宣事神訓民曷敢不欽厥事乃集羣議將大撤而新之請於帥府給緡錢二萬五千四百有奇邑里競勸傾貲相役瓌材文石桴輸輦致舊斲既備版幹具興殿宇周阿前翼後棘表以重門翼以長廡齋廬靚深膳烹有所邦人士女禱祠會止閒亭飛閣可觀可憩環山繚溪若有風馬雲車肸蠁來假先是於越大饑道殣相望薄征振廩荒政薦數惠及埋胔明年夏復旱臣朶兒赤禱於神得雨人謂神亦矜民易以誠感後復有事於廟經度故址爲畝二十五有半因發地得石具識深廣北東西臨溪南直玉笥峰紀以宋大中祥符之二年視舊加斥克宏厥規豈神之宿留告曉於人固如此哉攷諸在昔常以立夏氣至揭虔蕆事

導迎發育天道無垠因時布令仁行於春禮繼炳文歲功序成
物迺蕃息維茲越土肇歸版圖於今幾四十載乃者歲比遣使
皆爲民祝釐聖上纘承基緒申飭有司益嚴毖祀仁昭禮洽上
以法天之運而元臣碩輔同德協心汔底康乂東南旄倪陶咏
皇風浸漑膏澤生聚教訓期於億萬世江淛行中書省平章政
事臣張閭等奏曰南鎮廟成維麗牲有碑乞命儒臣文原爲文
以詔來者制曰可臣謹再拜稽首願頌帝德且宣神功爰勒銘
詩與茲山無極其詩曰邈哉東南萬山之藪孰殿茲土相其溫
厚先民有言山岳配天體坤之載道合靜專崒茲會稽列巘環
向鬱葱禹穴蔽虧秦望譬彼江海百谷是王禮隆昭祀嘉薦苾
芬奕奕新廟塗墍丹雘邉晷卽明闢隥從廓物既和止神亦宴
娭靈斿肹飾賁然來思擁其休嘉錫此南土昔惟南土九有伊

祐惟皇縱聖惟臣弼諧神道泰寧兆民允懷詩詠闕陵式揚壽祉儒臣作銘贊於天子末題皇慶元年六月三日建四明臣茅紹之鐫字案鄧文原字善之綿州人世祖至元二十七年辟爲杭州路儒學提舉英宗至治二年召爲集賢直學士兼國子祭酒贈江浙行省參知政事謚文肅元史有傳書史會要云文原正行草書早法二王後法李北海當時與趙魏公齊名

元南鎮降香之記　延祐七年

右碑在南鎮廟二門東廡碑首篆額兩行南鎮降香之記六字字徑三寸外邊作夔龍紋記文及撰書人姓名年月凡十七行楷書字徑寸餘首行尚存南鎮降香四字下闕撰書人姓名二行前慶元路慈湖書院山長韓性撰紹興路儒學教授劉洪書記云會稽爲東南鎮山見於周禮職方氏之所載繇漢以來莫

不祀事史志所載可攷也追唐封永興公聖朝大德二年加封王爵牲牢禮秩與爵俱升遣使介修祀祠下歲以爲常延祐七年皇帝嗣大厤服爰命近臣奉上方白金寶旛銀香奩禮於王廟昭異數也守臣紹興路達魯花赤阿剌納津等拜手稽首言曰若稽古昔受命之君必徧於羣祀以即位告其山川之神則有四望之禮若虞書望於山川是已恭惟聖朝奄有九有土宇昄章亘古莫及陛下統和天人嶽瀆五鎭之祀必即其所式表敬恭視古有加焉詔旨之頒邦人士懽抃鼓舞以覲上儀明神顧歆昭答明命遹相皇圖億載無斁臣阿剌納津等濫膺郡紱忻逢盛旦謹刻堅珉以垂永久云延祐七年□月案南鎭山神加封王爵不始於元宋政和三年封會稽山爲永濟王金改封永興王元大德二年加封昭德順應王是元所加封者昭德順

應之號非始封王爵碑云唐封永興公聖朝加封王爵云云不及宋金加封故事近潛研齋所跋至正四年修廟一碑謂爲失攷以此碑證之蓋在延祐而已然豈通元之世末之前聞抑封號所始惟斷自唐此後不具論也

元紹興路至大寺碑 泰定元年

右碑凡二十三行行二十四字首行題云紹興路至大報恩接待寺記後署安陽韓性撰翰林院侍講（此字上亦空二格）學士奉政大夫知制誥兼修國史袁桷書上柱國（此字上亦空二格）開府儀同三司前江浙等處行中書省右丞相別不花題額元泰定元年歲在甲子六月乙卯朔初八日庚申建刻石人東海王永仁文云至大報恩接待寺叢門弘教大師立公之所建也寺在越城之西臥龍紫雲諸山拱列其前由寺門右出舉數十武踰河梁而南

是爲吳會稽之通衢行旅憧憧不絶釋子之游方若有事小白華山者必道於此長途風雨巾錫淒然頻呻逆旅之中故其徒目之曰越州一關立師妙年稱出家子參學諸方習聞其說而病之念平昔經行荒陬遠墅猶有接待以爲憩息之地而吾邦獨無有至爲人所靳豈居是邦者念慮未之及耶念慮雖及而力有不逮耶將前之未舉者有待於後來耶抑聞志專而力從世豈有不可爲之事哉於是竭其心思不憚勞勩蒙犯霜露行萬里之遠有出己之力而無委地之貨積二十餘年其心未嘗一日不在接待也積銖累忽由微而著度其力足以有爲乃贖石氏故宅撤其舊廬更創新宇經始之初戶外之屨已滿矣渴饋以漿飢餉以飯勞也嚴牀敷以安息之垢也闢浴室以澡雪之至者如歸而師之志亦少酬矣乃罄槖中之藏以供土木之

費殿堂門廡齋寮庖湢種種畢具與他大刹等又慮無以贍其後也買田千畝以充飢飡之需買山五百餘畝以供薪爨之用朝晡伏臘百爲之具不待外求而可以垂久於是師之素志慰滿無復遺恨矣進其徒而告之曰我初發心建此接待以二十餘年之久最初之念獲成非敢以爲能報四恩亦見其志而已至若運木石開基址戮力相其成得四人焉曰全曰機曰珺曰大而四人者既能贊之於始則當共守之於終其各度弟子甲乙相傳以保吾志於將來也寺成於至大改元之四年請於常師名之曰至大報恩之寺而俾余爲之記余之居鄰於寺得於目擊可信不誣爲之言曰人生有役不能不奔走於道途古之聖賢不以已之逸而輕人之勞不以居之易而忘行之難也是以公其念慮施之政令使賓客有所館而羈旅有所寓肇自上

古《周禮》謹著之。嗚呼！大道之行，三代之英，吾儒傳誦，邈若不可及。然後世然，時亦有適千里而不賫裹糧者，人心之公，王政之行，千萬世一日也。立師方外之人，以惠利爲心，志專力從，其徒畢受其賜，然則儒之説行，熙洽之理，豈有古今之殊哉？故余樂記其成，而道儒者之説以終之。師，邈之上虞人，姓趙氏，本立其名，雪庭其號云。案府志祠祀門至大寺條下摘録此文僅三之一，以卧龍紫雲爲卧龍，飛來以小白華山爲白華山，其他亦多訛脱，而金石門中並其目遺之矣。此碑今已中斷，有裂痕半寸許，近趺處頗已模糊，而文尚可辨。其結體運筆，偪肖吳興，爾時淵源習尚，可想見也。

元南鎮廟置田記　泰定三年

右碑在南鎮廟二門西側。碑首篆額「南鎮廟置田記」六字，安陽韓性撰拜書翰林侍講學士奉政大夫知制誥同修國史袁桷題額文云九州之鎮國重祀也東南之鎮曰會稽見於周官由漢以來咸謹祀事國家一海內歲遣使降香茗金幣馳驛抵廟下以一太牢祠守土之吏奔丞承事惟謹廟在會稽縣東南十餘里無祝史之守尚方所錫藏之郡帑積無所用泰定乙丑金源王公克敬爲會稽守議買田以供廟之用請於帥府帥府如其請乃會所藏得楮幣若干白金爲鋌者若干爲香奩者若干斤而賣之又得楮幣若干買傍近田一百十七畝有奇俟命列其耶畝刻之石使後有□俟之慮事遠哉南鎮國重祀廟之用慶有司所當慮其最重者二焉古之祭祀預備以示嚴神倉所以備□□也掌牧所以備牲牷也祭祀之物具故臨事而不擾今南鎮歲祀責成有司有司□□則已犧牷粢盛取具臨時有

不能具則賦之民民以爲病一也漢祀嶽瀆始爲宮室□廟祏制後以爲常今會稽之廟壯麗靚深明宮齋廬多至千礎歲歲修繕勞民無已時委而不修必至於隤圮圮而更爲民之擾滋甚二也今侯買田於廟貯其租入以供祭祀以待修繕至於香火之需祝史之養皆出乎其中非獨致力於神其爲斯民計遠矣或謂一夫之田所入無幾用之不周猶之無益也是不然天下之事莫難於創始今侯倡之於前繼侯之理者頗增益之足用而後已敬共明神民不勞勩神人相依有引弗替以稱國家崇明祀之意此侯之所望於後來也典其事者郡吏沈天瑞泰定丙寅孟春日記碑陰刊田畝四至

元代祀南鎮記元統三年

右碑在南鎮廟二門東側碑亭碑高𢈔虎尺四尺寬三尺碑首

篆額代祀南鎮記五字與至元五年代祀記一碑兩面刻文云
元統三年夏五月巳亥皇帝遣應奉翰林文字承務郎臣伯家
奴奉訓大夫中瑞司丞臣張完者篤欽齎寶香合錦旛楮幣致
祭於南鎮昭德順應王牲牢肥腯籩豆靜嘉薦祼升降禮儀有
度神既歆饗人用懽懌朝散大夫紹興路總管臣禿堅重阿敬
恭與奠竣事言曰方今四方寧謐羣祀肅恭而大神祝册自京
師來則所以禮神者至矣是宜風雨調順民物阜康以祚我皇
元億萬年無疆之休謹拜手稽首識於堅珉中順大夫紹興路
總管府達魯花赤臣紐憐等立石碑末附臣趙艮魁鐫五小字
府志云撰文及書人名俱糢糊不甚辨今案此碑字蹟完好而
無撰文及書人姓名惟貼近第一行隱隱有代祀記三字其中
各行亦隱有字蹟豈當日碑文剝蝕後人重補之與又府志職

官載達魯花赤不載紐憐之名是碑及至元五年碑均有之又憐至元碑作璘

元代祀南鎮記後至元二年

右碑在南鎮廟二門西廡國史院編修烏馬兒撰并書益篆代祀之記四字二行寫字徑四寸許文云至元二年歲在丙子四月十又九日皇帝御仁明殿召承德郎翊正司丞臣斡赤承事郎翰林國史院編修官臣烏馬兒入受詔匳香僃幣將以寶旛代祀於海嶽南鎮臣斡赤等奉詔馳驛以六月十六日至於紹興越翼日辛卯詣南鎮祠行祀事朝散大夫紹興路總管兼管內勸農事臣禿堅董阿與祭竣事守臣請刻石以示永久欽惟聖朝奄有九有懷柔百神有能表正方域産財用興雲雨咸秩祀典夫四鎮爲國四維綱紀天下獨南鎮去京師最遠爲東南

砥柱功德在斯民尤盛從古尚焉今聖天子事神治人恪遵祖訓故崇敬之至如此執事之臣各竭其誠對揚休命省牲視饌壹以其式夜漏不盡十五刻率賓案入卽事庭燎伊煌管磬具舉牲酒肥潔登降以數人情胥樂神靈顧饗爰有繁祉以昭寵光宣靈致和嘉氣充溢勸相皇圖與天無極臣烏馬兒拜手稽首謹書其事勒於石朝散大夫紹興路總管兼管內勸農事杏堅董阿承務郎會稽縣尹兼勸農事呂誠登仕郎會稽縣主簿黃元承立石篆此碑二詔字及聖朝祖訓等字提行寫處俱不中程式

元代祀南鎮記後至元三年

右碑在南鎮廟二門西側碑亭碑首代祀之記四字兩行寫下附祝文九行行四字外邊作虯龍形橫長一尺五寸許直長六

寸首行代祀祝文云南鎮之大其山會稽神惠我民報以常祀有開嗣歲式禮莫愆易歉而豐尚無不若凡三十六字下楷書十八行首行題至元三年代祀之記八字次行奎章閣學士院照磨官從仕郎臣林宇撰并書十八字第三行武畧將軍管軍上千戶權分鎮开縣翼上萬戶府事臣劉順題額二十五字記云自虞書著封山而周官列州鎮益以奠安一方綿絡地氣出雲雨興寶藏資民用非止辨州域限風氣而已也大江之南財賦之區會稽爲東南之巨鎮故祀禮孔嚴至元三年歲在丁丑五月戊申今天子御明仁殿出御香幣祝冊命奉議大夫規運提點所達魯花赤臣八萬麻失里奎章閣學士院照磨官從仕郎臣林宇代祀於南鎮昭德順應王祠六月甲午抵祠下有司告充具迺率守土臣通議大夫紹興路總管兼管內勸農事臣

亦祖赤等行祀事酒牲肆陳禮樂畢舉駿奔合敬肸蠁潛孚祀畢守臣請紀其事於石以鐫功勒成告後夫歲祀彝儀宜達上敬臣等之職分也顧豈以紀載名姓爲誇勞哉惟治道隆而後祀典興祀典興而後福祥至時和年登民康物阜山無盜賊海不揚波神之所以福我國家者也皇極在上歛福錫民而民亦爲之保極則國家之所以崇祀於神者庸有紀極乎代祀之臣與守臣均此願也乃刻之石與祭臣朝列大夫紹興路總管府治中沙沙奉直大夫紹興路總管府判官蘇澂承務郎紹興路總管府經歷孫惟孝提控案牘兼照磨承發架閣貫訦紹興路儒學教授余烈府吏方逢辰進義校尉紹興路會稽縣達魯花赤兼勸農事也先帖木兒登仕郎紹興路會稽縣主簿黃元承典史董圭至元三年六月日立石從行者國子生楊培

元代祀南鎮記後至元五年

右碑在南鎮廟二門東側碑亭碑額代祀之記四字楷書字徑三寸碑文二十六行字大寸許集賢直學士揭傒斯撰文并書文云皇帝仁覆天下明徹宇內乃者天變屢作地道失寧水旱荐臻盜賊不息君相同德哀矜元元意者事神治民之道有所闕歟於是法世祖舊制以正月之吉今遣廷臣淸望夙著簡在帝心者代祀嶽瀆以召休貺而北嶽北海濟瀆南鎮則以命翰林侍講學士愛牙赤集賢直學士揭傒斯三月庚申朔至於南鎮翼日辛酉祗率守臣潔其牲牢陳其醴齊致其香幣敬祭於大神靈雨先戒祥飈徐集倏陰忽陽肸蠁布寫潛孚密暢格夫帝誠竣事徊徨靡敢怠豫惟昔者初受命於廷親祝香幣以授其禮甚隆重其意甚恭懇爲之臣者曷敢不虔夫以厚載萬物

莫重乎土故在天爲鎮星其積而峻極者因其方而名之曰嶽其次曰鎮其祀事皆有秩於帝典所以庇生民衛社稷也夫不以災異數見人民愁苦而益謹其山川之恒祀者君之禮不以祀事敬怠而時其雨暘弭其患災以屏翰國家者神之職君盡其禮神效其職使民知有生之樂實爲太平之盛觀而南土之民困已極矣神其忍使聖天子日有南顧之憂乎是日與祭官江浙行省所委官中順大夫同知溫州路事楊淸孫守臣中順大夫紹興路達魯花赤紐璘通議大夫紹興路總管亦祖丁中議大夫紹興路同知伯顏朝列大夫紹興路治中僧吉巳奉直大夫紹興路判官蘇澂承直郎紹興路推官張濮儒林郎紹興路推官林宇承事郎紹興路經歷董郁將仕佐郎紹興路知事林元亨紹興路提控案牘兼照磨承發架閣林鏞進義校尉紹

興路鎮撫會從政紹興路儒學教授曾汝賢學正王實進義校尉山陰縣達魯花赤阿兒渾沙登仕佐郎會稽縣主簿法都忽剌給祀事者府吏李公澤周惟政縣典史董圭爲文及書者揭傒斯從行者集賢院宣使穆薛飛兒也至元五年歲次巳卯三月日建趙良魁刊

元重修南鎮廟碑至正四年

右碑在南鎮廟二門西廡紹興路總管府推官貢師泰撰祕書卿泰不華書并篆額至正四年立額首題重修南鎮廟碑六字三行寫字徑四寸許記文及撰人姓名年月共二十行隸書文云會稽山在郡城東南十五里地氣廣博而隆厚峰巒蒼翠上出霄漢而天柱石驪臥龍諸山皆環列其下如臣妾之事大君罔不頫伏趨鄉周禮職方以爲揚州之鎮信夫隋開皇十四年

始即山立祠唐天寶十載詔封永興公祭用南郊之日歷代遂著常祀國朝加號王爵以孟春之月遣使齋香幣一太牢守吏齋宿具三獻禮其崇報之典視昔有加焉獨廟無守者有司又少涉其地風雨陵暴久而不免於摧敗傾壓矣至正四年春盧陵夏君日孜來爲尹以故事謁廟下顧瞻旁皇曰尚可緩乎亟詣郡白狀郡長貳咸是其議俾更新之於是邑人相率分事竭作去其朽蠹易以堅良既增既廓百度具興閱三月工師告成重門廣庭挾以修廡殿寢閑閑齋廬翼翼神庖賓館悉稱宏麗且合道上陳道盛守之盡嚴故田奉祠事餘以給其食鼓鐘之聲鏗鍧四達齋心竭誠朝夕惟謹然後克稱朝廷敬恭明神之意而山靈川后鬼物衛從百怪之狀亦欻然森布流動於煙雲莽蒼中矣竊惟古者諸侯祭竟內山川而天子輶行四嶽則舉

望秩未聞其祀鎮山也史傳雖稱秦皇東祀會稽而亦未聞其廟祭也然則歷世共事弗絶何與蓋山川能出雲雨則法當報祀而其神明之會非假屋宇象設宜無以寓其拳拳款款之誠此南鎮之廟所以歷千數百年而益盛也耶況世傳神禹之興嘗朝諸侯於斯乎嗚呼神人協和而後理化大行六沴不作百穀用登吏茲土者其可昧所重輕哉然廟雖隸縣竟而山實一郡之望山雖望於一郡而靈氣周流未嘗不上下磅礴於吳楚之域斗牛之虚也是役也固以見郡政之舉而夏君亦知所重輕矣因作迎送神詩二章俾邦人歌以侑祀曰神氣磅礴兮下廣深鎮南服兮鬱嶔崟宮庭侐兮孔碩松與柏兮蕭森神之施兮澤霈惠我民兮不疵以愛錫祀兮自天函香兮孔蓋神穆穆兮降升載雲霓兮翠曾來儵忽兮從如雨肸豐融兮于豆于登

湖之瀕兮山之陽神燕娭兮中堂吹參差兮拊鼓折瓊華兮奠椒漿神將歸兮載趣龍兩服兮旗旖神不留兮奈何我之思兮曷已野有稉稌兮隰有蒲荷俾民樂康兮降福不邪春秋兮灌薦風雨兮崇阿末題承務郎紹興路總管府推官貢師泰撰大中大夫祕書卿泰不華書并篆額會稽范文遠刻共三十五字

案是碑爲縣尹夏日孜修廟作日孜字仲善吉水人至順元年進士文中云國朝加封王爵不及宋金故事與前各碑同元史稱泰不華善篆隸溫潤遒勁今繹此碑而益信矣

案宋知府楊紘有游小隱山敘石刻在小隱山上凡十三行共四百四字剝蝕模糊細讀之尚隱約可辨其不可識者七字近似者十字首行游小隱山敘五字文曰越城之西南有所謂王氏山園者□以爲□境勝絶太守楊公曰彼何游焉一日攜賓

佐浮輕舟□字疑丕平湖四五里而至望其門如樓閣之在烟雲中入其堂登其亭廓然如形骸之出塵世外山□□碧繚□繚疑字四注皆可襟迎而神揖奇葩珍樹映帶滿前公舊曰吾來越舊矣未有如今日勝且快者使呼其主而詰之曰山名謂何對曰有而非美名也亭有名乎則曰朴愚敢以名爲公使□以來因命其山曰小隱山堂亦因山之名堂之東榮俯檻而窺者曰瑟瑟池出堂而登數級乃止勝奕亭自亭過而至其最上者曰□疑湖字光亭案湖光亭見嘉泰志□疑順字旁頁字尚存山而西達於山足曰翠麓亭由忘歸亭名見嘉泰志至翠麓曰探幽徑曰擷芳徑曰捫蘿磴曰百花頂皆因其所遇而得之心焉已而至於山外有池池心有亭曰鑑中亭轉而逝於始至之門門隅亦有池有室曰倒影亭□疑凡字一景一趣無不爲之稱□且曰今而後吾嘗數至此也因

命通判軍州事錢公輔書以鑱諸石□（疑噫字）人生百歲□□（疑塵鞅二字）縈利淫慝病憂紛紛而汨之幾日而如此樂幾何而如此勝耶予弗書不□與是游者都官員外郎江鈹節度推官袁嗣隆觀察推官王仲□（疑衍字）前進士三壽朱□（疑方字案府志選舉卷王壽朱方竝皇祐元年進士）几六人皇祐三年春二月二十八日敘攷府志職官卷郡守楊絃字望之浦城人皇祐三年知紹興府事時□　公輔爲通判此敘府志未採嘉泰志但云刻石記之未載　今志刻金石卷已竣續訪得此用附卷末

右碑刻

山陰縣志卷二十七

山陰縣志卷二十八

政事志第三之十

漢書藝文一志專錄書目所謂六藝之支足該經籍後來七志七錄別立文集專門於是隋唐之志變藝文而稱經籍而唐人藝文類聚亦專輯事實詩文遂與經籍截然兩類體隨時變與要存焉矣方志以藝文附入各門本范文穆吳郡志之例第用雙行細書復加子注未免冗繁今仍仿通志别編爲一卷其有關時務廢置記事題名文或未盡雅馴者仍分綴各門以便檢尋至如士對越頌越問風俗賦之屬則府志已登邑乘亦不宜闌入也是編也有疑於繁者有疑於簡者要知志書非類書之比雅有限制且越中藝文自有專集如明邑人王埜越詠十二卷皆晉唐以來詠山川古蹟之作名篇迥句卓然行世兹志所

載或因人以存文或借文以談故多寡詳畧又何疑焉

碑銘

塗山銘并序 唐柳宗元

維夏后氏建大功定大位立大政勤勞萬邦和寧四極威懷九有儀刑後王當夫洪流方割災被下土自壺口而導百川大功建焉虞帝耄期順承天厤自南河而受四海大位定焉萬國既同宣省風教自塗山而會諸侯大政立焉功莫崇乎禦大災乃錫元圭以承帝命位莫崇乎執大象乃輯五瑞以建皇極政莫先乎齊大紀乃朝玉帛以混經制是所以承唐虞之後垂子孫之丕業立商周之前樹帝王之洪範者也嗚呼天地之道尚德而右功帝王之政崇德而賞功故堯舜至德而位不及嗣湯武大功而延祚於世有夏德配於二聖而唐虞尚功焉功冠於三

代而商周讓德焉宜乎立極垂統貽於後裔當位作聖者爲世準則塗山者功之所由定德之所由濟政之所由立有天下者宜取於此追維大號既發華蓋既狩方岳列位奔走來同山川守臣莫敢逡衛羽旄四合衣裳咸會虔恭就列俯僂聽命然後示之以禮樂和氣周洽申之以德刑天威振耀制立謨訓宜在長久厥後啟征有扈而夏德始衰羿距太康而帝業不守皇祖之訓罔不由也八亡政墜卒就陵替向使繼代守文之君又能紹其功德修其政統卑宮室惡衣服拜昌言平均賦入制定朝會則諸侯常至而天命不去矣茲山之會安得獨光於後歟是以周穆遐追遺法復會於是山聲垂天下亦紹前軌用此道也故余爲之銘庶後代朝諸侯制天下者仰則於此其辭曰

惟禹體道功厚德茂會朝侯衛統一憲度省方宜教化制殊類

咸會壇位承奉儀矩禮具樂備德容既孚乃舉明刑以弼聖謨刑戮防風遺骨專車克威克明疇敢以渝宣昭黎獻底定寰區傳祚後引丕承帝圖塗山巖巖界彼東國惟禹之德配天無極卽山刊石貽後作則

禹穴碑銘并序　唐鄭魴

惟帝聖世時必有符命在昔黃帝始受河圖王籙宓羲得神蓍而垂黃策堯配璇璣玉衡以齊七政舜繼成六德文王獲赤雀丹書而演道定謨予亦以謂禹探其穴得開世之符而成平水功夫神人合謀而行變化天地定位陰陽潛交五行迭王斗建司節岳尊山而瀆長川乃至日星雷風禎祥祕奧三綱五紀萬樂百禮人人物物各由身生無非元功冥持至數脗合以及之者王者奉天而行故聖神焉帝皇焉彼聖如仲尼有德而無應

故位止於旅人福弗及生靈乃歎曰鳳鳥不至河不出圖吾已矣夫然後知元命者軒後命者羲受命者唐與虞成命者禹備命者文仲尼不受命乃假人事而言故有宗予之說後代無作焉立言者一仁義以束世教贅贖嵬嵬使絕其井望職業之外存而不論予讀夏書無是說司馬子長自敍始云登會稽探禹穴不然萬禩何傳焉惑矣蒼山之瀦呀如淵如陵徙谷遷此中不騫雨洗烟容歘然莫窮隱實禹迹之所始終唐興二百八祀寶厤景午秋九月予從事於是邦感上聖遺軌而學者無述作禹穴碑廉察使雋相河南公見而銘之曰

禹穴宜載夏與秦胡爲而不載禹貢無文秦始皇游會稽李斯刻石亦不言古而不載遷與鄭胡爲而載始司馬遷自敍探禹穴而后千百年無說至鄭乃製斯碑予以謂天德統萬止言其蓋地德統萬止言其載堯德統萬止言其大千川

萬山皆言其會一符一穴（禹穴藏五符統而言之故曰一）不足爲最故夏與秦俱不之載而人以之昧雖山之堅雖洞之藏有時而堙有時而兌歲其萬千風雨淘汰亡其嵌呀叢是翳薈惟鄭與遷斯碑斯載斯時之賴

石傘峯銘　唐顧況

亭亭石傘有物有名如蓋若傾如芝一莖石傘山東山銜日宮石傘山西山銜月宮南巒北阜首出屹雄

梅山子眞泉銘　唐陸龜蒙

梅公之去漢猶鴟夷子之去越也變姓名棄妻子舟車所通何所不閱彼吳市門人偶傳之而作史者因著其說倘信吳市而疑斯山不幾乎執一而廢百梅公之去如懷安於一方則是以頸血丹葬之斧鉞也山麓之泉甘寒澄澈珠琲玉雪與子徘徊

酌泉飲之亦足以盡公之高而歎其決也

浪跡先生玄真子張志和碑 唐顏真卿

士有牢籠太虛擽掖玄造擺元氣而詞鋒首出軌無間而理窟肌分其惟玄真乎玄真子姓張氏本名龜齡東陽金華人父游朝清真好道著南華象說十卷又著沖虛白馬非馬證八卷代莫知之母留氏夢楓生腹上因而誕焉年十六游太學以明經擢第獻策肅宗深賞重令翰林待詔授左金吾衛錄事參軍仍改名志和字子同尋復貶南海尉經量移不願之任得還本貫既而親喪無復宦情遂扁舟垂綸浮三江泛五湖自謂煙波釣徒著書十二卷凡三萬言號玄真子遂以稱焉客或以其文論道縱橫謂之造化鼓吹京兆韋詣爲作內解玄真又述大易十五卷凡二百六十有五卦以有無爲宗觀以爲碧虛金骨兒

浦陽尉鶴齡亦有文學恐玄眞浪跡不還乃於會稽東郭買地結茅齋以居之閉竹門十年不出吏人嘗呼爲掏河夫執畚就役曾無忤色又欲以大布爲褐裘嫂徐氏聞之手爲織纊一製十年方暑不解所居草堂椽柱皮節皆存而無斤斧之跡文士效栢梁體作歌者十餘人浙東觀察使御史大夫陳公少游聞而謁之坐必終日因表其所居曰玄眞坊又以門巷湫隘出錢買地以立閈閎旌曰迴軒巷乃命評事劉太眞爲序因賦栢梁之什文士詩以美之者十五人既門隔流水十年無橋陳公遂爲建造行者謂之大夫橋常以豹爲席鞸皮爲屩隱素木几酌斑螺杯鳴榔拏枝隨意取適垂釣去餌不在得魚肅宗嘗賜奴婢各一玄眞配爲夫妻夫曰漁童妻曰樵青人問其故漁童使捧釣收綸蘆中鼓枻樵青使蘇蘭薪桂竹裏煎茶竟陵子陸羽

校書郎裴脩嘗問有何人往來答曰太虛作室而共居夜月爲燈以同照與四海諸公未嘗離別有何往來性好畫山水皆因酒酣乘興擊鼓吹角或閉目或背面飛墨應節而成大曆七年秋八月訊眞卿於湖州眞卿以舴艋既獘請命更之答曰儻惠漁舟願以爲浮家泛宅沿泝江湖之上往來苕霅之間野夫之幸矣然立性孤峻不可得而親疎率誠澹然人莫窺其喜慍視軒裳如草芥屏嗜慾若泥沙希跡乎丈夫同符乎古作者莫可測也忽焉去我思德之深爲以宣懷寄諸他山之石銘曰邈玄眞超隱淪齊得喪甘賤貧泛湖海同光塵宅漁舟垂釣綸輔明主若斯人豈煙波論此身

開元寺律和尚塔碑并序 唐梁肅

釋氏先律師諱曇一字曇引報年八十一僧夏六十一以大曆

六年十二月七日滅度於越州開元寺遷座起塔於秦望山之陽制縗會葬者以千百數大師本南陽張氏曾祖脩太常恒始家於會稽之山陰大師誕鍾粹氣聰悟夙發幼學五經因探禹穴至雲門寺遂依沙門諒公出家景龍中剃度壽受具戒天縱辨慧誼之以軌儀翕然已爲人望矣開元初西游長安觀音亮律師見而奇之授以毗尼之學又依崇聖寺檀子法師學俱舍唯識從印度沙門善無畏受菩薩戒探道覩奥出類拔萃期月之間名動京師大師崖岸峻峙機神坦邁體識詳雅應用虛明得三藏之隱賾究諸宗之源底加以素解元儒旁總麻緯長老聞風而悅服公卿下榻以賓禮由是與少保兗國陸公象先賀賓客知章李北海邕徐中書安貞褚諫議庭誨及涇縣令萬齊融爲儒釋之游莫逆之友其導世皆先之以文行弭之以戒定

入蘭室而馨香自發臨水鏡而毫髮必鑒不知其所由然矣開元二十六年復歸會稽謂八日三世佛法戒爲根本本之不修道遠乎哉故設教以尸羅爲主取鄴郡律疏合終南事鈔括其異同詳發正義學徒賴焉大凡北際河朔南越荆閩西方之宗自我而盛烈炬之破昏黑羣流之赴淵澤適來之時行化也如彼有爲而生乘化而息草木滋潤慈雲無心適去之時處順也如此八世遷轉道存運在瞻望不見寂寥空山銘曰

越水漫漫崇山迴合大師化滅式建靈塔緬慕上士誕修淨法有威有儀不穿不襍德溥化洽雲從海納勒銘垂後千萬億刼

季先生祠堂碑　明　徐渭

先生蚤聞新建致良知之旨既懼後之學者日流而入於虛也乃著書數百萬言大都精考索務實踐以究新建未發之緒四

方之士從游者數百自筮仕至老且革無日不學學問其卓然以繼絕學覺來者爲已任而處心制行光明夷坦蓋卜諸鬼神鬼神信之質諸兒童兒童信之者矣間有疑者謂先生當長沙時以嚴以涅爲人所彈詆罷而獨居禪林著禮書將有所迎而希也嗟乎先生先人秉憲爲大夫家世祿先生知長沙爲大府罷歸不兩祀身死幾不能殮骨未寒而三子已寄舍於他人矣涅者固如是乎火烈民畏故鮮死萑苻盡殺子太叔之不猛也芟根薅植嘉禾何病於嚴哉當長沙之覲旹當軸者以書畀先生先生疑其薦已也懷之不達及罷啟書果然使推官建寧會寧藩變先生提兵壁分水關院史以鄉試役檄府長及先生先生移書幷縮長令城守再三拒院檄勿往即得罪勿顧爲御史得謫則以慈壽太后及肅皇帝兩宮故批逆鱗即此三事其

志不在榮進也審矣拂之於顯然之章奏而顧迎且希於不可必達之故紙迎且希者固如是乎先生之學與行仕與處其美不可殫述大約爲人所疑與信則如此噫一疑之一信之彼從其疑我從其信亦足稱賢矣乃不得與概無可信者一食於鄉之賢殆十有二年先生存時往往語其徒曰吾子孫無顯者而顯者之先吾所知也吾死愼勿隨世俗爲鄉賢舉聞者志之嘗怏怏一日越中薦紳曁家大人以先生卽不樂於校未必不樂於社祀於社吾輩力所易爲也議始倡和者響應都穎上言遂撤已所居旁舍四楹徙置禹跡寺西林實先生舊著書所以祠先生陳按察鵠胡通參朝臣奔丞督率助貲者衆祠旬日告成門以二重垣徑畧備潔牲卜吉治主以升鼓吹道周國人喜躍以某職史也宜書某始見先生時未知學也旣稍從事於學而

先生已歿歿而嘗追師之竊比於聶兵部事新建之義於是舉也誠快之書其敢辭考之古功德與言立有一焉則祀於國而今先生居其二昌黎曰鄉先生釣於某水游於某樹某丘其可指而樂者有三則宜祭於社而今先生獨苦於學其三可指而樂者未嘗居一顧不即祀於國而亟祀於社也於法雖有遺亦從我之信以俟夫疑者之久而自信云爾於是謹書其舉事始終之歲月與鳩工之人祠始於萬曆二年二月之朔越十五日而成又五日而主以入鳩工者爲里人王煉先生名本字明德別號彭山以進士仕推官召拜御史謫歷縣佐長起爲禮部郎中再謫歷府佐止長沙知府助貲者例得書於碑之陰爲作歌曰修篁兮叢枝黄熊子兮招提湘潭兮牧長解佩組兮言歸依短簀兮長席載六籍兮以卑栖凭管毫兮杵杵惟以遺兮將來

滌日月之逾幾靈冉冉其何之祠靈兮享靈非他人兮吾儕靈之來兮總總挽北斗兮乘箕中參差兮延佇勞騁望兮何如

宋蘭亭石柱銘　全祖望　國朝人　以下

姚江黄子曰古蘭亭在崇山下其去今亭二里而遥皆爲農人墾之成田顧流觴之跡隱隱猶存明萬歷中徐貞明立石柱以表之余因黄子之言嘆曰是亭之遷徙多矣水經注之所志初在湖口繼移水中已而移於天柱山上山在湖南百年之中三易其地而自劉宋以至趙宋其興廢不知又幾度顧不可攷若以天柱山之道案之其去今亭三十里而唐人蘭亭聯句詩已明言非故址然則是石柱者宋蘭亭非古蘭亭也蓋自天水諸君嗜翰墨始有天章寺以護此亭開慶以後吾家三世連戚畹一慈憲夫人一福王妃終之以仁安王后而先太師徐公之塋賜葬於斯故邀恩命

以天章寺旁地盡賜先少師益嘗包亭而有之至元甲午東平王侯按越以爲是乃永和修禊之地而反闕然欲於其地築祠以祀右軍其時先少師託脊疾杜門已久王侯以書來先少師命其子即以亭址入官乃置書院設山長以招諸生河南狄甲繼侯至其肖右軍之像適成於三月之元巳遂修曲水故事人探一韻剡源戴氏爲作游蘭亭序者也其後楚人湯垕爲山長復修其祠并爲疏山麓之淤水重摹石本蘭亭於壁而浚墨池焉剡源爲作臨池亭記者也蓋是時亦皆誤以爲古蘭亭闕是以還暨於明之嘉靖且二百年而宋蘭亭又被遷其遷也視昔爲近而崇山之趾已莽爲蔓草之場斜日荒烟樵牧之徒躑躅其間僅此石柱兀然無恙蓋陳迹之消沉者多矣抑聞宋之初亡也戊寅六陵之難遺民鬼戰嗚咽流泉護雙經於竺國在斯

寺也其時先泉翁尚未遷杭其於唐林諸公固吟伴也冬青之地主卽在吾家而今總覓之能徵矣泉翁乃卽少師之從弟然則過斯杜也不知者徒屏營太息追溯右軍之高風而不去而余則又加以先業之感懷焉是不可以無述也乃勒其詞於柱更爲詩以系之其詞曰

永和暮春山南九日祓水潭潭相與嗚咽白石可爛吾銘不滅

子劉子祠堂配享碑　全祖望

子劉子正命踰百年有祀典而無特祠大府方宜田涖浙以爲言時予方主蕺山講席謂是故子劉子學舍也其生前嘗自稱蕺山長則祠之莫良於此且合乎古之祭於先師者乃重新其堂奉栗主焉祠成帥諸生行釋菜禮因議配享諸高弟子顧其弟子之見於遺書者甚多蓋殘明講學卽以爲聲氣之藉未必

皆眞儒勿敢濫也若其後人所稱爲弟子者又多不審如劉公順理熊公汝霖皆非受業者而濫列之乃諦定其學行之不媿師門者三十五人再傳弟子一人或反不甚爲世所知者乃甫三月而予去先是宜田欲予校定子劉子諸遺書因幷撰蕺山講堂小誌至是不果則有覓因予之去妄芟去其中數人者諸生以爲恨請予志之石以存之乃仿家語弟子行之例撮其大畧爲文一通存之祠中以志見知之統三十五人者曰海鹽吳先生麟徵字磊齋甲申殉難忠臣也詳見明史初磊齋未識子劉子一夕夢中聞其誦文信公山河破碎之句醒而訪之及見子劉子講學都門因問業磊齋死國諸弟子私相語曰妖夢得無及先生乎盍請先生志墓以禳之子劉子流涕曰固應及耳何禳之有不一年難作曰順天金先生鉉字伯玉甲申殉難忠

臣也詳見明史伯玉之學頗近禪宗雖累論學於子劉子不甚合也而子劉子以其人雅重之曰山陰祁先生彪佳字虎子乙酉殉難忠臣詳見明史祁氏世爲巨室藏書甲浙中寓山園亭之盛甲越中虎子少年豪士也自從子劉子折節心性之學乙酉子劉子絕食會名王聘六遺臣子劉子暨虎子並豫焉虎子死子劉子已困不能語聞而張目頷之曰海鹽彭先生期生字觀我丙戌贛州殉難忠臣也曰會稽章先生正宸字格菴詳見明史子劉子夫人之姪首從學偁山格菴崇尚氣節不甚講學力行者不在口說也六遺臣之聘格菴豫焉逃去起兵事敗行遯爲僧曰潤州葉先生庭秀字潤山詳見明史子劉子長京兆時方爲推官因問學丙戌官閩中至侍郎事敗爲僧以憂死曰山陰何先生宏仁字書臺在證人講社中最深造予今求其書

未得見也丙戌以後行遯如格菴然實令終而江右魏禧志其事以爲死節謬也書臺以故侍御入桃源完節而終何必死乃足重乎别有辨曰關右董先生標馮恭定公弟子也晚官兵馬司使始從子劉子受業讀其問畣醇如也甲申前卒以上八先生皆執弟子之禮而子劉子則但以朋輩待之者如蔡季通例故有疑祁虎子章格菴非受業者謬也曰山陰陳先生堯年字敬伯會稽章先生明德字晉侯山陰朱先生昌祚字綿之服勤於子劉子最久者也敬伯居石家池在蕺山右子劉子開講首在其塾黨禍之烈也子劉子之子貞孝君汋尚少託之敬伯曰子吾之王成也而明德爲格菴羣從白馬山房之會陶石梁弟子多異說明德闢之力綿之居卽在蕺山下其解吟軒子劉子講堂也朝夕不離杖履所造甚邃今軒爲比邱尼所據予傷之

欲贖之歸書院中不果曰餘姚王先生業洵字士美陽明先生之宗也梨洲黃氏嘗言子劉子開講石梁之徒三及吾門欲摇其說左右師席者士美元趾與予三數人則士美亦證人之功臣也四先生皆以甲申前卒曰海寧祝先生淵字開美乙酉殉難義士也詳見明史開美受業歸卽死國贈檢討曰會稽王先生毓耆字元趾乙酉殉難義士也詳見明史贈檢討元趾先嘗學於倪文正公曰山陰潘先生集字子翔乙酉殉難義士也曰諸暨傅先生日炯字中黃丙戌殉難義士也曰武進惲先生日初字遜菴嘗上書申救子劉子其風節近開美丙戌以後累至山陰哭祭爲之行狀幾十萬言獨於子劉子所言意爲心之所存有未然者故行狀中畧之嘗爲梨洲黃氏詰難晚披緇頗以嗣法靈隱爲世所譏然其人終屬志士也曰西安葉先生敦艮

字靜遠篤行君子也予嘗謂三衢學者徐逸平稱楊龜山大弟子是程學徐徑畈稱湯晦靜大弟子是陸學而靜遠則子劉子大弟子堪鼎足旣棄諸生能昌子劉子之教於里塾曰慈谿劉先生應期字瑞當子劉子稱其靜密丙戌後以憤死曰山陰張先生應鰲字奠夫服勤於子劉子最久者也南都匆匆宵人倘赫奕邸舍作承平態子劉子罷獨蕭然奠夫一人侍之其人篤實自修之士也在南都作中興金鑑欲上之不果丙戌後嘗嗣講山中曰會稽董先生瑒字无休故倪文正公弟子也有高行晚披緇然有託而逃稍與惲遜菴不同老壽手輯子劉子遺書曰山陰戴先生易字南枝遺民中之奇者其葬吳人徐枋事最爲世所稱然莫知其爲子劉子門人也予晚始知之乃表而出之曰鄞華先生夏字吉甫王先生家勤字卣一皆由敬伯來講

堂歸而築鶴山講舍以昌明子劉子之教吉甫通樂律亘一精於禮卓然不與先儒苟同乙酉起兵叅江上事戊子二先生謀再舉不克同死之曰餘姚張先生應曄乙酉之夏子劉子絶食應曄勸以擁諸藩起兵子劉子謝以事不可爲曰然則是降城亦非先生死所也子劉子瞿然曰子言是也遽出城于過姚江求所謂張先生後人莫有知者然卽此一言不媿爲子劉子之徒矣曰會稽趙先生甸字禹功少極貧學術以養親藝絶工時稱爲趙孝子長而游子劉子之門得其學丙戌後有高節隱於緇時賣畫以自給世所稱壁林高士畫者也晚講學偁山子劉子少讀書地也曰慈谿張先生成義字能信有異才丙戌後行遯畢生不返莫知所終曰蕭山徐先生芳聲字徽之通兵法其論學則亦徵於師門有轉手者曰仁和沈先生昀字甸華獨行

之士曰海寧陳先生確字乾初畸士也說經尤諤諤詳見梨洲黃氏所作墓志曰山陰周先生之璿字敬可世勛籍證人之會或以敬可爲右班官子弟忽之不知其苦節過人也子劉子殉節敬可負其遺書與貞孝同避兵中塗累爲邏者所厄敬可流離播遷謂貞孝曰死則俱死不負吾師以生而貞孝護髮未薙敬可曰事急矣詭與貞孝披緇於興福寺事定歸家則田宅盡爲人所奪遂無一壓或勸訟諸官敬可曰吾不忠不孝投死他鄉何顏復搆獄於官府與惡少共對簿遂寄食於貞孝家以死無子曰諸暨陳先生洪綬字章侯其人以畫名且以酒自晦而其中有卓然者子劉子深知之蕺山弟子元趾與章侯最爲畸士不肯帖帖就繩墨元趾死章侯不死然其大節則未嘗有媿於元趾故予定諸弟子中甚有負盛名而不得豫配享而獨於

章侯有取焉詳見予所作傳以上二十三先生皆卓然可傳於後者若餘姚三黄先生宗羲宗炎宗會同受業子劉子之門其所造各殊而長公梨洲最大予爲作墓碑甚詳次公晦木子亦有墓表澤望則見予所作縮齋集序而梨洲之徒有曰鄭萬先生斯選字公擇其父戸部郎中泰故嘗游子劉子之門公擇兄弟並從黄氏稱私淑其最有功於子劉子之遺書偕梨洲而左右之者曰公擇純篤邃密故吾於子劉子之再傳不能遍及而獨舉公擇者以遺書也若子劉子之子遯齋即所謂貞孝君者也則梨洲所作墓志備矣雖然諸高弟之死不過六十年而山中講堂其誰爲誠意三關之學則亦無有乎爾矣諸生登其堂能無汗出浹背也耶

案餘姚邵廷采思復堂集中有劉門弟子傳序而其尾署云傳

未刻則未知此傳尚有藏本與否惜不得見矣序中引劉忠介語云此乾坤何等時我輩猶從容講學所謂不知人間羞耻者也觀此可以知忠介之志不徒以理學名又下文引陳洪綬句云但得君父心可升先生堂乃知全太史之有取於章侯亦非無據邵以古文名家其家學原本於錢緒山德洪故劉子各傳外又有陽明王子及王門弟子諸傳其生平言行見大興故學士朱名筠所撰墓表凡此皆有關於越中學派謹附識於劉子

配享碑後

靈濟廟碑　胡天游

郡北三十里三江口外抵大壑空洞無極山陰會稽蕭山三縣水所歸膕吭然㕑堵立帶束衝波決輸明太守成都湯公紹恩爰始建作越荒於夏浸於春秋龍虵狎而鯢鮒鄰實不遑食與

處東漢永和中馬臻導鏡湖以救民病縣乃多可田其後唐觀察使皇甫政闢陡亹地亦以行水明戴侯琥復於郡西偏築長山茅山扁拖爲三牐通江時啓洩備乾潦水沈於越者雖少殺然患猶未息久之公由德安更守來首相土勢謂導水若驅大敵行軍師然非握款中害不可終勝鑿道於山夾爲石關然不可撼久以有截引其咽喉委順腹腸自是三縣之民戶相慶不禍於水而歆穜時入爲利者溥矣初公在娠公父山西方伯夢越人耆無算咸言被公恩奔丞來謝旣降因以命之名及壯果仕其地爲越世世保庸牐捽跻堅岸蒼龍夭伸啓門二十八懼久遠水族物怪或侵毀復刻經星宿像以厭之霖雨盛潴川湖渤滃守者抉其門以奪其暴百流會洶眈眈下馳雷轂漂翻礮丞弩駛士女駢觀舳艫塡聯指顧遺德謳思不忘方夫公之始

營強奸猾豪譖沮浮謗賕胥儒僚利害懃悚毅發不易以究有功公之既去民於祗所爲廟凡水作郡官必往祈祈勿虔門卽啟而水如故歲辛丑既爵公神以侯號曰靈濟於是祀愈重廟愈肅民奔丞者愈多公之功距二百年而亦愈爲烈知其後之無窮來者毋以妄易也乃爲詩授巫使歌焉迓樂神以馨祀事

先於康熙四十一年壬午賜封湯公寧江伯 此云爵神乃宋雲棲（？）文之不覈往往如是

其詞曰

旭旭烈武。侯湯所舉。天則啟是。俾以民毋後來厥初其績有序。護勞嗟艱。取若子煦。民之皇矣。游於魴鱮。水方族驕。沈竈漂臼。侯度以平。任作相土。無沃無備。用勇自討。觀其流泉載區載處。丑艮之扼。破拔峿岨。槽之溝之。既祉既禱。通假路戶。聚下從所。礱石土木。金以斛鍱。輿於百堵。沓沓滸滸。時蠢爾成。皿其黑猶。侯僚來觀。羣用憮詡。蜚蝱雄雉。百足連拙。過其外洪。大櫓在國。

出其窟窿轄汝歸與。侯之作兮。潮波是去。海宮濤靈。侯合右左。
渤潏隱印。滄茫之浦。尾閭北南。帶方明組。侯司侯宣。侯席侯有。
侯宮崇虩。朱闔畫府。秩秩匽匽。列刻鹿虡。嬰鈴布環。烹鴈羞酒。
毛純毛柔。刉珊牢牡。精祈精瘞。璆冕舞鼓。侯穆降止。膢間盼靈。
飛蚴雨驂。旛旝蚪蟉。前導江伯。水君乘馬。珥虵赤青。八踵龍首。
黿鼉蛟蚤。曲牙甲爪。腹豚鼻象。鯖鯢妾剖。獵傑紛靡。師翼庭伍。
侯醉具喜。神儀雅雅。元袞元玉。鐵驪駊騀。旝旑髿髮。雷此靈璅。
軨軨鑾鑾。或磔或掊。貽我稻黍。釜倍升畝。朱綵在予。以鮮且飽。
冰犀豹獐。孰爲賢瘉。侯壽無期。祝爾終古。

越王崢歐兜尊者道場銘　胡天游

粤若天犧渡漢，元樞運軸之初；遁甲開山，大禹承珪之朔。尾閭南北，巨壑以交；波潚壁春秋，文身而共穴；五百艘之竹箭未上秦溼三千界之銀光但搖周殿詎復梦陀縣湧寶香開微妙之樓優曇逆薰金粟敞淸涼之地五明勝士於此敷衣十地應眞言來置鉢越州越王崢者蓋句踐保拒之遺也自昔履亡樵李則怨切魚門井溢夫椒則形危獸角五千甲楯先窮會稽之棲二萬習流未極姑胥之燄殺龍虵而祀川嶽刑牛馬而祭昆吾星漢虹蜺河梁雨雪玉門之策旣泯紫宮之運屢遷熊羆臥壘斷絕烽煙虵鳥環陴淒迷陣氣乃有阿育神王華首尊者東揚行化震旦流慈兼十香象力以宏風現一栴陀身而說法入屠羊之肆卽是梵天役辟虵之靈便開蘭若斯地也孤雲一握則峻盡岐陽赤木七盤則危傾棘道銀猿絕壁斜俯輕雷朱鳥春窗旁懸列宿秦皇風雨望羅刹之鞭驅海若波濤驗蓬萊之上下雲圍寶堞參差飛瑪瑙之光林鎖紺堂高下鬱多羅之色乃

若安居上刹巖護雷音清淨涅槃河凋香樹則金山不壞瑞相常存恒勝舍利貯八金之壙無事羅綿殉難支之塔四文回向三界皈依蓋夫久也所從來矣至如願力長存神通希有廬山扁竹於此復聞吳女殘魚方斯非儷泉隨杖扣無煩疏勒之刀井應潮來便等楊枝之咒熾然大寶縮以不虛耆瓷仙人戲而難攝可為邈矣獨宏最然無際者也是使文殊童子拜問三摩末利夫人祈參七會聚龍華而滿願捨象寶以咸歸互炳心燈恒銷息葉慈堂宏啟覺岸遙登轉法輪於微塵悲露漚於彈指何年電火雨兵已散於空花今日雪山遺鏃更生乎藥草修羅見池之水合功德而成流提桓肯樹之林挂珠瓔而不落銘曰大道元接真人盛宏如斯鹿主譬彼醫工戲化渺迹誘攝何踪無相有相非空即空騰猿落箭駭象摧鋒圓如定鏡徧似風旌

地平怨壘山啟祥峰巒浮晚碧花笑春紅瑤枝桂殿紺葯蓮宮
玉露甘葉金蜂吹叢無兵洗雨有鐸吟風營沈萬馬天環八龍
刹翔銀鴿幡舞珠虹雪傾崖瀑雲屯石墉月窺蘿沼煙結霜松
神山遥望游臺幾終靈英何處還來故雄

說

鑑湖說上　宋王十朋

東坡謂杭之有西湖猶人之有眉目某亦謂越之有鑑湖猶人之有腸胃二湖之在東南皆不可以不治而鑑湖之利害尤重昔東漢太守馬臻之開是湖也在會稽山陰二縣界中周圍三百五十餘里溉田九千餘頃湖高田丈餘田高海丈餘水少則泄湖歸田水多則泄田歸海故會稽山陰無水旱之患自漢以來更六朝東西晉隋唐五代錢氏下有餘年民受其利至國朝

之興始有盜湖爲田者然其害猶微盜於祥符者一十七戶至慶歷間爲田四頃當時三司轉運司猶切責州縣使復田爲湖自是而後官吏因循禁防不謹侵盜愈多至於治平熙寧間盜田者八千餘戶爲田七百餘頃而湖寖廢矣然官未嘗不禁而民亦未敢公然盜之也政和末有小人爲州內交權幸專務爲應奉之計遂建議廢湖爲田歲輸所入於京師自是奸民豪族公侵強據無復忌憚所爲鑑湖者僅存其名而水旱災傷之患無歲無之矣今估湖爲田二千三百餘頃歲得租米六萬餘石官吏徒見六萬石之利而不知九千頃之害縱知九千頃之害而不知湖廢其害不止於九千頃而已也蓋鑑湖之開有三大利廢湖爲田有三大害夫之大水大旱不常有也至小水小旱何歲無之自廢湖爲田雨稍多則田已淹沒晴未久而水已竭

矣議者以爲患雖及九千頃之田而公家實受湖田六萬石之
入嗚呼何不思之甚也夫有災必訴訴必檢檢必放得湖田之
租失常賦之入所得幾何失常賦而以區區之湖田補之猶可
也九千頃之民田所失不可勝計又何以補之耶王者以天下
爲家所入亦廣矣豈利六萬石之入而以病民耶况湖田在今
日暫有所入而他日亦將同九千頃而病矣湖盡廢則湖之爲
田者其可耕耶今之病水旱者不獨九千頃之田也雖湖田亦
告病矣無湖則九千頃之膏腴與六萬石所入之田皆爲黄茅
白葦殘人何以爲生六萬石又何從而入耶此其爲大害一也
鑑湖三百五十八里之中蓄諸山三十六源之水雖遇大潦而
水不爲病者以湖能受之也今廢爲田三十六源之水無吞納
之地萬一積雨浸淫洪流滔天水無所歸則必有漂廬舍敗城

郭魚人民之患嘗聞紹興十八年越大水五雲門都泗堰水高一丈城之不壞者幸也假令他日湖廢不止於今而大水甚於往歲則其爲害當如何此廢爲田其大害二也自越之有鑑湖也歲無水旱而民足於衣食故其俗號爲易治自東都以來守會稽令山陰者多以循吏稱見於史傳者不可一二舉也非必昔之守令皆賢也蓋民居樂歲之中家室溫飽其爲善也甚易比年以來獄訟繁興人民流亡盜賊多有皆起於無年之故去秋災傷致訟山陰會稽尤多非昔之民皆善良今之民皆頑鄙也禮義生於飽煖盜賊起於饑寒其勢然耳此廢湖爲田不獨耕者受其病獄訟盜賊皆此之由其爲大害三也自祥符慶歷至今建復湖之議者多矣而湖卒不可復非湖之不可復也異議者有以搖之也異議者得以搖之亦建議者之未能深究夫

利害焉耳建議者曰湖廢則九千頃被害不可不復異議者曰九千頃雖被害而常賦不失以湖爲田而官之利爲多此建議者卒奪夫浮議之口使灼然知三大害以折異議則復湖自不可已也

鑑湖說下　前人

廢湖有三大害固矣然亦有三難揺於異議一也工多費廣二也郡守數易三也今之佔湖爲田者皆權勢之家豪強之族也侵盜已久一旦欲奪而復之彼必游談聚議妄陳利害曰勞民也費財也失官租也有科率之擾也無積土之地也爭爲異說以沮害官吏方墮於因循苟且之習復爲有氣力多口舌者之所動移而欲冀成功能乎此揺於異議一難也昔人嘗計濬湖之功矣曰役五千人浚至五尺當十五歲而畢此張伯玉之說

夫用功如此之多歷年如此之久其爲費何如今不浚湖而財用猶不給況興至大之役有不貲之費耶此工多用廣二難也守令之於郡縣久任乃可以立事況鑑湖之開非一歲一時所能畢今之爲守者或一歲而遂遷或半歲而遽易湖之利害不暇問知與不知不暇治其間慨然有志於開復者功未及施而去期已迫矣後來者所見不同屢變前議以數易之守而欲興浩大悠久之役可乎此郡守數易三難也湖不可不開而厄於三難是終無策以開之耶某切謂欲遏浮議不可不白利害於朝廷如向者經界之行於天下固有不樂其事而動搖之者多矣然經界卒行而民受其利蓋朝廷主之則事無不成者況一鑑湖耶異議者不過曰勞民費財耳夫勞民費財於無用不急之務則不可鑑湖謂之無用不急可乎自湖之費也歲多災傷

細民艱食今於農隙募民浚治官出財民出力兩有所利民雖勞而不憚財雖費而不虛矣彼又曰官失湖田之租民有科率之擾夫鑑湖之開千有餘歲矣昔無湖田之租國不以不足爲病豈今日獨少此耶況湖復而民利興常賦不失民無凶荒之訴官無檢放之煩較其所得與今孰多至若錢米之費一出於官而不取於民竹木之具雖資於民而盡酬其直胥吏有從而擾民者則嚴法以治之尚何科率之擾耶人多謂湖可開而土無所歸昔吳文長常論之矣今湖之側曠地固多擇其利便隨其遠近積泥塗以爲丘阜非所患也沮浚湖者不過數說而皆有以折之尚何浮議之足恤耶謂日役五千人浚至五尺十五歲而畢者蓋通三百五十里之間而計之也某謂今之浚湖未能舉三百五十里而盡復之自熙寧以來建議者立兩存之說

有牌內牌外之限今牌尚存而牌內亦盜而爲田矣爲今日計當先復牌內之湖其用工固有間自牌以外以漸治之可也所費之財自本府經畫外又當請於朝乞湖田所入之米以爲雇工興役之費朝廷損六萬之米不爲多湖得此以辦事則沛然有餘矣復湖必遲以歲月之久有久興之役無久任之官以主之則異議一搖久必中輟又當請於朝置開湖一司於越命守倅帶提舉主管之職如勸農學事之類又命二知縣分董之舊日會稽山陰知縣皆帶提舉鑑湖事守既職其事則必任其責雖遷易不常而後來者不得不繼非其術同職使然也又倅終任以管其事令終任以董其役則責譴有所歸命監司督察俟湖成之日凡主其事董其役者皆次第加賞如是湖不患其不復也昔論復湖之利害者多矣莫如曾子固子固之言曰謂湖

不必復者曰湖田之入饒矣此游談之士爲利於侵耕者言之也使湖廢則湖田亦旱矣謂湖不必浚者曰益隄壅水而已此好辨之士爲樂聞苟簡者言之也以地勢較之壅水使高必敗城郭矣二者既不可用而欲禁侵耕則有蔣堂賞罰之法矣欲謹蓄泄則有杜杞啟閉之法矣欲痛絕佃者則拔其苗責其力以復湖而重其罰又有杜杞之法矣欲知浚湖淺深爲工幾何爲日幾何增隄竹木之費幾何使之安出伯玉已計之矣誠能收衆說而考其可否在我潤澤之則何功不可成何利不可復子固昔倅越知鑑湖利害爲長故并記其畧有能舉行子固之言而不棄某之兩說則湖庶乎可復不然則姑存以俟馬臻再生可也

議

復鑑湖議　宋徐次鐸

次鐸竊見會稽山陰兩縣之形勢大抵東南高西北低其東南皆至山而北抵於海故凡水源所出多自西東南今衆流所聚者曰平水溪曰上竈溪曰攢公溪曰寵瑞宫溪皆在會稽曰蘭亭溪曰南池溪曰離渚溪皆在山陰其他一派一坑所出總之三十六源當其未有湖之時三十六源之水蓋西北流入於江以達於海自東漢永和五年太守馬公臻始築大隄瀦三十六源之水名曰鏡湖隄之在會稽者自五雲門東至於曹娥江凡七十二里在山陰者自常禧門西至於西小江凡四十五里故湖之形勢亦分爲二而隸兩縣隸會稽曰東湖隸山陰曰西湖東西二湖由稽山門驛路爲界出稽山門一百步有橋曰三橋橋下有水門以限兩湖湖雖分爲二其實相通凡三百五十有

八里灌溉民田九千餘頃湖之勢高於民田田高於江海故水多則泄民田之水入於江海水少則泄湖之水以溉民田而兩縣及湖下之水啟閉又有石牌以測之一在五雲門外小凌橋之東今春夏水則深一尺有七寸秋冬水則深一尺有二寸會稽主之一在常禧門外跨湖橋之南今春夏水則高三尺有五寸秋冬水則高二尺有九寸山陰主之會稽地形高於山陰故曾南豐述杜杞之說以爲會稽之石水深八尺有五寸山陰之石水深四尺有五寸是會稽水則幾倍山陰今石牌淺深乃相反蓋今立石之地與昔不同今會稽石立於瀕隄水淺之處山陰石立於湖中水深之處是以水則淺深異於曩時其實會稽之水嘗高於山陰二三尺於三橋閘見之城外之水亦高於城中二三尺於都泗門閘見之乃若湖下石牌立於都泗門東會

稽山陰接壤之際春季水則高三尺有二寸夏則三尺有六寸秋冬季皆二尺凡水如則乃固斗門以蓄之其或過則然後開斗門以泄之自永和迄我宋幾千年民蒙其利祥符以來並湖之民始或侵耕以爲田熙寧中朝廷興水利有盧州觀察推官江衍者被遣至越訪利害衍無遠識不能建議復湖乃立石牌以分內外牌內者爲田牌外者爲湖凡牌內之田始皆履畝許民租之號曰湖田政和末郡守方侈進奉復廢牌外之湖以爲田輸所入於少府自是環湖之民不復顧忌湖之不爲田者無幾矣隆興改元十一月知府事吳公芾因歲饑請於朝取江衍所立石牌之外盜爲田者盡復之凡二百七十七頃四十四畝二角十二步計工度量先從禹廟後唐賀知章放生池開濬百餘日訖工每歲期以農隙用工至農務興而罷然次鐸出入阡

陌詢父老面形勢度高卑始知吳公未得復湖之要領夫爲高必因丘陵爲下必因川澤豈有作陂湖不因高下之勢而徒欲資畚鍤以爲功哉馬公惟知地勢之所趨横築隄塘障捍三十六源之水故湖不勞而自成歷歲滋久淤泥填塞之處誠或有之然湖所以廢爲田者非直以此也蓋以歲月彌遠湖塘既寖壞斗門堰閘諸私小溝固護不時縱閉無節湖水盡入江海而瀕湖之民始得增高益卑而盜以爲田使其隄塘固堰閘堅斗門啟閉及時暗溝禁窒不通則湖可坐復民雖欲盜耕爲尺寸田不可得也紹興五年冬孝宗皇帝靈駕之行府縣懼漕河淺涸盡塞諸斗門固護諸堰閘雖當霜降水涸之時不雨者踰月而湖水僅減一二寸湖田被浸者久之訖事決隄開堰放斗門水乃得去是則復湖之要又較然可見者也夫斗門堰閘陰溝

之爲泄水均也然泄水最多者曰斗門其次曰諸堰若諸陰溝則又次焉今兩湖之爲斗門堰閘陰溝之類不可殫舉姑以其著者言之其在會稽者爲斗門凡四所一曰瓜山斗門二曰少微斗門三曰曹娥斗門四曰蒿口斗門爲閘者凡四所一曰都泗門閘二曰東郭閘三曰三橋閘四曰小凌橋閘爲堰者凡十有五所在城內者有二一曰都泗堰二曰東郭堰在官塘者十有三一曰石堰二曰大埭堰三曰皋步堰四曰樊江堰五曰正平堰六曰茅洋堰七曰陶家堰八曰夏家堰九曰王家堰十曰彭家堰十有一曰曹娥堰十有二曰許家堰十有三曰樊家堰其在山陰者爲斗門凡有三所一曰廣陵斗門二曰新逕斗門三曰西墟斗門爲閘者凡三所一曰白樓閘二曰三山閘三曰柯山閘爲堰者凡十有三所一曰陶家堰二曰南堰皆在城內

三日白樓堰四日中堰五日石堰六日胡桑堰七日沉釀堰八日蔡家堰九日葉家堰十日新堰十有一日童家堰十有二日賓舍堰十有三日抱姑堰皆在官塘兩縣之北又有玉山斗門八間曾南豐所謂朱儲斗門是也去湖最遠去海最近地勢斗下泄水最速其三間隸會稽五間隸山陰若其他民各於田首就掘隄塍爲諸小溝泊古諸塘溝及他缺穴之處難徧以疏舉大抵皆旁泄湖水處也吳公釋此不察猥斤斤從事於開濬之末誤矣故吳公所開湖才數年皆復爲田暨於今或歲輸所入於官或爲慈福宮莊田及蕩地歲輸所入於莊或爲縣公田及蕩地歲輸質值於縣爲應辦用度錢或爲告成天長千秋大禹等寺觀因佃吳給事積土之山而包佃爲田及蕩地故湖廢塞殆盡而水所流行僅有從橫支港可通舟行而已每歲田未告

病而湖港已先涸矣昔之湖本爲民田之利而今之湖反爲民田之害蓋春水泛漲之時民田無所用水而耕湖者懼其害已輒請於官以放斗門官不從相與什伯爲羣決隄縱水入於民田之内是以民常於春時重被水潦之害至夏秋之間雨或愆期又無瀦蓄之水爲灌溉之利於是兩縣無歲無水旱監司府縣亦無歲無賑濟利害曉然甚易知也然則湖其可不復乎道聽途説者方以闕上供失民業爲説是不然夫湖田之上供歲不過五萬餘石兩縣歲一水旱其所捐所放賑濟勸分殆不啻十餘萬石其得失多寡蓋已相絶矣湖之爲田若蕩地者不過餘二千頃耕湖之民多亦不過數千家以二千頃數千家之小利而使兩縣湖下之田九千頃民數萬家歲受水旱饑饉而弗之恤其利害輕重亦甚相遠況湖未爲田之時其民豈皆無以

自業乎使湖果復舊水常瀰滿則魚鱉蝦蟹之類不可勝食茭荷菱芡之實不可勝用縱民採捕其中其利自溥何失業之足慮哉次鐸論載既畢又有援執舊說而詰之曰從子之說不必濬湖使深必須增隄使高且懼隄高壅水萬一決潰必敗城郭子將爲之柰何是又未知形勢利害者也夫水之湍急者其地或隘不能容於是有衝激決溢之患今湖之水源不過三十六所而湖之廣餘三百里以其地容其水裕如也況自水源所出北抵於隄及城遠者四五十里近猶一二十里其水勢固已平緩於衝隄也何有且隄之去漢如此其久是必有虧無增今誠築隄增於高者二三尺計其勢方與昔同昔不慮其決而今顧慮之何哉

冬青義士祠祭議與紹守杜君 全祖望 三首錄二以下國朝人

六陵之事尚有所商蓋唐林故祠在攢宮旁季彭山以爲尚應有王修竹乃本之張孟兼則多其一黄梨洲以爲尚應有鄭朴翁謝皋羽則又多其二萬季野續攷之以爲尚應有癸辛襍志之陵使羅銑則又多其一羅事雖似不與唐林宿相謀而其義則同不可謂非一體也況周公謹言羅殮孟后時一老翁得后釵皋羽明有古釵嘆以紀其事則非不相謀者是固前人所未及之證佐也故當合而稱之曰六義士祠若章祖程引厓山志以爲尚有余則亮乃無稽之言余則亮者政和人余應也明洪武中曾官留守司知事卽賦皇宋第十六飛龍以志庚申君遺事者也其人在政和蓋稱宿儒圖經中有傳可攷而相去八十餘年隔絶三朝其時不與唐林接則於六陵事定無豫且祖程引厓山志以爲據是書予家有之然並無此語故詳見其誣也

今執事但增修竹以下三人而不及陵使愚尚以爲闕也當時同事自尚多人以趙東山之語可想見也今其幸傳於世者不當失之若其祠址既不復在攢宮愚以爲可移之天章葢天章冬青之跡亦久湮沒寺僧甚陋幾莫知爲鳳巢龍穴之所在矣宜立穹碑以表之而祀六義士於寺中以存其地不當在城內也聞執事欲移六陵祀典於天章而大吏格之是在黃耒史固嘗早有此言然大吏亦未爲非也葢國家命祀祗據正史不以稗野之言改移是乃定例況穆陵遺顱明祖返之攢宮則固未可改置故不若移六義士之祠則兩得之耳其中又有宜論定者宋之蘭亭在天章王厚齋之言可据也今之蘭亭亦在天章然而宋蘭亭非今蘭亭相去幾二里則今之天章亦非宋之天章也葢天章在元末爲火燬明永樂六年浮屠智謙始重建之

其遷地當在是時然則前此唐林之舉其在舊址無疑也故祠或不得已而寄於今之天章若碑則當立於舊址姚江黄耒史物色冬青於今之天章不得而痛心於浮屠之劉其踪跡甬上萬西郭亦主其説所謂刻舟而求劒者矣

冬青義士祠祭議二與紹守杜君　前人

冬青之役王修竹鄭樸翁確然同功者也羅陵使亦必不可遺者也獨謂謝皐羽有陰移冥運之功此出楊廉夫臆説愚初亦誤信之而今始知其妄夫欲審皐羽之同功與否先當定發陵之年羅雲卿作唐雷門傳以爲戊寅周公謹志以爲乙酉宋景濂從公謹乃其於元史又先一年以爲甲申則已自相矛盾故續綱目從雲卿若以皐羽之詩合之知君種年星在尾則雲卿之言是也近人邵廷釆疑以爲戊寅乃少帝元年蒙古不應竟

無顧忌若此因以爲乙酉而冬青引不可解則姑闕之不知南渡之初汴陵已自不保況厓山彈丸豈爲敵之所䘏是眞迂儒之言不足辨也發陵既在戊寅則其時文丞相未死皐羽甫從前一年辭而東歸西臺慟哭記所云別公漳水湄者是也祥興初元皐羽尚徘徊嶺嶠亦安得由閩而浙深入東越豫於冬青之役此不辨而可知其非者也蓋宋亡之後據韶父所言則皐羽避地甌括閒四年其後以癸未始入吳以丙戌始入越卽記中所云哭文公夫差之臺與越臺是也是時始聞有冬青之事而感賦之故讀其文亦自是局外記事又屬追溯之語知君種年星在尾則已之不豫可知矣其爲追溯又可知矣是時壽山已歸東嘉故皐羽頻有詩寄之是則就皐羽之言以證皐羽而可以了然者楊廉夫之言妄也況皐羽以其子粗達世務始棄

家出游終身不返癸未皐羽年三十五計其子可冠始出游耳戊寅非其時也以棃洲之精覈且爲其所惑野公爲皐羽作年譜固知不能辨及此然則皐羽之祀亭當去乎曰是又不然皐羽之大節宋末爲最卽白衣而拜靈禽之下亦足千古附之唐林之後未爲不可但不當以爲共事者以其年攷之有不合也天章古跡既已斷沒則今日立碑之舉尤不可緩恐亦是雷門諸君之所深望者

記

適南亭記　宋　陸佃

會稽山川之秀甲於東南自晉以來高曠宏放之士多在於此至唐餘杭始盛而與越爭勝見於元白之稱然山川之勝殆有鬱而未發者也熙寧十年給事中程公出守是邦公吏師也下

車未幾政成訟清與賓客浴鑑湖上戴山以尋右軍祕監之跡登望稍倦未愜公意於是有以梅山之勝告公者蓋指其地昔子眞之所居也公聞往焉初留佛刹横見湖山一面之秀以爲未造佳境也因至其上望之峰巒如列間見層出烟海相値也已而於山之高層築亭焉名之曰適南蓋取莊周大鵬圖南之義暇日領賓飲而賞焉於是闔州以爲觀美而春時無貴賤皆往又其風俗潔雅嬉游皆乘畫舫平湖淸淺晴天浮動及登是亭四眺無礙恍若登於蓬萊之上可謂奇矣雖然公之美志喜於發揚幽懿豈特貢一山而已凡此鄉人藏道蓄德晦於耕隴釣瀨屠市卜肆魚鹽之間者庶幾托公之翼摶風雲而上矣

書巢記　宋陸游

陸子既老且病猶不置讀書名其室曰書巢客有問曰鵲巢於

木巢之遠人者燕巢於梁巢之襲人者鳳之巢人瑞之梟之巢人覆之雀不能巢或奪燕巢巢之暴者也鳩不能巢伺鵲育雛而去則居其巢巢之拙者也上古有有巢氏是爲未有宫室之巢堯民之病水者上而爲巢是爲避患之巢前世大山窮谷中有學道之士棲木若巢是爲隱居之巢近時飲家者流或登木杪酣醉叫呼則又爲狂士之巢今子幸有屋以居牖戶墻垣猶之比屋也而謂之巢何耶陸子曰子之辭辨矣顧未入吾室吾室之内或棲於櫝或陳於前或枕藉於牀俯仰四顧無非書者吾飲食起居疾痛呻吟悲憂憤歎未嘗不與書俱賓客不至妻子不覿而風雨雷雹之變有不知也間有意欲起而亂書圍之如積槁枝或至不得行則輒自笑曰此非吾所謂巢者耶乃引客就觀之客始不能入既入又不能出乃亦大笑曰信乎其似

巢也客去陸子嘆曰天下之事聞者不如見者知之爲詳見者不如居者知之爲盡吾儕未造大道之堂奧自藩籬之外而妄議之可乎因書以自警淳熙九年九月三日

居室記 前人

陸子治室於所居堂之北其南北二十有八尺東西十有七尺東西北皆有窗窗皆設簾障視晦明寒燠爲舒卷啟閉之節南爲大門西南爲小門冬則析堂與室爲二而通其小門以爲奧室夏則合爲一而闢大門以受涼風歲暮必易腐瓦補罅隙以避霜露之氣朝晡飲食豐約惟其力少飽則止不必盡器休息取調節氣血不必成寐讀書取暢適性靈不必終卷衣加損視氣候或一日屢變行不過數十步意倦則止雖有所期處亦不復問客至或見或不能見間與人論說古事或共杯酒倦則亟

舍而起四方書疏畧不復遣有來者或甬報或守累日不能報皆適逢其會無貴賤親戚之間足跡不至城市者卒累年少不治生事舊食奉祠之祿以自給秩滿因不復敢請縮衣節食而已又二年遂請老法當得分司祿亦置不復言舍後及旁皆有隙地蒔花百餘本當敷榮時或至其下徜徉坐起亦或零落已盡終不一往有疾亦不汲汲近藥石久多自平家世無年自曾大父以降三世皆不踰一甲子今獨幸及七十有六耳目手足未廢可謂過其分矣然自計不昔以方外養生之說初無所聞意者日用亦或默與養生者合故悉自書之將質於山林有道之士云

禹穴記　明鄭善夫

禹穴在會稽山陰昔黃帝藏書處也禹治水至稽山得黃帝水

經於穴中案而行之而後水土平故曰禹穴世莫詳其處或曰即今陽明洞是已又云禹旣平水土會諸侯稽功於塗山尋崩遂葬於會稽之陰故山曰會稽穴曰禹穴至今窆石尚存或然也後二千餘年而司馬遷氏來探書禹穴歸而作史記文章煥然爲百代冠說者謂是山川之助也又後千餘年而晉安鄭善夫氏及山陰朱君節王君琥氏來復探禹穴尋黃帝藏書處乃玩梅梁摩挲窆石覩先聖王遺像得禹穴於菲井之上徘徊瞻眺想其卑宮而菲食爲之喟然興懷夫自禹跡以後三千年間游者不知其幾而惟司馬氏顯此山川之能發爲文章亦惟司馬氏世有不爲文章者於山川何取也自昔至人見轉蓬而造車觀游魚而造舟得河圖而成卦因洛書而作範咸取諸物也余乃今知所取於山川矣

重修山陰縣學記　明王守仁

山陰之學歲久彌敝教諭汪君瀚訓導熊君新劉君鳳鳴以謀於縣尹顧君鐸而一新之請所以詔士之言於予時予方在疚辭未有以告也已而顧君入爲秋官郎洛陽吳君瀛來代復增其所未備而申前之請昔予官留都因京兆之請祀其學而嘗有其說矣其大意以爲朝廷之所以養士者不專於舉業而實望之以聖賢之學今殿廡堂舍拓而輯之餼廩條教具而察之者是有司之修學也求天下之廣居安宅者而修諸其身焉此爲師爲士者之修學也其時聞者皆惕然有省然於凡所以爲學之說其猶未之及詳焉夫聖人之學心學也學以求其盡心而已堯舜禹之相授受曰人心惟危道心惟微惟精惟一允執厥中道心者率性之謂而未雜於人無聲無臭至微而顯誠之

源也人心則襍於人而危矣僞之端矣見孺子之入井而惻隱率性之道也從而納交於其父毋焉要譽於其鄉黨焉則人心矣饑而食渴而飲率性之道也從而極滋味之美焉恣口腹之饕焉則人心矣惟一者一於道心也惟精者慮道心不一而或二之以人心也道無不中一於道心而不息是謂允執厥中矣一於道心則存之無不中而發之無不和是故率是道心而發之於父子也無不親發之於君臣也無不義發之於夫婦長幼朋友也無不別無不序無不信也是謂中節之和天下之達道也放四海而皆準亘古今而不窮天下之人同此心同此性同此達道也舜使契爲司徒而教之以人倫教之以此達道也三代之學皆所以明人倫明之以此達道也當是之時人人君子而比屋可封蓋教者惟以是爲教而學者惟以是爲學也聖人

旣歿心學晦而人僞行功利訓詁記誦辭章之徒紛沓而起支離決裂歲盛月新相沿相襲各是其非人心日熾而不復知有道心之微間有覺其紕繆而畧知反本求源者則又鬨然指爲禪學而羣訾之嗚呼心學何由而復明乎夫禪之學與聖人之學求其盡心也以天地萬物爲一體也吾之父母親矣而天下有未親者焉吾心未盡也吾之夫婦別矣長幼序矣朋友信矣而天下有未別未序未信者焉吾心未盡也吾之一家飽煖逸樂矣而天下有未飽煖逸樂者焉其能以親乎義別序信乎吾心未盡也故於是有紀綱政事之設焉有禮樂敎化之施焉凡以裁成輔相成己成物而求盡吾心焉耳心盡而家以齊國以治天下以平故聖人之學不出乎盡心禪之學非不以心爲說然其意以爲是達道也者固吾之心也吾惟不昧吾心於其中

則亦已矣而亦豈必屑屑於其外其外有未當也則亦豈必屑屑於其內斯亦其所謂盡心者矣而不知已陷於自私自利之偏是以外人倫遺事物以之獨善或能之而要之不可以治家國天下蓋聖人之學無人己無內外一天地萬物以爲心而禪之學起於自私自利而未免於內外之分斯其所爲異也今之爲心性之學者而果外人倫遺事物則誠所謂禪矣使其未嘗外人倫遺事物而專以存心養性爲事則固聖門精一之學也而可謂之禪乎哉世之學者承沿其舉業詞章之習以荒穢戕伐其心既與聖人盡心之學相背而馳日鶩日遠莫知其所底極矣有以心性之說而招之來歸者則顧駭以爲禪而反仇讎視之不亦大可哀乎夫不自知其爲非而以非人者是舊習之爲蔽而未可遽以爲罪也有知其非者矣藐然視人之非而不

以告人者自私者也既告之矣而猶冥然不以自反者自棄者也吾越多豪傑之士其特然無所待而興者爲不少矣而亦容有薇於舊習者乎故吾因諸君之請而特爲一言之

尊經閣記 前人

經常道也其在於天謂之命其賦於人謂之性其主於身謂之心心也性也命也一也通人物達四海塞天地亘古今無有乎弗具無有乎弗同無有乎或變者也是常道也其應乎感也則爲惻隱爲羞惡爲辭讓爲是非其見於事也則爲父子之親爲君臣之義爲夫婦之別爲長幼之序爲朋友之信是惻隱也羞惡也辭讓也是非也是親也義也序也別也信也一也皆所謂心也性也命也通人物達四海塞天地亘古今無有乎弗具無有乎弗同無有乎或變者也是常道也故以言其陰陽消息之

行焉則謂之易以言其紀綱政事之施焉則謂之書以言其詠歌性情之發焉則謂之詩以言其條理節文之著焉則謂之禮以言其欣喜和平之生焉則謂之樂以言其誠僞邪正之辨焉則謂之春秋是陰陽消息之行也以至於誠僞邪正之辨也一也皆所謂心也性也命也通人物達四海塞天地亘古今無有乎弗具無有乎弗同無有乎或變者也夫是謂之六經六經者非他吾心之常道也故易也者志吾心之陰陽消息者也書也者志吾心之紀綱政事者也詩也者志吾心之詠歌性情者也禮也者志吾心之條理節文者也樂也者志吾心之欣喜和平者也春秋也者志吾心之誠僞邪正者也君子之於六經也求之吾心之陰陽消息而時行焉所以尊易也求之吾心之紀綱政事而時施焉所以尊書也求之吾心之詠歌性情而時發焉

所以尊詩也求之吾心之條理節文而時著焉所以尊禮也求之吾心之欣喜和平而時生焉所以尊樂也求之吾心之誠僞邪正而時辨焉所以尊春秋也昔者聖人之扶人極憂後世而述六經也猶之富家之父祖慮其產業庫藏之積其子孫者或至於遺亡失散卒困窮而無以自全也乃記籍其家之所有以貽之使之世守其產業庫藏之積而享用焉以免於困窮之患故六經者吾心之記籍也而六經之實則具於吾心猶之產業庫藏之實積種種色色具存於其家其記籍者特名狀數目而已而世之學者不知求六經之實於吾心而徒考索於影響之間牽制於文義之末硜硜然以爲是六經矣是猶富家之子孫不務守視享用其產業庫藏之實積日遺忘散失至爲窶人丐夫而猶囂囂然指其記籍曰斯吾產業庫藏之積也何以異於

是嗚呼六經之學其不明於世也非一朝一夕之故也尚功利崇邪説是謂亂經習訓詁傳記誦沒溺於淺聞小見以塗天下之耳目是謂侮經侈淫詞競詭辯飾奸心盜行逐勢壟斷而猶自以爲通經是謂賊經若是者是并其所謂記籍者而割裂棄毁之矣寧復知所以爲尊經也乎越城舊有稽山書院在卧龍西岡而荒廢久矣郡守渭南南君元善既敷政於民則慨然悼末學之支離將進之以聖賢之道於是使山陰令吴君瀛拓書院而一新之爲尊經之閣於其後曰經正則庶民興庶民興斯無邪慝矣閣成請予一言以稔多士予既不獲辭則爲記之若是嗚呼世之學者得吾説而求諸其心焉其亦庶乎知所以爲尊經也矣

逍遥樓記　明朱賡

越之山度鑑湖而入郡城者入其大而著者三曰臥龍曰蕺曰東武皆南向秦望若鼎峙然臨觀之美他山莫及也然臥龍爲郡治人不得時登蕺稍東偏一望壘壘有北邙之感焉惟東武地最幽而於秦望最中卽臥龍且偃然擁其背而蕺亦障其肩互爲茲山用又二山所爲遜美也其上爲應天浮屠古剎在焉余嘗結一室讀書其中因誌稱茲山從瑯琊海中飛來乃大書其壁曰小瑯琊示不忘本也由臺而西編竹爲戶曰採菊門內建五楹仍南向曰萬青軒由西而入曰薜荔坡循坡而上地復方廣前鑿小池畜諸色魚百許頭旁植牡丹數千本他花石稱是而所謂逍遥樓者巋然臨其上焉樓之下爲白雲館又進爲圓覺洞天洞天僅容蒲團而虛其頂可闔可闢日月正中則精光直射懷內可仰而吸之亦一奇也樓凡三楹與浮屠東西犄

角十里之外望而見之環樓皆牖環牖皆城環城皆湖環湖皆山開牖四顧則萬堞之形蜿蜒如帶鑑湖八百錯滙於田疇間如飄練浮鏡而秦望一山領諸峰隔湖而羅謁焉又如錦幔繡屏層見疊出殆不可數余性喜覽眺常苦無濟勝具升斯樓也几席之內靡非湖山不雙屐而畢登不扁舟而畢濟終日臥而游焉若其太虛之寥廓原野之莽蒼與夫烟雨風雲之變態草木鳥獸之吹息無不寓之耳目飽之胸襟有嗒焉忘其身世而悠然游於方之外者故曰逍遙也

游秦望山記　明　張元忭

吾越巖壑之勝甲天下鼓櫂而出游遠近數十里內其爲奇峰邃谷怪石好泉者皆是而羣山所宗惟秦望爲最高環秦望之麓浮屠之宮若明覺普濟廣福天衣今皆湮於榛莽而自義熙

迄今千餘載故址依然惟雲門爲最盛萬歷甲戌予以省覲歸讀書雲門將遂登秦望而霖雨彌月稍遲勝游春既暮始霽且和乃偕陳文學惠上人挈壺榼以往由石橋折而北數百步爲白乳泉又三里許抵秦望之足有峰起如側當山之半從者指曰此錢刑部修貞之所陳子與上人步甚矯先予至予亦扶掖而行輿步相半稍後至有石壁立當峰之前上爲龕址鳴泉淙淙遶出其右松檜蓊鬱可悅余乃嘆曰昔者八山子棄妻子焚衣冠巢棲於此者凡八年虎豹之與羣猿狖之與俱卽所學或未合於聖乃其處志而苦行超然埃壒之表可不謂奇男子哉陳子曰然請鐫其石曰錢公巖自此磴益危徑益窄後先相尾攀蘿葛而上屢仆屢起屢酌屢憩乃陟其巔巔廣可數丈平衍無木相與藉茅趺坐俯而四矚萬山羅列其下東望則宛委香

爐之間夏后氏之所藏也西望則鵝鼻苧峴逶迤相接志稱秦皇之刻石無餘之故都在此焉北望則海濤如練郡城如帶萬井如鱗臥龍飛來諸山纍纍如塊慨焉想句踐之雄風慕鴟夷之遐舉南望則雲門諸峰起伏萬狀若耶一水縈縈如綫任公子之所垂釣王謝何陶諸賢所從處而遨也觀覽既周引觴浮白歌咏交作須臾有白雲從海上起漸升漸漫歘吸彌四野不辨上下疑神龍驟至蛟螭羣從俄而風起谷應猿虎競嘯從者皆怖頃之雲乍開已又合如是者數四忽復爽朗遂循舊徑而下日方午農者就饁矣是游也覽山川之勝窮雲物之奇既夜而昧猶恍恍然如在層霄之上煙霧之中也詰旦爲記勒之石留雲門方丈中

今是圖記　明劉宗周

崇禎十五年大方伯淇瞻祁先生歸老於鄉日以讀書課子爲事乃於蕺山之東因其地勢營搆一園其間高者有閣曰冬青文公震孟所題也軒曰秋水陳公繼儒所題也徐公渭名其亭曰奎壁之精余公煌名其堂曰三益倪公元璐又曰聽嚶處取求友意也下者爲池城負於蕺因名以濠意朴而辭古取乎自然之致也池左有樓樓以船名若舟之附水是也而統名其園曰今是殆以是其今者非其昨乎園之側若僧室若道廬若書院經營者相接而莫與今是園比蓋登高則環視千峰眺望全越臨流則魚躍清漣荷香滿室四時有奇花異草桃欄交媚梅菊爭妍又其餘韻者矣至若修竹千竿喬松數十樹秋風夜月時濤音驟至竹影瀟疎幾令人危坐不安也余與先生居相邇年相若志相合稍暇輒往過之留連不能去間或終夜相對

譙鼓驚人晨鐘徹耳猶談心亹亹不倦月之三日集當事搢紳士民講學於此故其子錫祥輩皆從余學先生不厭余往來之頻余亦樂其園幽深靜遠雖混居城市之中而實擅山林之佳勝者也嗟乎蠡城之內藏八山而蕺在其北與臥龍鼎峙稱最然臥龍勝地屬府署者過半其餘高者險惡下者褻遝難居又無先生其人終老其間而蕺又得今是園以重將古所謂地以人傳人以地著者是耶非耶爰刻石以記

寓山園記　明　鄧履中

自永興達梅墅幾三十餘里爲越郡從入道山水始滙清泉峭壁揖讓羅立侍御祁幼文先生之卜築在焉蓋所稱寓山也山隱於叢榛灌莽之中久矣先生因而闢之門臨鏡湖通道爲廊三折而入日讀易居先生究心於是理治身世之所本也自兹

永興者蕭山也蕭山以錢清鎮与山陰接界自錢清至梅墅尚四十里乃云自永興達梅墅幾三

梅墅至郡城從入道

十餘里已譯矣又西爲越郡治下道蕺山獨以爲越郡半皆是痴人說夢明人文字不辨方隅不識所在往之如是

而往偉麗幻特合形輔勢匪可一狀大約奮迅而上爲臺爲閣爲樓爲軒爲巢爲峰紆餘而下爲池爲溪爲谷爲泉棲息宴會則有堂有室有齋有菴而曰堤曰徑曰橋曰梁曰幌曰環曰渡曰憩所從高下通往之道也登高而望巔崖躍出拱侍如圍空青蒙絡與天無際直北一面平疇千畝禾穗鱗鱗層波緣影引入下睇及於峰半山根玃視古松持立百音吹耳自遠而至游人至是境與心謀目紊無定莫不徙倚㫄臯戀不能舍忽有香氣一縷幽濬上浮旋若散去仍貯谿底則芙蓉渡之下餘荷所披拂也池而爲橋石與水平步武欹狹循流數轉搖曳畏人春夏瀰漫當不可渡俯仰觀視有若異境至於四時之木開列敷榮候氣之禽翔鳴和悅雲霞搖颺烟雨霏緜園亭之勝於斯爲極余蓋再游焉值秋序初交天曠氣澄涼風被徑先生導余歷

徵其勝曰某臺所以望某山也某池所以通某流也某堤某橋又所以收覽臺池之勝也雖然吾猶以爲未盡也將改水明廊之徑從柳陰以入而仍移其名以稱將壘石門南夾植樹木通閣以覆上奉瞿曇之座又將爲龕以棲方外之友種竹以擬留客之處依樟以築避暑之臺梁以接迴波之嶼徑以達浮影之巔植花卉於瓶隱之東面松石於草堂之西各隨其地錫之新名斯境益曠邃而陟探始無遺憾茲皆構匠未起而意已先設先生真性情於山水矣中世士大夫以宦爲家閑居之隙計惟榭榮孰有暫乞歸假卽娛情物外萬慮不關者或謂香山綠野皆功成耄及乃始退居爲樂先生甫強仕之年勳名表著朝廷方深嚮用而肆志游觀於急公憂國之義何居夫圖南之翼六月爲息在阜之鳥飛則沖天藏以爲用其用逾深維時與位無

茂字不通

峴山似無杜姓事且云東山以太傅太傅但屬謝姓乎羊姓亦不似有太傅乎

距無迎先生嘗自言之澤利生民安奠社稷必非貪嗜富貴者所能幾吾觀先生聞四頁之規卽引過以識其堂而譚及古往治狀當時利病輒娓娓不厭如衡辨石畫先生豈恝於忘世者哉與人同其樂自與人共其憂謝太傅已茂見於前事矣東山以太傅名峴山以羊杜著先生樹功施於不朽吾知禹山與俱遠矣遂承命而爲之記

重建蘭亭碑記下　姜希轍　國朝人　川

三韓許公來守我越政治有章廢墜釐舉視事三月兆民歌之公以褰帷之便流覽古志求所謂蘭亭者而游焉俯仰遺墟慨然興悲攄材庀事斯亭復完亭成歲在癸丑適同官和禊飲之年時人異焉屬轍紀其事而勒之於石竊惟先王建置列辟嘉與庶邦翕君各謹侯度雖有怠荒之戒而其國中臺池苑囿則

未嘗廢考其遺制必擇勝地而營之爲民上者用以息勞勸而通志氣兼與賢士大夫從容罇俎之閒周咨民俗增廣見聞非特游觀而已故魯有觀臺齊有柏寢楚有章華典冊所載三代之流風餘韻未之有改也典午之東右軍將軍王羲之爲會稽內史尚有蘭亭觴詠之樂當時同游若謝安之屬皆以高譚曠遠坐致折衝論者咸稱羲之具濟世才未竟其用意謂是歟所由與秦漢二千石專尚武健刻深佗佗簿書鞅掌乎堂皇之上者雅俗殊矣今公才侔王謝而修永和之蹟豈特千年廢緒歸然復興將繼古人學道愛人之美於斯亭先見之自公成斯亭一年而有萑苻之警公譚笑卻之不異安石之在淮淝也然則百世之後登斯亭者其慨慕我公與公今之慨慕右軍其風流邁往又何如哉轍雖不敏其可無辭以述之爲前序之續乎

青藤書屋記　董瑒

青屋在縣治南有巷名觀巷右即其址正德辛巳徐山人生於是青藤其所手植山人生年七十有三自癸巳後經今又九十一年計兹藤爲百四十餘年物矣藤下一池方十尺池上近北横一小平橋橋承以柱橋上覆以石臺下可爲亭額曰天漢分源背即顏曰自在巖題臺下雙柱曰一池金玉如如化滿眼青黄色色眞背復題曰未必兮關别名敎須知書戸孕江山題乘橋之柱曰砥柱中流皆自書是所謂天池也山人自譜自觀巷之宅失考妣兄嫂主凡八遷今觀山人所傳墨蹟每以青藤天池自號他若柿葉鸚桃末之有及葢不忘始基耳前此餘四十年暨陽陳洪綬識其處曰青藤書屋後施氏從潘氏售而有之治茀爲廬請董瑒扁曰孺子下榻處以山人嘗自號孺子也又

護藤以石藤亦名薜荔山人又號漱仙又嘗以天池漱石自識則又勒於面藤之壁曰漱藤阿董瑒歌曰越王城中有名蹟種山東下怪山北憑橋社古神最靈牆西舊是山人宅山人名渭厥姓徐詩字文書世競趨有雙白鹿獻天子前後二表皆曰俞當年作者尚粉藻史漢兒孫轉相藐有人高踞白華樓一見其文便傾倒海內於今誦二川山人品次相後先猶有隨聲拾餘慧杜詩韓集同棄捐玆藤盤屈連書屋旁有方池入亭腹山人已去邑尚青柱上題詩最堪讀自古名賢不易逢青藤留得山人蹤不知輞水藍田業可許王裴賦詠重而社內東寮之壁山人於戊寅正月三日過此題云童時書壁剝成泥圓澤投胎錦水西一念忽穿三十載竹梢寒雨覆窗低時山人年五十八矣其低徊窗竹如此能無松鱗藻影之繫思耶案此宅今售歸邑人陳氏

古貢院記　周延翰

余世居臥龍山之陰左近有鯉魚橋不數武又有錦鱗橋幼時嘗問里中長者以二橋所由名而不得也考山陰縣志知爲宋時貢院故址歲甲戌謁方伯蔣公於紫薇官署具以白公公爲政以興舉廢墜爲務聞余言慨然曰子盍表之盍劃俸十金爲倡檄郡邑長吏鳩工庀材建石坊表於道曰古貢院噫夫貢院之名歷五百年而不廢亦慕古者所大快也按宋自崇寧乾道間學校大興朝廷頒三舍法於天下諸州皆貢士而會稽人才輩出後先彪炳何一不從此中擲管抽思咿唔徹夜以期中程式則當年千百文人其流風遺緒迄今猶可想見也癸巳夏日烏程鄭子只怡攜宋本會稽前後志示余乃得貢院之詳蓋始於乾道四年太師史公浩而丞相蔣公芾繼之至九年資政大

學士錢公端禮克成其緒嘉定十五年煥章閣待制汪公綱又加開拓於是東南亘廡爲屋數百楹衡文有廳宴止有房謄錄糊名有舍中門外門規制屹然其宏遠若此則自鯉魚錦鱗二橋緣河而西又北折至西如巷以及棄地十餘畝皆貢院所有而二橋之得名非偶然也越中古蹟若禹穴蘭亭秦碑等皆流傳失其處所茲貢院一隅非得蔣公題識則文物聲明之地埋沒於灌莽蓬蒿誰知之者余力謀復古徘徊數十年得公而一慰素願則余亦厚幸矣夫公諱毓英字集公隸籍奉天其先諸暨人也

蕺山相韓舊塾記　全祖望

予既主蕺山講席諸生請爲署其齋予以相韓舊塾題之諸生曰何謂也曰今蕺山之名於天下以念臺少師也然亦嘗知先

河後海之義乎是山之學統自宋乾道間韓氏始也建炎南渡忠獻之裔散之四方而東來者則文定公忠彥子治之後治知和州其子爲兩浙提刑膚胄次直祕閣膺胄始居越提刑之孫曰冠卿知饒州所謂貫道先生者也受業淸江劉公子澄之門淸江之學於晦翁南軒東萊如水乳其敎貫道也以一實字蓋郎司馬公教元城以誠字之說也饒州之子曰燮字仲和知滁州能傳其學祕閣之孫曰埜卿瑞昌令其子曰境字仲容直史館亦能傳淸江之學與滁州稱二仲而饒州弟宜卿有子曰度字百洪隱居講學旁參慈湖之說風節尤高世以蕺山先生稱之當是時韓以后族貴盛而四先生者力以肩正學爲事又一傳而爲翼甫字恂齋大理簿慶源輔氏弟子其子即莊節先生也莊節與其兄忼字義行並有名而莊節最著忼官婺州學錄

蓋安陽之後講學於山中者五世乃自文獻脫落遺言盡喪并慈湖所作饒州墓志俱不可得故饒州父子兄弟僅一見於吳禮部師道集義行僅一見於徐大年集不特山中蘋藻不及而其姓氏且將淪於狐貉之口叩之其後人亦茫然也少師立尹和靖祠以里中先正四人配之祇及莊節而已即莊節之集予但從永樂大典中見之而世上無有予續南雷宋儒學案旁搜不遺餘力蓋有六百年來儒林所不及知而予表而出之者韓氏亦其一也諸生雖不得見其遺書然而蒼然者喬木森然者帶草豈可以莫之知乎追而溯之亦即少師以莊節配尹氏之意也諸生曰然則何以謂之相韓也曰宋之二韓並盛其一爲南陽桐木之韓則持國父子兄弟是也其一爲相韓則忠獻父子是也相以地稱桐木以樹稱各從其望言之也桐木之韓至

南澗先生亦以講學著於信州

葛仙人洞記　全祖望

浙東山水之附稚川以名者最多然不可信山陰縣西北六十里有葛仙人洞則宋末南康高士葛慶龍也洞中雲霧清瑟古蘚斑駮使人神骨清冽洞前有一石像卽慶龍也洞中有一石鶴軒然則王主簿理得鐫以侍慶龍者也洞旁多長松修竹風味瀟灑然在山陰道中尚非絕勝而其所以得名則但以慶龍故予考慶龍字秋巖又號寄漁翁又號江南野道人晚號飛筆仙人及老卜葬於山陰又號越臺洞主卽指是洞也南康人早年嘗入匡廬學浮屠稱𤱶書記不樂中更爲道士卒返於儒潛谿聞之皐羽以爲卽廬山人者非也放浪江湖中巨公名卿酒徒劍客多與之游以上采霏雪錄中語其詩務出不經人道語甚者鉤棘

不可句酒酣落筆颷颷不自止皆鵬騫海怒欻起無際然爲人簡躁喜面道人過一有所忤卽發洩無留隱人亦知其磊落無他腸然多疏之嗜聞音樂又不甚解居一室襍懸藥玉磬鈴醉後自揚扇撼之閉目坐聽殷殷有聲至睡熟扇墮乃罷以上見潛谿集初慶龍流寓鄞之南湖延慶寺其爲詩尚操唐律喜精整有什一集然多不自收存以上見清容集則潛谿所云慶龍詩乃其晚年之變境也晚尤落魄依王主簿居每游石洞見樵獵過者必祝以爲有神慶龍乃刻已像洞前稱洞主見潛谿集年逾七十兒齒童顏終歲不澡沐肌體清潔衣無蚤蝨風日清美輒乘筍輿游天衣雲門諸勝霏雪錄將死遺言葬我當於是洞且用儀衛鼓吹爲導使樵獵祝我如山神潛谿集故至今人稱爲葛仙子求慶龍所著集旣不可得於諸書中見所載慶龍詩似非其至者求其如潛

谿所云奇氣橫發欲騎日月而薄太清者未之見也慶龍以其才忽而釋忽而道忽而儒其究也慕爲仙爲神非果好怪也遭時之亂胸中殆有耿耿不可下者乎而皋羽諸公未盡爲之表白然則慶龍之不盡見者豈徒其詩而已哉老友五嶽游人鄭性同游聞予言曰然請記之吾將勒石於洞以爲慶龍慰重泉之靈且慶龍固亦吾鄉之寓公也爰序次而畀之

懷仙堂記　胡天游

士有輕王侯薄軒冕慷慨遺物而獨出乎世棲沆顥挾鵬鵠呼雲將從洪厓者非志凌青冥邈四海亦烏能與太虛而爲徒者乎麒麟宫室造物芻狗旂銘鼎膚識者糠粃是以稷勤契劬不若箕山之放志晉富楚貴何如其首之高蹈溪水春碧桃花自開小山秋風桂樹長往予懷其人有在乎是若耶福地陽明洞

天山陰剡中金堂玉室棲靈咏眞往往輩集是以漢梅先生希聲遙臨鍊丹庭飯白石唐太子賓客賀公載咏止足辭榮東都浮家鏡湖請賜一曲子案神仙傳知章以天寶末入四明山中餌藥上升而子眞亦久居蓬丘名在絳籍且夫華貂文軒後俗爲氈慕熏權灼利疇衆所傾尚雖誠淮陰之傑猶自榮其假王絳侯之賢且不忍其相印獨以浮雲三能秋草萬石振萬仞毛翮扙九州牢籠明餐飛霞皎濯蘿月宜其延景碧落把浮丘而長逸矣初賀爲道士築宅畫橋南堂梅里子眞之泉在焉西環三山宋放翁陸氏隱焉陸氏詩狂酒戶名高天下倜儻俊氣當時少雙南園有文不事權貴比夫論王氏逃元宗知微不屈魄磊同出他日夢或召爲蓮花博士鏡湖新置官也然則陸亦仙矣知章故所居一曲亭景態幽勝山欺富春水無瀟湘湖淪浮

扆樹色動畫鷗鶩參席蓮歌迷聞非夫蹈赤城弄雲海夏鸞嘯鵠矯之思或莫得而寄焉久就湮圮可無重興追祠賀公兼奉梅陸一笑莫逆何知主賓嗟乎白雲不留青山如昔塘畸調於曠代溯瑤韻於後時鵬背倘駐空笙疑聞悠悠長松落落苔石散策獨邁臨風可呼榜曰懷仙之堂以爲邦中故事

銅步井記　胡天游

凡水甘者鹹者澁且苦者厚而脂濁者或潔而刻者溫而艮噤而毒灼者厥類夥異至乎井大要鹹與濁蘢殊者鮮焉山陰城西四十里皆崇峰綿亙泉冒土十數計咸甘洌可飲顧冠其美獨以井則名銅步云銅步屬荆塘山山中之人來往郡縣及適他所爭詡是水若珍美然或遲以餉所親善而四方之人至荆塘雖甚遠必就酌焉間以不及嘗爲缺予始聞而疑之夫川谷

之流甘以其汩而淸也大海之舉鹹以其塉閼而無所洩也若井之齧於土而不能行者非猶大海也歟今測海而無有異豈方是類者顧獨爲別若是間愈焉倍寸而已相絕寧若甚者他日姑取試焉烹荈蔎之屬而盂覆之俟日且半發相其質益益乎若始涵於坎然再覆焉以達明日更視若仍其始然更熟而味之滋渙乎舌輔者盈且久更灼其貯餘者而嚼之泠然以淸爽然以和若有內悅而不宜者夫始笑其知之晚而嘆物之果不可以類約也井僅周尺餘磚甃之無唇榦之飾荆塘之民負谷居十百戶晝夜環取之未嘗絕間日爲市魁儈粥腥蔬者輒沉物水中頃出之糞少重以多其值獨相戒無入穢於是凡污濊之傾集者市人必遠方丈以祛之使無所近若甚畏重而敬惜之者然則是井也類隱君子如叔度彥方之流處肆廛之間

託庸保醫卜之賤而懷仁義之具使聞其風者曠若不能致憚其操者有所不敢逸而其惠之被人也方且日仰而莫窮噫豈非殊德與銅步名舊不詳所起或曰勾踐鑄山設銅官焉或曰刑塘而南蓋十里有山曰銅部存龍湫跡斯井脈相通見蜥蜴常浮水上因襲以呼云或曰銅爲桐山多桐也或曰江南之俗凡山近水成聚落而居人者謂之步銅其號也是近之考之傳刑塘蓋禹築以戮長人予讀山海經相繇歍尼之所源澤辛苦不可以居人防風氏之棄餘而灘瀆者獨甘且美若是然則天下事必約以其類者其信曰知方者耶

序

游天衣詩序　宋王十朋

紹興戊寅冬十有一月己卯日南至後二日游天衣者八人皆

前進士宦游於越者黎明戒裝集賀監之故居天氣既佳愛日初長鑑輿出蠡城之南道乎稽山之陰徜徉乎秦望鑑湖巖壑之間有松十里林麓靜深山轉徑迂煙靄出没初行若迷俄有鐘磬出乎翠微之端蓋天衣寺也千峰堆秀雙澗涵碧朝陽法華二峰尤蒼然嶄絶乎其中寺有唐人李泰和徐季海元微之白樂天李公垂諸作者詩文碑刻尚無恙有化身普賢飛來銅像蕭梁衣鉢雙烏故事緇徒頗能道之方杖履尋幽有府吏將使君之命餉以百榼拜賜舉杯而言曰今日之集蓋不偶然也昔王謝蘭亭羣賢畢至可謂雅會矣然賦詩不就者十有六人豈若吾儕臭味同而游從勝乎白衣之來非王宏之酒乃楚元之醴也不可以不盡其歡於是浮白飛觴唱酬交作𥼶以諧笑僧勸游雲門夕陽薄山遂不果舍車聯騎探梅而還晚集於泮

宮初登山某首賦一章同行卽席而和既而吟詠者多不記篇目列書於招提諸公命某序之

書

奉浙東孫觀察書　全祖望　以下國朝人

昨謁幕府蒙以南宋六陵遺事下問卒卒未竟其語冬青之舉爲世人所豔稱然祇唐玉潛林白石耳同時豫其事者雖不能一一著姓氏如王修竹鄭宗仁鑿鑿可攷謝皐父則陰移冥轉其間草窗紀陵使羅銑事雖與諸公不相謀要亦先後奔走是役者也獨厓山志所云余則亮尚當闕之以俟攷明初既逐穆陵遺骼建雙義祠於鄉大夫祠之左以祀唐林已而移之陵右凡有事於六陵卽幷及之夫其祠之是也而惜其於同義諸公有未盡者祖望嘗丞攢宮山下摩挲宋學士碑文所有享殿周

垣雖已摧殘殆盡尚有約畧可尋之迹而遍問樵夫牧豎獨失祠址所在爲之茫然當時江南舊臣官上都者不少曾不能出一言以保橋山弓劒至使楊髠縱其滔天之惡玉匣珠襦狼藉殆盡諸君子以朝不坐燕不與之身爲故君護龍髓恒星晝隕七度山南踰垣折足幾陷虎口百世而下即分麥飯一盂以酧明德亦誰忍替之乃更有大不平者楊髠西番謬種豺虎不食之餘而同惡泰寧寺僧則攢宮首禍所啟也茲者西泠道上雖至五尺之童爭毀楊髠遺跡鑿飛來峰之塔折六一泉之像甚者貽禍地藏波累天女而泰寧殿宇近在陵寢之側巋然如魯靈光獨存佛燈魚鼓不隨辟邪石馬並泯茂陵秋風猶餘磨劒之聲豈特冬青靈鳥將其杜鵑泣血山鬼有知亦應髮指夫祠祭載在有司今唐林祠宇鞠爲茂草則興廢舉墜是明使君之

所以修典禮也逆僧故址犂其地而瀦之抑亦厲風教之一端也合當日扶義之羣使其食於一堂正明使君之所以表幽潛也滄桑岸谷又歷數百祀而遙四山風雨之地一望蒼茫然而向蘭亭以嗚咽索眞帖於誰家諸君子之魂魄猶在此間其柰何莫之過而問也敢以告之執事幸勿以其迂而弃之 政和余則堯名應明洪武初官留守司知事卽賦庚申君詩者也厓山志謂其豫於六陵之役人代皆不相符

再奉孫觀察書 全祖望

祖望前此致書幕府欲毀攢宫山之泰寧寺聞者笑之以爲是殆丁零盜蘇武牛羊使曹公按其事也不知其所以當毀者不僅以其當日豫於楊髠之惡而已蓋所謂泰寧寺者何地乎乃卽永茂陵之故址也方寧宗之崩也吏部侍郎楊華奏曰泰寧

寺山岡偉特五峰在前直以上皇青山之雄上皇鄉名翼以紫金白鹿之秀以此知先帝弓劒之藏當在於此詔遷其寺而以其基定卜仁烈皇后楊氏祔是泰寧寺所以改爲永茂陵也至元二十二年楊髡言會稽有泰寧寺宋以之建攢宮唐有龍華寺宋以之建郊壇皆係勝地宜復爲寺以爲皇上東宮祈壽時攢宮已改爲寺并勅毀郊壇是永茂陵所以復改爲泰寧寺也嗟乎吾聞攢宮之建趙清獻公陸楚公二家先塋皆包入焉朝廷許其歲時墓祭通道如故天子錫類之仁且然而寺僧之悖一至於此然愚竊怪洪武間之遣官審視也浙江行省繪圖以進僅孝理二陵尚有殿垣其餘祇存封樹於是置守衛之戶嚴芻薪之禁而寧宗兆域早已犁平安得尚有封樹之可言禁山之中豈然有侵龍穴以爲道場者是有司特以謾言奉行未嘗確爲

清嚴也正統宏治兩朝亦嘗再行檢勘欲復民間所占豈知是寺本屬諸陵之一非隙地所可比而反縱而不治其爲樵牧孰有過於此者方今雖再屬易代之餘然故國之陵寢皆爲甲令所加意明使君誠以此諭有司使其清而出之則有功於金粟之堆豈淺鮮乎嗚呼一坏未築雙柙親傳當時義士之力不能勝逆僧而今何有矣愚意以爲當盡毀寺室大題曰宋元茂陵故址而爲周垣以藩之至若冬靑古樹開花無日近已焚宇穢糅湮沒莫可蹤跡若以整緝攢宮餘力并及天章是乃白衣之靈所深望於後世之志士者敢復爲執事瀆言之

答山陰令舒樹田水道書　全祖望

大江以南三江之望不一有禹貢之三江郭氏以錢塘當其一有春秋外傳之三江韋氏以錢唐及浦陽當其二其越中之三

江則以錢唐及曹娥及錢清列之爲三春秋外傳之三江已不可當禹貢之三江矣而況歷歷越中者乎是不辨而明者也蓋浦陽本錢唐之支水曹娥與錢清又浦陽之支水方浦陽旣東出盂大越人以諸暨江目之自是分爲二其自南道出者逕蕭壩其自北道出者逕義橋蕭壩而下所謂東小江者也下流斯爲曹娥今越人斷東小江於曹娥別爲一水非古水道也義橋而下所謂西小江者也下流斯爲錢清然曹娥僅達乎會稽之境輒止而錢清則深入山陰之域愚讀酈道元注水經其云浦陽江者本專指曹娥而後又以蕭山之浠水當之是又屬錢清蓋其疏晰未精不知曹娥錢清之爲二而但以浦陽溷而舉之嘉泰志辨之而亦不了了已見愚所呈浦陽江記中然自三江分道各有周防錢唐水至則蕭山捍以漁浦之隄曹娥水至則會稽捍以蒿口之壩皆

不爲厲而錢清獨甚蓋義橋之水歷蕭山之尖山入臨浦合山陰之麻谿承天樂諸鄉之浸穿入錢清江河互鬭當時江河挾海潮高出河水上若淫雨積日山洪驟漲則河水又出江水上不得不設壩令越人但知錢清不治田禾皆受其殃而不知舟楫之厄於洪濤行旅俱不敢出其間周議公思陵錄可考也明天順中太守東莞彭公誼乃鑿通積堰山引上流之水從漁浦入錢唐而築壩於臨浦以斷其流成化中太守浮梁戴公琥又營麻谿壩添扁拖諸閘以濟之水患稍息然而磧堰驅水逆行終非其自然之性又臨浦之江塘未築海潮尚隨江水入麻谿且三十六支之水在内地者扁拖諸閘不能盡瀉嘉靖中湯公始有應宿之役其地二山對峙石脈中聯正當三江所滙以入海之道乃築二十八閘護以塘四百餘丈而尾閭之水始得通

行無阻嗣是以後錢清有江之名而實則不復爲江可以引江之利而不受其害居民亦幾忘其爲三江之一也然湯公之功良偉而彭戴二公之爲之先亦豈可沒故愚嘗謂湯公二祠其在三江者宜專祀其在城中者宜合彭戴二公祀之則典禮當乎人心而惜乎莫之舉也不特此也考之尚書余公之言曰湯公之後增石捍拓改其旁四洞爲常平以洩漲水者太守涇縣蕭公良幹也事在萬歷十有二年其後又微有罅漏灌之鉛錫使無絲毫之隙者太守光州黄公絅也事在崇禎之六年是在三江祠中皆當居配享之列者不可以泯然而已而蕭公又別建山西閘以輔應宿之所不足功尤著詳見越水詹言尚書又曰閘工之修大抵五十年而一舉自茲以往不無望於後來者康熙之初里人姚少保啓聖又常修之今已七十餘年夫舊工之堅定

後人非可妄有更張固也然而培植保護之功所不容已乃康熙己丑以後之議有謂閘本主於洩水雖有搏嚙亦無害遂捴置至今則又愚之所不敢信者也

錄

漢會稽三都尉分部錄　全祖望

漢會稽三都尉分部不甚了了自吳會稽典錄以下異同紛出鄱陽洪文惠公雖辨之然尚未覈也作漢會稽三都尉分部錄前漢會稽之境西部治錢唐東部治鄞而東部不見於班志幸宋志見之兩越既平增置回浦治二縣而以南部治回浦東漢既分郡畫江爲界則置西部於太末而東部治章安南部治侯官本自劃然李宗諤圖經謂文帝時都尉治山陰元狩中始移錢唐然則漢初祇一都尉治山陰其後分爲東西部乃移山陰

之冶於錢唐而以山陰隸鄞爲東部足以補班志之遺若通典謂前漢西部已在婺女即太末則大誤也獨回浦冶二縣最爲舊史所混亂班志於冶縣云本閩越地以見回浦縣爲甌越地也晉太康記章安縣本鄞縣南之回浦鄉漢章帝立今由象山以至台州之臨海一帶正值鄞之南土是前漢之回浦而東漢改名爲章安者洪文惠謂回浦在西漢已置縣不應是時尚稱曰鄉不知分合升降各有時時省縣入鄞而爲鄉章帝又置爲縣耳蓋前漢時立二縣原以統兩越遺民回浦在鄞南以統甌越冶又在回浦之南以統閩越而南部治回浦以臨之自司馬彪誤以章安爲冶而張勃遂以東漢之臨海即章安侯官二尉皆冶所分沈約劉昭疑不能決通典竟以勃言爲據夫使章安即冶而自章安以至侯官皆冶所分則前漢之回浦所涖何土不

僅如六朝空荒諸縣有土無民也故文惠以爲前漢志續志有闕文當云章安故回浦侯官故冶則於地理之沿革得之矣按今續志會稽第十四縣曰東部侯國乃誤文蓋原文是東侯官三字見沈志東侯官之名始見此吳地記云漢以東甌爲回浦光武名章安此可以證章安之爲回浦也晉志云東冶後漢改爲侯官此可以證侯官之爲冶也圖經既知章安本是回浦而謂前漢之東部已治治則亦因沈約志中以章安爲東部故有此訛文惠又疑前漢回浦恐非南部不知東部在鄞則南部當在回浦至東漢畫江爲界而後東部徙章安耳太平寰宇記於臨海則謂本回浦而後漢改爲章安是已於永嘉又謂本冶而後漢改爲章安何其自相背戾乎是皆由續志沈志而誤也然愚考會稽典錄引朱育云元鼎五年除東越因以其地爲冶并屬會稽而立東部後徙章安陽朔元年又徙治鄞

又徙句章則其誤在司馬彪之前矣夫東部之治鄮當在回浦未闢之先既誤以回浦爲治又誤以回浦之南部爲東部而東部之鄮反自治徙眞無稽也至今奉化象山之間有鄉名回浦蓋漢之舊也何物毛生妄爭以爲蕭山之西境則謊誕妄之尤欲取前志續志晉太康志宋志吳錄吳地記太平寰宇記隸釋等書盡抹殺之減去二千年來會稽之一縣以成其鄉里之私蓋不必置喙者

附毛奇齡説回浦一則

漢地理志回浦東部都尉治考回浦在蕭山海門之東查浦之西與海寧鹽場對渡又名回水蓋浙水入錢塘界忽作一折則蕭山南界漁浦渡是也及將入海寧界又作一折則蕭山北界回浦渡是也浙凡有兩折因名浙江（俗作三浙誤）而此以

江水回折處得名故在海寧岸有折山在蕭山岸有回浦稱爲海門太平御覽載虞喜志林赭山原名折山以折字音近赭遂作赭史多稱赭山是也越紐遺書折山與折江並稱後改作赭或云秦始不能渡其山而回故西有赭山東有回水赭漢時以瀕海要地置東部都尉而治於其中與錢唐西部都尉治東西相望漢志誤以回浦入二十六縣名之內且以東部誤南部實則會稽郡止二十四縣無二十六且止有東西二部都尉無南部都尉也地理志治與回浦非縣名考兩漢六代史止有東部西部二都尉無南部閒考六代史當宋泰始閒會稽太守孔覬與吳郡太守顧琛同反建武將軍吳喜討之顧琛敗丞與其子寶素攜老幼泛海奔會稽海鹽令王孚邀擊不及此海鹽令嘉興屬縣喜等至錢唐賊黨顧昱孔璪等齊奔會稽喜乃悉力攻江東岸先遣沈思仁等巡定山破東軍之據岸以結寨者然後分作三隊以三渡進兵喜親從柳浦渡

正邈西陵而遣別將壽寂之從漁浦而入邪邈乃與劉亮由鹽官海渡直指回浦則是一從中渡在西陵一從南渡在漁浦一從北渡在回浦至今予邑有三渡千載不異而且漁浦與縣治衡衡則曰邪邈海渡與回浦正對則曰直指史文之明析如是也或曰鹽官今海鹽縣也海渡者逕海而進於浙也則不然漢志海鹽即今海寧也至六代時分海寧北境為海鹽縣而以今海寧縣為鹽官吳陸遜為海昌屯田都尉領鹽官縣事是也是王孚所邀之海鹽此嘉興海鹽縣也劉亮所渡之鹽官則杭州海寧縣也杭州鹽官與回浦對渡矣其曰海渡者以其渡在海門傍耳

賦

禹穴賦并序 元楊維楨

會稽山爲南鎮見周禮職方至於今祀典不廢人以不見禹貢爲疑禹貢書治水起止自揚州至於震澤故會稽與浙河皆不登載禹穴在會稽山見皇覽又見太史公書人以葬衣冠爲疑考帝少康封庶子於會稽以奉守禹之祀則禹穴在會稽無疑也眞誥以禹醉鍾山而仙去此異說之謬也又以穴藏禹治水祕策者尤謬故辨其説以爲賦

追太史之東游兮躡夏后之巡踪過會稽之巨鎮兮登宛委之神峰曰羣聖之所棲兮闕陽明之洞府問東巡之故陵兮固已失其窆所繞古壓之雲氣兮瞻衮冕之穹窿雷霆擊大鐵鎖兮梅之梁兮已龍秋空山其無人兮挂長松之落日枕荒草之芊眠兮棲專車之朽骨忽白日其有爛兮射五色之神晶窺神迹於一竇兮眩太陰之窈冥世以爲衣冠之壙兮神書之實也圭

躄出乎耕土兮彼巨石者不可扣也曰玉匱之發書兮遽囫淪而天飛頹餘策以汨鴻兮復韞櫝以祕之夫以四載之跋履兮亦云行其無事錫玄圭以告成兮始龜文之來瑞何誕者之夸毗兮異九疇而不經使穴書之不洩兮夫豈汩陳其五行觀連天之巨石兮妙斧鑿之無痕南笥削乎其玉立兮東娥接其雷奔塗峰歸其西北兮執玉帛者萬億夫既游而遂息兮吾又何疑乎宛委綿祀典之常尊兮石豈泐乎一拳妄鍾山之金酒兮又何附會於妖仙噫嘻南望蒼梧兮東上會稽九疑頑洞兮窆石淒迷奈之望兮低徊悲沙丘兮不西客有釃酒荒宮而和之以歌曰稽之鎮兮南之邦紛萬國兮來梯航若有人兮東一方酌予非兮薦予芳舞大夏兮象德誦東海兮西江

禹山賦并序　明　陳子龍

僕觀世之君子靜躁不同通晦亦異旨趣所至境寄內之安宅懷土各有攖情養志之地故或眈翫玉鼎之旁婆娑雲臺之上則必築第九衢列戟五市至於剪茨而處鑿坯而遁者則棲托蕭與意斷蹄防二者各然其所然不相假也若夫仕不狥祿處不違君匪辭組蓋而兮覽江湖玩心登臨而取樂仁智斯正士之所游息逌入於兹盤衍者也山陰郗幼文先生耆節朝右抗情物表宅鄰梅里神感鄭風嘗以暇日搜奇剔秀批巖導谿立圃於寓山之陰是山也峻削孤竦無所連附陁靡迴環不越一頃圃之所際包陵覆麓復割平壤者十之五南瞻鎮嶽東眺江海柯亭近峙蘭渚遠炤寓目博敞怡神幽翳因岡作榭遇泖成池飛閣複道架澗凌壑玉臺綺疏切雲冠霞廣術高軒迎風延曝曲房陰洞布葉交柯沃野芳樊懷新落實則修農圃之業焉

四部七畧盈緗積素則足文史之用焉可謂極華質之雅致暢偃仰之幽緒者矣夫會稽神明之境棲逸所羨前世如王謝者皆家有泉石身搆池館當其欣遇俱有終焉之志暨乎世網見逼心迹相違安石捉鼻自知不免逸少誓墓亦未忘情信乎長往之難無名爲寶也莊生有言魏牟貴人也其隱巖穴也難爲於布衣之士雖未至乎道可謂有其意矣先生方出而圖我君斯樂不得而擅也然安可無其意乎因作茲賦庶以象物述情使達者有同心之實焉其辭曰

惟於越之奧壤應垂象於牽牛昔文命之南征甸山川以成疇何章隸之未錄移岑石於丹丘分棟山之餘幹浸明湖之中流錫嘉名以自寄遺神秀於荒陬乃其爲山也則嵬嶷嶢嵑嶜岑鬱壘嶔崎峻竦削成萃嵂巖谷窈窕巒巘峭特委蛇坱圠綿聯

迴側紫石丹崖碧砂赭土羃以青蘿披以芳杜帶草交藤布濩覼纚葳蕤葱菁或繡或黼彼襍英之繽紛同薈蔚於宿楚輪菌之木挺擢之枝嬋媛偃蹇綢繆蔽虧下蔭巃嵸上障炎曦歷千秋以俯仰實嚴阿而無知外則廣川印浦長潭通波洲嶼迴錯圻岸逶迤澄泓瀟熠頤淡洄渦澤芳綺燦水棲雲羅洵茲土之可樂實靈修之所會袁父長嘯於遙岑羽姝解佩於清瀨貽下都之開館啓福庭而大賚爰有幽人徘徊容與契止足於張邴慕卷舒於甯蘧雖騰聲於憲府每玩情於故廬時杖策以登眺眷斯嶺而躊躕筮履二之貞吉遂考築以永譽於是陟我高岡槪觀大形勢也其陽則崇山巀嶭疊巘回複秦望平砥而矗霄禹穴岧嶤而若伏拏岊繚繞連峰紆曲晨昏變其雲物精神見於丹玉其陰則谷王靈瀣注納百川渺瀰蕩地澎濞躍天陽烏

壓戴鰲之影陰火炤燭龍之烟聊極望於生祖可招致夫偓佺
左則句踐故都內史所治千堞雲連萬井鱗次甲第晨輝歌鐘
夜沸此城郭擅其開美士女表其淑麗者也右則三吳之衢重
江濤瀁商賈灌輸行旅相望鳳嶺隔波以滅沒牛頭若闕而增
壯茲專奧土之淵邃復享樂郊之愜暢也廼樹樊落廼定衡宇
既疏土而成池亦鑿山而啚嶼蔭弱栁於通溝照繁花於枉渚
江籬瀼露以發芳芙蓉迎暉而彌嫵黛甲噞喁以映川素鱗流
游而歸潊鶂鳿唼喋於昌荇鵁鶄孕育而翔舞於是華軒豁達
廣堂深邃既臨水瀲亦對山椒繡桷陞離而翬矯玉梁宛轉而
虹揺啓交窗於波底接修閣於林標曲欄連蜷而複疊長廊紆
譎而橫亙爾乃截高岑歷翠微緣巖啓徑絕壁通扉千章斐藹
叢石㕒巖幔亭孤峙層樓若飛延霞攬秀引霧披幃擬增城之

峻麗擾玉臺之瓊枝摘明星於綺戶瀉清漢於雲楣疑鳳吹之宵降館青琴與宓妃小闘豔禮是爲洞房疎窗間錯委折低昂郁郁蘐蘇菲菲都梁瑯玕倚檻而凝碧玫瑰承簷而耀光棲文禽於寶樹宿紫燕於瑶筐却清矑與巧笑樂靜謐而沈詳用澄神於奥窔匪靡曼以太康外則含桃之林玉梅之圃來禽盧橘楟梨甘柚桃李璀璨而春榮樝梸蓊鬱而冬茂素馨移根於日南蒲陶引蔓於隴右環橊分吴苑之奇叢佳表淮王之秀莫不揚丹抗紫披文吐纈欐佹扶疎磊砢偃覆者也又有帶以長溝圍以修樊欒欄曉篟花壇晝蕭石竹擁戶栟閭爲門左拂芎藭右挹蘭蓀蘡荷潤露葵藿負暄旨蘜沿砌以舒綬文無臨風而自翻蕉望夏以絳岫葯凌秋而豔原此則雅騷疏狀未極其繁也於是獻歲發春華滋四布長堤蕩風平疇颭霧岸積垂碧園

英落素離蕾好音王雎拂羽集蘭渚之勝流徠若耶之麗女遵微行以尋芳援桂楫而問渡綺羅塞川芬香載路至若壯乎屈節素商凜秋黃雲始合白露初收靈葉曜樹嘉穀登丘英獸孤嘯候雁羣游木蒼蒼而擢幹石磷磷而露洲偃曝南榮觀稼西疇駕鹿車而指囷酌旨酒以命儔爾乃娛清夜玩永日觀鼎彝理緗帙探圖牒於名山啓遺經於日室糅沓書史縱橫丹漆濡芸閣之金管涉靈臺之玉笈宗曲阜之仁義採柱下之道術登孤亭以寫目憩長松而抱膝釣漣漪之泳鱗送雲塗之歸翼鼓太容之素琴和幽蘭於錦瑟寄獨樂於林臯追先民之高逸昔伊尚鋤於莘野卒佐命於亳都葛亮吟以梁父興炎運於西隅張鼎峙於三傑託松子而遠徂疏授經而祖道散賜金以自娛東方沉冥於金馬子眞浮海以入吳或先潛而後躍或始智而

終愚或大隱於朝市或晦迹於屠沽苟語默之各當豈出處之異塗知身世之一體何魏闕與江湖

青藤書屋賦　明　陸韜

前既載董天休青藤書屋記亦是石侍文長矣乃又載此惡賦何耶

鑑水之東龍山之側投醪在南峨嵋在北天池故居有藤翼翼如榱如梁滋生蕃植吾聞人統物性物爲人靈時分晦朔蓂莢記庭人殊聖僞屈軼指亭覩尼山之手澤瞻檜樹之常青傳維摩之說法散花雨之飄零感馮生之庶類豈草木之無聲若夫闕號芙蓉蹊名桃李梅挺孤峰荷標濂水贈芍志美於詩人采蘭遺喻於屈子京兆走馬於章臺大學環觀於槐市漢宫崇魏於柏梁輞水淪漣於竹里每緣撫景以流連因之寄情於物美爾乃春和鼓動枝葉鮮妍芳叢鬱鬱秀苗翩翩離奇夭矯屈曲纏綿欺霜傲雪聳壑淩烟似驪龍之奮翮若蒼蚪之摩天諳循

橋之古訓非綠蘿之附焉時當皓月臨軒淸風涼腋列座觥籌對之而適亦或寒雨縱橫驚雷騰擲恍惚有神深思面壁雖百年之久遠想才人之辟易奚必海上之三珠始足輝煌乎史冊

狀

修唐將軍祠狀　成周助　國朝人

爲崇義表忠舉廢修壞以垂世敎以作人心事竊惟宋室多難康藩僅存舉族蒙百斛之塵北轅莫返偏隅延一綫之緒南渡驛寧當玉趾之趣明會金人之入越保障失守安撫新降乃有將軍實惟衞士唐其姓琦其名奮以衆人不存豫讓之見報以國士如酬智伯之知勢已迫於危難事遂行於倉卒擊琶八也同博浪而無椎罵李鄴也異常山而有舌志存死宋意在生君君難其紓身焚不顧浩氣塞乎天地至詣協乎聖賢迨國運之

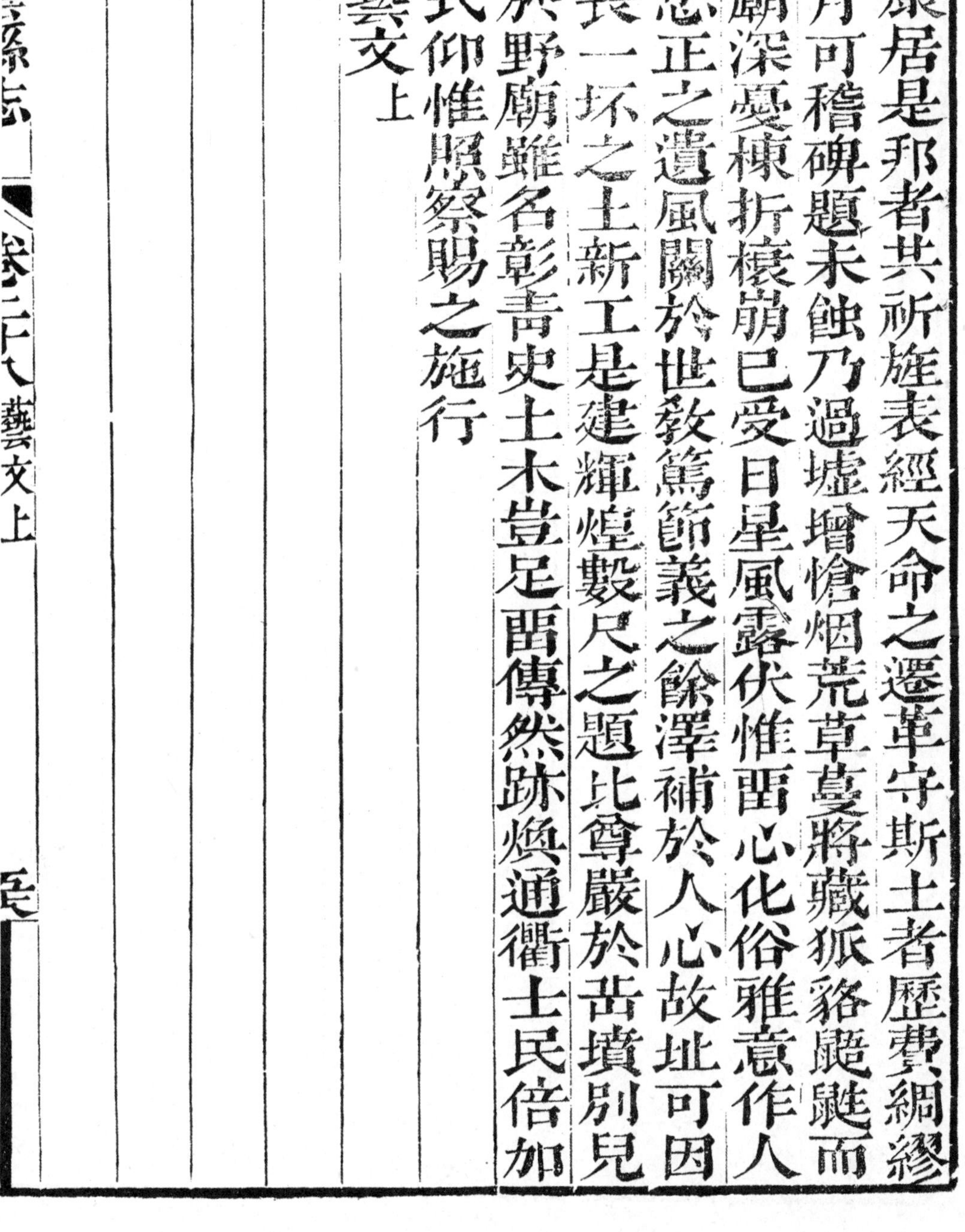

平康居是邦者共祈旌表經天命之遷革守斯土者歷費綢繆年月可稽碑題未蝕乃過墟增愴烟荒草蔓將藏狐貉鼪鼯而入廟深憂棟折榱崩已受日星風露伏惟留心化俗雅意作人培忠正之遺風闡於世敎篤節義之餘澤補於人心故址可因增長一抔之土新工是建輝煌數尺之題比尊嚴於岳瀆別兒戲於野廟雖名彰青史土木豈足留傳然跡煥通衢士民倍加矜式仰惟照察賜之施行

右藝文上

山陰縣志卷二十八

凡志采詩詞世取其關係山川地理人物古蹟者載之否則古今共傳之作或其人已集但不係文兩詩甚工且曾聽凡物若間登一二古詩其人此地志通例也

四言五言古詩

蘭亭修禊　晉王羲之二首

代謝鱗次忽焉以周欣此暮春和氣載柔詠彼舞雩異世同流

乃攜齊契散懷一丘

仰視碧天際俯瞰淥水濱寥閴無涯觀寓目理自陳大矣造化

功萬殊莫不均羣籟雖參差適我無非親

謝安二首

伊昔先子有懷春游契兹言執寄傲林丘森森連嶺茫茫原疇

迥霄垂霧凝泉散流

相與欣嘉節率爾同褰裳薄雲羅物景微風翼輕航醇醪陶丹

府兀若游羲唐萬殊混一象安復覺彭殤

謝萬二首

肆眺崇阿寓目高林青蘿翳岫修竹冠岑谷流清響條鼓鳴音
兮薄吐潤霏霧成陰
司冥卷陰旆句芒舒陽旌靈液被九區光風扇鮮榮碧林輝襍
英紅葩擢新莖翔禽撫遠翰騰鱗躍清泠
孫綽二首
春詠登臺亦有臨流懷彼伐木肅此良儔修林陰沼旋瀨縈丘
穿池激湍連濫觴舟
流風拂枉渚停雲蔭九皐鶯羽吟修竹游鱗戲瀾濤攜筆落雲
藻微言剖纖豪時珍豈不甘忘味在聞韶
徐豐之二首
俯揮素波仰掇芳蘭尙想嘉客希風永歎
清響擬絲竹班荆對綺疏零觴飛曲津歡然朱顏舒

孫統二首

茫茫大造萬化齊軌罔悟玄同競異標旨平勃運謨黄綺隱几凡我仰希期山期水

地主觀山水仰尋幽人蹤迴沼激中逵疏竹間修桐因流轉輕觴泠風飄落松時禽吟長澗萬籟吹連峯

王彬之二首

丹崖竦立葩藻映林淥水揚波載浮載沉

鮮葩映林薄游鱗戲清渠臨川欣投釣得意豈在魚

王凝之二首

莊浪濠津巢步潁湄冥心真寄千載同歸

氤氳柔風扇熙怡和氣淳駕言與時游逍遥映道津

王肅之二首

在昔暇日味存林嶺今我斯游神怡心靜
嘉會欣時游豁爾暢心神吟泳曲水瀨淥波轉素鱗

王徽之二首

散懷山水蕭然忘羈秀薄粲穎疎松籠涯游羽扇霄鱗躍清池
歸目寄歎心冥二奇
先師有冥藏安用羈世羅未若保冲眞齊契箕山阿

袁嶠之二首

人亦有言得意則歡嘉賓既臻相與游盤微音迭詠馥焉若蘭
苟齊一致遐想揭竿
四眺華林茂俯仰晴川渙激水流芳醪豁爾累心散遐想逸民
軌遺音良可玩古人詠舞雩今也同斯歎

郗曇一首

溫風起東谷和氣振柔條端坐與遠想薄言游近郊

王豐之一首

肆眄巖岫臨泉濯趾感興魚鳥安居幽跱

華茂一首

林榮其蔚浪激其隈泛泛輕觴載欣載懷

庾友一首

馳心域表寥寥遠邁理感則一冥然斯會

虞說一首

神散宇宙內形浪濠梁津寄暢須臾歡尚想味古人

魏滂一首

三春陶和氣萬物齊一歡明后欣時和駕言映清瀾亹亹德音

暢蕭蕭遺世難望巖愧脫屣臨川謝揭竿

謝繹一首

縱暢任所適，迴波縈游鱗。千載同一朝，沐浴陶清塵。

庾藴一首

仰想虚舟說，俯歎世上賓。朝榮雖云樂，夕斃理自因。

孫嗣一首

望巖懷逸許，臨流想奇莊。誰云真風絶，千載挹遺芳。

曹茂之一首

時來誰不懷，寄散山林間。尚想方外賓，迢迢有餘閒。

華平一首

願與達人游，邂逅游濠梁。狂吟任所適，浪流無何鄉。

桓偉一首

主人雖無懷，應物貴有尚。宣尼遨沂津，蕭然心神王。數子各言

志曾生發奇唱今我欣斯游慢情亦暫暢

王彬之一首

松竹挺巖崖幽澗激清流蕭散肆情志酣觴豁滯憂

王蘊之一首

散豁情志暢塵纓忽以捐仰詠挹遺芳怡神味重淵

王涣之一首　以上皆晉人

去來悠悠子披褐良足欽超迹修獨往眞契齊古今

會稽山　唐孫逖

稽山碧湖上勢入東溟盡烟景晝清明九峯爭隱嶙望中厭朱紱谷内探元牝野老聽鳴騶山童擁行軫仙花寒不落古蔓柔堪引竹澗入霜多松崖向天近雲從海山去日就江村隕能賦孔嘗聞和歌曾不敏冥搜信沖漠多士期標準願奉濯纓心長

謠反招隱

秦望山　唐　薛據

南登秦望山目極大海空朝陽半暘谷晃朗天際紅溪谷爭噴薄江湖苐交通而多漁商客不悟歲月窮振緡近早潮弭棹候遠風予本萍泛者乘流任西東茫茫天際帆棲泊何時同將尋會稽跡從此訪任公

與崔二十一游鏡湖寄包賀二公　唐　孟浩然

試覽鏡湖物中流到底清不知鱸魚味但識鷗鳥情帆得樵風便春逢穀雨晴將探夏禹穴稍背越王城府掾有包子文章推賀生滄浪醉後唱因此寄同聲

過錢清江　宋　柳貫

浦陽配三江猶以小絜大我家其始源涓流潋滿瀨到茲直達

海混混百川會歸墟豈其豐由坎亦非殺羸縮總如一貞源自滂沛浮舟絶江津淚觸銀花碎朝曦如青蓮升光破烟靄歸雲回望長鴻飛渺天外

秦望山 宋王十朋

瞻彼秦望崇於會稽曷云其崇登焉而柴孰登是山西方之人兮瞻彼秦望輕於會稽曷崇而輕名之以嬴孰名是山東方之人兮我登稽山思禹之績吾儕不魚繄帝之力我瞻秦望哀秦之過虐彼黔首其誰之禍禹舊而游夏民以休有翼其行稷禼是謀政輒西狩嬴隨以仆孰稔其惡斯高左右孤竹兄弟殍於首陽山與其人嘉名孔彰谿辱以愚泉汙以盜物之不幸名惡而暴漸濤如銀鑑流如紳濯彼崔嵬勿汙以秦

采蕺篇 前人

陟彼南山言采其薇我思古人中心悒悒維國有恥晨勿遑粒瞻於座隅霸勳以集陟彼越山言采其茗我思古人中心怲怲維國有恥夕勿遑瞑焦心以思沼吳之境厥草匪甘厥蔬匪香維其味之豈曰嗜之心焉孔焦膽焉亟嘗唯其苦之是以取之我陟高山瞻彼東越訪王之祀曠古有缺宜廟於山世享不絕何以薦之薇茗是擷

游天衣寺　前人

稽山高入雲鑑湖潤浮空禹秦有餘跡晉宋多鉅公我來歲及周夢寐懷清風茲欣天氣佳扶桑欲曈曨駕言天衣游盍簪盡鵷鴻經夕戒行李如期集仙宫聯騎出城南行行指秦峯千巖競吐秀眼界清無窮招提在何許十里松陰濃林端忽鐘磬與客爲先容羣簪擁花界雙佩鳴寒空試將比天台大略如思豐

首讀邕浩碑妙理開昏蒙細觀元白詩邱壑羅胸中蕭壁尙堪面梁薪幾經焚慈宮現有相禪客談無同朝陽最嶄絕白雲抹其胸杜鵑天下無至今映山紅翼僧始開山道業聞清衷惠舉詔不起高價傾江東袈裟縷黃金宮女自鍼工昭明親抱送禮意何太恭白馬忽渡江臺城坐英雄國破遺衣在丹青落塵容我輩皆書生意氣飄如虹蠟屐共尋幽寧求乔火功載酒懷賀老招隱思戴顒賦詩效吹臺一飯敢不忠況我賢使君德宇尤疎通楚醴餉白榼白衣丞山中嗟余何爲者天資愧倥侗謬與酒中仙偶同戢山松同年妙詞章況有山水供古詩如古琴山高水溶溶背囊小奚奴捧硯長鬚僮勝游與佳作二美今具逢品題徧羣英波瀾及孤蹤掬水弄花句比擬何凡庸茲會如蘭亭同行類荀龍盛事在詩史奚甫呼畫工

飛來山　宋孔平仲

物之體性重惟有石最堅迴風捲黃沙直下萬丈淵如何崔嵬山乃解飛青天瑯琊纔會稽道理固甚懸想當初來時詭異可得言豈非巨靈擘或謂秦帝鞭雷公挾電母歘霍相後先夸娥負崖脚天丁撮其顛北斗借神兵虎豹下九關海王驅魚送百里鬨腥羶悲號與僊嘯灑汗成流川呼雲以自蔽日月不得宣栖鳥失其巢哀哀啼白猿草木困擺撼枝葉半不全置之秦望陰百怪散蒼烟有龍歪不輟化爲錦色鰻攢身入竅穴噴出清泠泉都人駭相報平地見巍然既來亦能去惟恐復騰騫浮屠鎮其上副以屋蟬聯朝吟諸佛經暮誦西方禪以此相繫縛羈孤幾千年我聞已有日今朝始攀援高堂置美酒遶月凌孤鳶老僧爲我說指畫當我前是否難致詰且進黃金船

遠矚稽山思夏后之功俯瞰濤江懷子胥之烈賦古詩一首

宋高宗

六龍轉淮海萬騎臨吳津王者本無外駕言蘇遠民瞻彼草木秀感此瘡痍新登臨望稽山懷哉夏禹勤神功既盛大後世蒙其仁願同越句踐焦思先吾身艱難勝遵養聖賢有屈伸高風重君子屬意種蠡臣

稽山行　宋陸游

稽山何巍巍浙江水湯湯千里亘大野句踐之所荒春雨桑柘綠秋風杭稻香村村作蟹椵處處起魚梁陂放萬頭鴨園覆千畦薑春碓聲如雷私積逾官倉禹廟爭奉牲蘭亭共流觴空巷看競渡倒社觀戲場項里楊梅熟采摘日夜忙翠籃滿山路不數荔枝筐星馳入侯家那惜黃金償湘湖蓴菜出賣者環三鄉

何以其烹煮鱸魚三尺長芳鮮初上市羊酪何足嘗鏡湖澹衆水自漢無旱蝗重樓與曲檻瀲灩浮湖光舟行以當車小繖遮新妝淺坊小陌開深夜理絲簧我老逃此詩妄繼古樂章恨無季札聽大國風泱泱

夜出偏門還三山　前人

月行南斗邊人歸西郊路水風吹葛衣草露溼芒屨漁歌起遠汀鬼火出破墓淒清醒醉魂荒怪入詩句到家夜已半佇立叩蓬戶稚子猶讀書一笑慰遲暮

蘭亭　元韓性

昔人蒐芳蘭遺跡邈溪上風流晉諸賢好奇極尋訪坐令後來人弔古更惆悵憶昔初來游精廬適新刱俯仰三十年故交獨青嶂今晨天氣佳煙隄繫輕舫相攜得良朋舉酒互酬倡散策

依晴林浴洞俯新漲地偏塵易遣慮澹情自暢回首昔時游樂事終不忘誰謂古人遠千載欣一餉彭鴳端齊軌蒙莊諒非妄

次韻鑑中八詠　元于石

青山削芙蓉上有浮雲生窈窕俯長流逶迤帶重城朝光散霞彩暮色涵空青鴟夷去不回遺爾千古名　種山

蓬萊失左股負以垂天翼中有仙人居珠宮燦瑤房凝雲不飛去化作輪囷石彈琴坐石上長憶三山客　三山

會稽山水國崇山幽事多當時觴詠處春淨花顏酡磊落黃金礨玲瓏白玉珂行樂須及時美人在丘阿　崇山

梅山如積翠的皪手堪捧逍遙仙人尉盤礴故時隴丹泉清可鑑石乳甘於湩行將解塵纓于焉蹈高踵　梅山

我愛鑑湖水明如照膽銅澄清若有待渾濁那能蒙當時賀知

章富貴如苓通豈無一畝地來築仙人宮 鑑湖

驅車曉行邁行行出郊郭斷岡屹崇墉虛籟殷靈壑雨深瑤草長風定松花落西山有爽氣逍遙倚晴閣 古城

樓居本高明況在松竹間溪流深幾尺新雨過前山浮雲多變態好鳥亦閒關偃蹇樓中人對酒還開顏 縹白樓

視心如蓮花淨明涵十虛出泥本無垢露體皆眞如大千入一息宴坐忘百須陶公雖飲酒時能到林廬 芬陀室

蜀山草堂 元 薩天錫

蜀山秀東國翠色分峩眉人傳西極來萬里如龍飛根盤大江曲終古不復移之子結茅屋開軒當翠微流水穿澗道白雲繞巖扉松葉釀我酒吉貝爲我衣山鳥或勸飲木客同吟詩造化總前定榮名不可期終焉忘嘉遯採藥復採芝

蘭亭 元余闕

奉節過東鄙總轡臨越墟覽此崇山阿亭樹猶晉餘陽林積珍木禊館踈鏤渠微風旋輕瀨宛委寫成書秋杪霜露滋清商滿縣隅紅蓮凋綺藻微瀾見躍魚藉芳泛羽觴眂聽良有娛逍遥大化内豈必三月初

柯山 明張倬

維舟鑑湖曲鑑水照層巘蒲稗相因依鷗鳬戲平遠白雲天際來松壑怒濤捲一解塵垢嬰捫防忘足蠒昔賢有遺事亭子久蕪蘚叢桂烟未消踈篁露猶泫尚餘粉節書俯仰若在眼富貴齊嵩嶽悠哲信有辨婁迷謫仙莊惻愴羊公峴撫景情鬱舒寄言聊自遣尚想化鶴來垂流美清淺

丞馬岡 明徐渭

緑苔連紫錢古泥亘百步下埋數尺沙云是舊時路路上亦何爲躍馬於此處當時烏喙人萬蹄嘶一顧

大尖山　前人

萬松滴千山妙翠不可染割取武陵源固是天所遺秦人跡無有雲中叫鷄犬夜泊漁舟來下山尋不見

花蕊峯　前人

錯如鐵色紫出土幾千古寒空蕊尚繁秋水蓮難吐刻削差可擬帶鍤不添嫵宛如齒齟齬張吻訟所苦千秋獻組繡名號未得主直少讓中岑他山覜應父借言花蕊峯來春開何處

山陰道上　明袁宏道

錢塘豔若花山陰芊如草六朝以上人不聞西湖好平生王獻之酷愛山陰道彼此俱淸奇輸他得名早

蓬萊閣 明高啟

旅思曠然釋置身蒼林杪郡山爲誰來歷歷散清曉奇姿脫霧雨奮身爭欲矯氣通海烟長色帶州郭小曲疑藏啼猨橫空截歸鳥流暉互蕩激下有湖壑繞佳處未徧經一覽心頗了秦皇遺跡泯昔士風流杳願探金匱篇振袂翔塵表

絕糧歌爲山陰女士張貞烈作 張雲鶴 國朝人 以下

乾坤剛正氣萬古不磨滅上秉爲忠俠女受作貞烈歷覽彤管篇巾幗多英傑於戲張氏婦大節南雷埒性辣合銘椒思清善咏雪孱子志四方遨游抵黔粵織錦寄相思翦機成學業歲久當來歸孰知竟永訣痛乏掌上珠淚盡心中血三江渺無際五嶺何巇嶫望之眼欲穿招之魂隔絕仗義涉波濤拚命臨機隉蜑雨沐蓬鬢蠻煙縈苴絰擔囊蒼頭奴半路力已竭同行惟老

嫗扶杖共蹩躠扶得一櫬回恨解千年結舅姑葬亦安子婦職無闕拂鏡寫眞容手書遺小姪弗爲溝瀆計預備鴛鴦穴身不願獨存閉戶糧自絶旁人勸加餐執意如金鐵旬餘忍餓死正命非短折玉埋體仍完蘭焚香不滅孱焉閨閣姿偉矣男兒節慷慨比先賢從容邁前哲作歌示閨媛時時當誦説

快閣　王霖

湖山無靜波野雲不常態閒拂釣魚磯因風生微慨試問大小亭爲誰掃雙黛大小亭二山名

畫橋　前人

鼓枻向中流山水足清曠四面款乃聲隱隱續高唱絶勝風雪中尋詩灞橋上

栅姑菴　前人

春草綠到門雨過修廊靜裊裊不逢人滿地莓苔冷東風吹柳絲猶疑卷髩影

萊池又名陸池放翁故居　前人

沄沄池上波猗猗池邊竹清風洒然來悠然想淇澳中有詩人魂鬢眉淡可掬

柳西　前人

落日滿村塢湖光含野烟鷗鷺飛向夕點點沒前川漁父收網回柳根獨繫船

尋柯山諸勝　商盤

游山如讀書漸進不宜懈亦復如悟禪得意在言外僕本邛壑人芒鞋信所屆犖峰理曉鬟綽約多姿態大米小米圖粉本辨芒昧腳下有烟嵐胷中無垒礙何須建采旄一覽九州大

過王埜翁墓下　王本

山上土花紫山下鑑湖水何處見伊人寒雅樹樹起

題檗屏節孝墓　前人

長林噪鳥烏坏土穿狐鼠最惜落花時短碑溼紅雨

雙烈詞　予宗兌卿妻朱氏實卿妻沈氏當乙酉之變爲士賊所虜不屈而死因作雙烈詞以俟采風者　潘亮

天祿去明氏四方盜蜂起自成窺長安獻忠據西鄙爰有鼠雀徒紛紜擾吾里切掠逞凶威禍迫娣與姒因駕一葉舟避諸水中坻狂且見玉容彎弓射舟子清貞懼玷污大呼事急矣命哀不可追決計惟一死攜手入波濤雙璧合◆全美吁嗟列女傳高行誰堪擬古來陳仲妻彷彿無彼此彼已留芳名此未登青史惻惻予心傷憑弔東流水

登越王崢　宋梅

此詩甚拙不足存倩書亦劣 損人詩

案世說所載江彪事乃諸葛恢女若後漢書列女傳所載荀爽女采握刀拒嫁……

突兀晴峯擕貪緣峭壁矗名藍今主人越甲昔棲宿勝蹟餘煙霞斜陽散樵牧林深屐齒香秋老雲根禿日月瞻諸天笠蹄忘淨域曇摩祖印提善住禪燈續無生障自除不壞身何獨白業誠閑閑紅塵徒僕僕松風天晚潮泉流奏琴筑鐘聲稍欲攢米汁巾須漉太古留空山世事任碁局

莊八兒　成周助

松柏惟偉材後彫異桃李節烈屬高門誰與問妾婢婦奴莊八兒微賤抱深恥穀室有經年哭墓無停晷傭耕見而悅贅婿禽以委阿母重舅姑從嫁輕女子期日仍晨春幾忘許身詭拜誤改新妝翻疑受壻喜守義從一終自經視彼雛文君惡私情文姬昧長理荀女徒拔劍江郎終接體吁嗟富貴家婦道轉如此

鍾介伯秀才招游禹陵南鎮泛舟溯若耶溪樵風涇而返疊用

清銓詩本染倉山惡派概之高壽尤病粗獷此詩既無關風土又不能攝删之為書

坡公岐亭韻二首　蔣士銓

油雲釀輕陰屢沛霜雪汁百五寒食過花信風猶溼尋芳具扁舟容與客相得波平岸轉遲酒渴杯行急上剢漾烏蓬衔尾亂羣鴨歌舫玉釵橫食榼青帛羃突兀來飛甍禹廟繚垣赤門迎衡岳碑壘鏽篆文白黻冕秉元圭神從分冑幘可憐宗祠官不免若敖泣俎豆今尚陳封鬣古已缺惟餘千萬蝠糞污點遊客塗山昔如何邈矣諸侯集

崇阿抱南鎮路塭椒椽汁夕陽唱神絃煙裊鑪峯溼掌夢列衙官祀典豈云得莞然不可畱囘棹轉波急言尋若耶谿浣女襍鵝鴨登橋望仙人鶴駕春雲羃三五團瓢家花樹羅翠赤老僧說豐年遙指射的白喫茶腋生風樵風倒吹幘笑看塔開八醉飽發歌泣清游興將盡落日挂山缺羽觴無停飛不知何者客

秉燭皷城屏鐙火市樓集

七言古詩

送山陰姚丞攜妓之任兼寄山陰蘇少府　唐韓翃

東風香草路南客心容與白皙吳王孫青蛾柳家女都門數騎出河口片帆舉夜篁眠橘洲春衫傍楓嶼山陰政簡甚從容到罷惟求物外蹤落日花邊剡溪水晴烟竹裏會稽峯才子風流蘇伯玉同官曉暮應相逐加餐共愛鱸魚肥醒酒仍憐甘蔗熟知君鍊思本清新季子如今德有鄰他日如尋始寧墅題詩早晚寄西人

次韻梁尉秦碑并序　宋王十朋

秦始皇頌德碑丞相李斯篆世傳在秦望山莫知其處教授莫君好奇嗜古搜訪尤力有言碑在何山者莫以語其何山見於

圖經在秦望東南疑其眞秦望也某欣然欲往職有所拘以告會稽尉梁君梁君慨然而行登山果見之碑石僅存字磨滅已盡墨片紙而還作古風具記始末因次其韻且見吾二人好事之癖亦以示後人

姬嬴遺蹟存者希世傳石皷稽山碑石皷揄揚得韓子文與二雅爭驅馳秦碑夸大頌功德埋沒草莽無人知或言山頂石猶在上有虎豹龍蛇螭神藏鬼護荆棘蔽崖懸磴絕登無岐廣文好奇穴探禹梅仙喜事僧壽支（支遁昔遊越中好山水梅仙宿雲門訪古迹於僧）我贊其行要親覩勿受世俗流傳欺望秦秦望兩嶄絕何山壁立東南涯豐碑屹植最高處不知磨滅自何時剔苔掃墨了無有模糊片紙亦足奇濃雲靉靆暗將雨古木槎牙蟠老枝歸來歪筆出險語訶政叱斯同小兒詩成得得寫寄我詞嚴意偉法退之

我聞秦人滅六國酷似犬磔臨江麋先王法爲秦所負負秦況有秦有司五經灰飛儒濺血堯舜周孔何能爲上蔡獵師妙小篆奴視俗體徒肥皮東封泰山南入越大書深刻光陸離沙止風腥人事變鬼餓族赤誰咲咨漢興萬事一掃去惟有篆刻餘刑儀磨崖欲作不朽計其如麻數不及期蚩尤五兵紂漆器八物美惡寧相疵我雖過秦愛遺畫南山入望頻支頤不須嶧陽訪棗刻不用遷史觀雄辭虛堂默坐對此紙閉眼暗想君勿嗤要知秦碑沒字本却類周雅無辭詩

三賢祠并亭 前人

越有三賢祠曰吳先生曰唐侯曰蔡孝子吳先生名孜常事安定胡先生瑗以文行稱捨所居爲府學有功於風敎爲多賢於許詢賀知章輩一等矣唐侯名琦建炎間越帥叛命以城降敵

侯奮自行伍袖鞭擊酋至死罵不絕口有靖康李忠愍風非僅古刺客比也蔡孝子名定以死贖父罪自沉於河與曹孝女相望於千載某因上丁見西廡有祠詢之莫教授知吳先生事語莫君宜有以記之異日坐幕府吏具歲所常祀有旌忠愍孝二廟命吏訪其詳得舊越守傅公崧卿祭文及蔡孝子墓誌與越人題跋奏狀等爲嘉歎者累日因作三賢詩以記其大略庶幾好事君子相繼有作以發揚幽光亦所以助國家旌遺賢奬忠孝激勸風俗之一端也

吳先生祠

安定先生賢矣哉一時高弟俱英才詵詵顯達播廊廟貧賤亦能光蒿萊會稽吳君更超絕至今士子猶能說講堂鳴鼓規使君淸風亘堪聳朝列求田問舍遺子孫錢愚地癖何紛紛不惜

池塘種芹藥一段奇事前無聞君不見唐室達仙稱賀老乞得鑑湖歸去好却將儒服變流沙更遣門闌盡歸道又不見晉朝名士高陽公才名上下王謝中乃心欲出三界外山陰宅化瞿曇宮先生識見高流俗不作二公緣禍福寄語多才鄭廣文乞與豪端記高躅

旌忠廟

國家往往艱難中縉紳節義掃地空靖康有一忠愍公建炎獨見唐侯忠唐侯爵位何曾隆身居行伍儕羆熊平生經史漫不通嚴霜烈日藴在衷憤然一奮不顧躬太尉奪笏嗟匆匆子房鐵椎計已窮張巡就縛氣尙雄杲卿鋸解罵未終忠血義肉塗地紅烈氣英魂薄蒼穹事驚朝野聞帝聰立廟旌忠浙江東睢陽雙廟同高風名書青史等岱崧當時開門誰納戎遺臭世世

如蛆蟲

愍孝祠

我昔嘗讀黃絹碑長嘆越國無男兒孰知種山山下水千載有此一段奇嗚呼哀哉蔡孝子風烈遠過恢與鵯乃翁白首困縲紲半年不脫兒心悲請身荷械代父罪或甘黜湼居軍麾況遇兵興擊叛卒身先矢石死不辭當時非無賢太守孝子抱志終不弛人間無路可赴訴投命河伯祈天知自爲銘誌及訟牒欲愬以魂贖以屍情哀意切語不怨孝與忠厚俱天姿臨河更效結纓死顛沛於禮更無違父脫縲四子願畢身在九泉甘若飴名聞九重獲旌表賜廟愍孝風羣黎胡爲祠宇乃如許一閧破屋河之湄未聞設誅有度尙絶妙更欠邯鄲詞我來贊幕欽孝烈顧瞻廟貌成吁嘻他年太守作嘉傳願於紙尾書吾詩

鑑湖行 前人

蒼蒼涼涼紅日生葱葱鬱鬱佳氣橫鑑湖春色三百里桃花水漲扁舟行花間啼鳥傳春意聲落行舟驚夢寐胡床兀坐心境清轉覺湖山有風味鑑中風物幾經春身在鑑中思古人禹迹茫茫千載後疏鑿功歸馬太守太守湖成坐鬼責後代風流屬狂客狂客不長王鑑湖惟有漁人至今得日暮東風吹棹回花枝照眼入蓬萊回首湖光何處是款乃聲中圖畫裏

會稽山中 宋戴復古

曉風吹斷花梢雨青山白雲無唾處嵐光滴翠溼人衣蹻踤瓊瑤溪上步人家遠近屋參差半成圖畫半成詩若使山中無杜宇登山臨水定忘歸

鑑湖歌 宋陸游

千金不須買畫圖聽我長歌歌鑑湖湖山奇麗說不盡且復與子陳吾廬柳姑廟前魚作市道士莊畔菱爲租一彎畫橋出林薄兩岸紅蓼連菰蒲村南村北鴉陣黑舍東舍西楓葉赤每當九月十月時放翁艇子無時出船頭一束書船尾一壺酒新釣紫鱗魚旋煮白蓮藕從渠貴人食萬錢放翁艇子長便便暮歸稚子迎我笑遙指一抹西村烟

贈鏡湖相士　宋文天祥

五月五日揚子江心水鑄作道人雙瞳子吾面碟子大安用鏡照二百里

冬青樹引別玉潛　宋謝翱

冬青樹山南陲九日靈禽居上枝知君種年星在尾根到九泉護龍髓恒星晝隕夜不見七度山南與鬼戰願君此心無所移

此樹終有開華時山南金粟見離離白衣人拜樹下起靈禽啄粟枝上飛

予既注皋羽登西臺慟哭記又以此詩讀者未易通其辭旨故爲之疏以便參攷而自質焉適文獻黃先生之門人傅藻氏以書來謂聞之文獻者曰楊總統初欲利攢宮之金玉故爲妖言以惑主聽而發之越中王修竹一日出金帛與諸惡少衆皆驚駭而請曰平日且不敢見今乃有賜不審欲何爲雖死不敢避因徐謂曰爾輩皆宋人也吾不忍陵寢之暴露已造石函六刻紀年一字爲號自思陵以下欲隨號收殯爾衆皆諾遂夜往收貯遺骸骨而葬上種冬青樹爲識此歌詩之所爲作也其說如此予以舊注頗有異同亦既以書致諸鄗見於傅君矣故未即以舊聞非是而未加改定姑錄一通

寄傳且書來言於此以問該洽者庶幾予言或可再正而未晚也丙午正月十日張丁識

浦陽張君孟兼取閩人謝翺爲宋丞相文公所作西臺慟哭記詳疏其文復取其至越中所作冬青樹引幷疏之於卷末且以宋遺骸事爲唐玨及王修竹而疑其異同予謹按郡先生霽山林君當宋亡時忠義耿耿有南山有嘉樹及商婦怨等詩見所著集中嘗與唐玨收宋遺骸於山陰種冬青樹其上刻誌有丙之年子之月冬青花不可說之句蓋先生乃王修竹門客先生與玨所爲王蓋與知之矣夫謝翺在文公之門傳公者曾不及翺非張君茲述殆泯滅不傳今書玨之事而霽山林君不與焉豈非闕乎予因幷識其事以釋君之疑且以副君好古博雅之盛心云洪武四年二月十日孔希

普識

附錄唐義士傳略　羅靈卿

唐君名珏字玉潛會稽山陰人家貧聚徒授經營滫髓以養其母歲戊寅有總江南浮屠者楊璉眞伽怙恩横肆勢燄爍人窮驕極淫不可具狀十二月十有二日帥徒役屯蕭山發趙氏諸陵寢至斷殘支體攫珠襦玉柙焚其胔棄骨草莽間唐時年三十二歲聞之痛憤盡貨家具得白金百星許執券行貸得白金又百星許乃具酒醪市羊豕邀里中少年若干輩狂坐轟飲酒且酣少年起請曰君儒者若是將何爲唐慘然具以告願收遺骸共瘞之衆謝曰諾中有一少年曰發丘中郎將耽耽餓虎事露柰何唐曰余固籌之矣今四郊多暴骨取竄以易誰復知之乃斲文木爲匱複黃絹爲囊各署其

表曰某陵某陵分委散遺之葩也以藏爲文而告諸且事訖來集出白金羨餘酬之戒勿泄越七日總浮屠下令裒陵骨襍置牛馬枯骼中築一塔壓之名曰鎮南杭民悲戚不忍仰視了不知陵骨之猶存也禍淫不爽流傳京師上達四聰天怒赫赫飛風雷號令捽首禍者北焉山陰人始有藉藉傳唐事者由是唐之義風震動吳越聲生勢長若胥江掀八月之濤名雖高困固自若明年己卯後上元兩日唐出觀燈歸忽坐屏息奄奄若將絶者良久始蘇曰吾見黃衣吏持文書來告曰王召君導我往觀闕巍峩宮宇靚麗殆非人間有一冕旒坐殿上數黃衣貴人逡巡降揖曰藉君掩骸其有以報唐乃陞謁造王前王謂曰汝受命窶且貧兼無妻若子今忠義動天帝命錫汝伉儷子三人田三頃拜謝降出遂覺罔不知

其何也踰時越有治中袁俊至始下車爲子求師有以唐薦者一見署賓館一日問曰吾渡江聞有唐氏瘞宋諸陵骨子豈其宗耶左右指君曰此是已袁大駭拱手曰君此舉豫讓不能抗也曳之坐北面而納拜爲禮敬特加情好益篤叩知家徒四壁惻然嗟矜語左右曰唐先生家甚寒吾當料理使有田以給左右逢迎爰諏爰度不數月二事俱愜聘婦偶故國之公女貧郭食故國之公田所費一一自袁出人固奇唐之節而又奇唐之遇兩高之曰二公眞義士義士爾後獲三丈夫子鼎立頎頎凡夢中神所許稽其數無一不合咄咄怪事乃如此唐葬骨後又於宋常朝殿掘冬青樹植於所函土堆上作冬青行二首曰馬箠同髐形南面欲起語野麕尙純束何物敢盜取餘花拾飄蕩白日哀后土六合忽怪事蜕龍

掛茅宇老夫鑒區區千載護風雨又曰冬青花不可折南風吹涼積香雪遥遥翠蓋萬年枝上有鳳巢下龍穴君不見犬之年羊之月霹靂一聲天地裂復有夢中詩四首曰珠亡忽震蛟龍睡軒敝寧忘犬馬情親拾寒瓊出幽草四山風雨鬼神驚一坏自築珠丘土雙匣親傳竺國經只有春風知此意年年杜宇哭冬青昭陵玉匣走天涯金粟堆寒起莫鴉水到蘭亭轉嗚咽不知眞帖落誰家珠鳧玉鴈又成埃斑竹臨江首重囘猶憶年時寒食節天家一騎奉香來客錢唐久熟悉其事唐至今無恙

冬青行　明　李東陽

高家陵孝家陵鱗骨盡蜕龍無靈唐義士林義士野史傳疑定誰是玉魚金粟俱塵沙何須更問冬青花徽欽不返梓宮復二

百年來空朽木穆陵遺骼君莫悲得葬江南一抔足

冬青行 明 高啓

樓船載國沉海水金槌晝入三泉裏空中玉馬不聞嘶日落寢園秋色起魚燈夜滅隧戸開弓劍已出空幽臺髡奴暗識寶氣盡六陵松柏悲風來玉顱深注酡酥酒誤比域王月支首百年帝魂泣穹廬醉骨飲寃愁不朽幸逢中國眞龍飛一函雨露江南歸環珮重游故山月冬青樹死遺民非千秋誰解鋤南山世運興亡反掌閒起輦谷前馬蹄散白草無人澆麥飯

玉笥山 元韓性 案此山隸會稽縣嘉泰志謂與南鎮相接今志既登南鎮故此詩亦假借錄之

秦山幾千仞翠入蓬萊城城中望山色明暗分陰晴老夫散策山前路爲愛青雲不歸去仰看驚怪鷺飛來回頭忽見雲生處巖中孤起如炊烟乘風騰上蒼崖顛崖巔宿雲喜迎接橫空一

幅兜羅綿天風吹散銀千縷淡處是烟濃處是雨雲師拗怒不肯回露出峯頭尺來許一雨三日溪水肥老夫欲歸不成歸雲師知我慘不樂故出小譎相娛嬉老夫作詩一笑領舉袖收雲散空迴倚松絕叫山下人仰看雲峯匝山頂

越船行　元袁桷

越船十丈青如螺小船一丈如飛梭平生不識漂泊苦旬日此地還經過三江潮來日初晚九堰雨慳河未滿當時却解傍朱門醉眼看天話長短年來官府催發綱經月辛苦鬢已霜布裘漫作解貂具入門意氣猶猖狂自古魚鮭厭朋越明日今朝莫論說買魚沽酒不計錢被髮江頭傲明月勸君莫作越船婦一去家中有門戶沙上攤錢輸不歸却向鄰船盪雙艣

鑑湖雨　元李孝光

越角鑑湖三百曲雨餘曲曲添新綠八月九月風已高詩人夜借漁船宿漁翁城中沽酒來篷底白魚白勝玉當時賀老狂復狂乞得鑑湖此生足

蘭亭　元王冕

東晉風流安在哉煙嵐漠漠山崔嵬裒蘭無苗土花盛長松落雪孤猿哀滿地紅陽似無主春風不獨黃鸝語當時諸子已寂寥眞本蘭亭在何許皴膚老樹緣女蘿崩崖斷壁青相磨舊時觴詠行樂地今朝魚鼓瞿曇家荒林晝靜響啄木流水潺潺達山曲游人不來芳草多習習餘風度空谷去年載酒誦古詩今年柱杖讀古碑年年慷慨入清夢何事俯仰成傷悲故人不見天地老千古溪山爲誰好空亭回首獨淒涼山月無痕修竹少

題界畫臥龍山樓閣圖　明劉基

巍巍乎大海之西浙河之東是曰會稽夏后所封吞雲吐雨隔靈次闔闢光景調春冬地平天成五千載職貢長與中華通洞天石室神仙宮香爐紫氣騰芙蓉禹穴窈窕潛蛟龍玉書金簡今無踪但見蒼翠松柏晻曖閉白日猿狖叫嘯生悲風臥龍何蜿蜒向前離立如孩童上有朱甍碧瓦縹渺浮元穹流星穿窗月掛戶下視水木光玲瓏多年不見嘗膽處野花自落莓苔中綠蘋香飄楊柳濃漁舟一葉波溶溶黃冠貧老已寂寞淡烟細雨空青楓雁山狂客意匠工能以翰墨偷天功對此使我心神融便欲築室依龍嵸短衣瘦策尋葛洪蠙服石髓餐晴虹翩然遠逐浮丘公不須懷古意慘戚伯夷綺里俱蒿蓬

游秦望用壁間韻　明王守仁

秦望獨出萬山雄縈紆鳥道盤蒼空飛來百道瀉碧玉翠壁千

仞削古銅久雨初晴眞可喜山靈於我豈無以初疑步入畫圖中豈知身在青雲裏蓬島茫茫幾萬重此地猶傳望祖龍仙舟一去竟不返斷碑千古原無踪北望稽山懷禹蹟却嘆秦皇爲慚色落日凄風結晚愁歸雲半掩春湖碧便欲峯頭拂石眠弔古傷今誰黯然未暇長卿哀二世且續蘇君觀海篇長嘯歸來景漸促山鳥山花吟不足夜深風雨過溪來小榻寒燈臥僧屋

夢游秦望山歌送客歸越　明 貝瓊

秦望何崔嵬削如青蓮開下臨七十二湖之浩蕩上接三十六洞之縈迴夢中夜渡浙江水輕如鶴背乘風來欲求軒轅上天處白雲尙鎖燒丹臺徒知有弱水安可覩蓬萊但聞松聲萬壑兮夾飛湍之喧豗赤日慘淡而無色復殷殷之雄雷踰千盤兮歷百折香爐玉笥左右列山中二女問何遲桃花落盡燕支雪

金雞三叫失所在惟想參差白銀之觀闕龍綃寄別淚三載猶未滅有美一人兮佩珊珊昨游吳門復東還吾願從而上下兮叫安期於雲間回首隔千里可望不可攀

夜發錢清江　明高啟

錢清渡頭船夜開黃茅苦竹聞猿哀客官釃酒水神廟風雨滿江潮正來蒸飯炊魚坐篷底不覺舟行兩山裏櫂歌早過越王城東方未白啼鴉起

戠南爲爲時君　明徐渭

西施初浣清江水越王愁絕吳王喜一自龍輿返越臺一心欲報行成恥越山高高戠草長越王自採充饑腸至今行人指山路猶識君王采戠處時君卜居水一涯屏臨戶敞浮光華青山不改當年色戠草時抽舊日芽更有山池傍山側右軍汲洗豪

端與君今學書過右軍洗毫亦向池中汲年來束帶復垂纓去越之燕往玉京也應遙憶山南蕺春去秋來長幾莖

秦望山　明吳中

秦望之山秀且雄千巖萬壑環西東奇峯影落鏡湖水碧波蕩漾金芙蓉秦皇曾此窮躋攀汎海樓船竟不還伯圖已下千年世何須更覓三神山冥然不鑒燕昭轍侈心方惑神仙說皓靈已見泣西郊萬里東巡猶未歇黃旗翠蓋薇林丘玉輦還爲幾日留琳宮貝闕渺何許一片蒼烟連蜃樓古臺千年迹如掃元氣靈長山自好厓懸石溜聲喧豗徑合松陰晝冥窅朅來爲覓先秦文悲歌不洗驪山魂斷碑剝落已無主回首丹崖空白雲

香爐峯　明張汝霖

城外好山閧九里不道湖頭隔尺咫坐邀蒼翠只尊前亂蹋空

青多夢裏此時見說喜欲狂呼兒急往不及履午炊甫畢烟未消已籲山根窺洞底幾攢怪石蹲杖頭百道飛泉漱屐齒奇峯個個擬分身峭蹬垂垂半容趾僧連踵接喘若舂膝與肩平步成跽逡巡忽得穿其巔谷口桃花爛如綺松盤佛頂巢猱尼藤掛袈裟生簡子天瓦晴懸幾筋冰雪賣寒生千歲鯉旋收落葉燒青鐺爲剪新茶烹碧水山僧向余指歸路取道泉開峭如砥緣蘿捫石側足行覷向坐處參天起爐烟縷縷染人衣嶺雲片片還女几曾聞此處石頭滑衲子深林吼獅兒撩衣渡水試往參萬松鬣鬣僮如薺竹閒水出流胡麻枯荸薺頭兩開土遠心孤映詩思清皎耶畫耶定誰似山窗對坐不問名片語投針笑相視名山況復栖名流得住且住爲佳耳西林日晚人促歸霞際孤舟去如駛回看人色入虛無憶昨夢游轉非是吁嗟乎老

矣白頭只合伴青山室庭且自娛游蟻

道士莊　明夏煥

道士道士何許人四明狂客賀季眞金龜解却飲李白長安市上酬青春乞歸送別兮宗惜賢達應知罕儔匹無奈山林高尚心駟馬高車留不得鑑湖一曲剡溪通好山隱映波瀲瀲詔書特賜爲臺沼一錢不必損青銅盤盤第宅連雲漢歸來乞作千秋觀倒營別業著閒身野服黄冠恒泮渙有時理棹向南汀忘機不令鷗鳥驚有時高臥北窗下手書一部南華經種菱種藕堪給食酒醞松花配鮮鯽一任姚崇解救時從教杜老能憂國千載遺踪尚未湮經蹟每嗟當世人鬖鬖白戴頭顱雪潰倒青雲說爲貧

越溪舟中　曾燦　以下國朝人

蕭山縣裏一舟渡衰草寒城天欲暮爲語篙師且忍饑我欲黃昏望翠微十年心愛山陰道滅燭看山識山好川橋竹路有幾灣夜靜無人獨往還

青藤書屋歌　胡紹相

玉虛觀西秋送涼青藤老幹苔蒼蒼軼才去我已百載一瞻手植登書堂憶昔畸人優幕府醉狂自喻禰生鼓凱奏紅冰壓鉅公表題銀浪驚人主酬絹得來一畝宮于金移種南山中非草非木喻奇癖居然卽號青藤翁倭戕社易滄桑改遺宅孤根今尚在滿眼青苔悟道機憑酉讔語從詮解拔陰元坐思悠悠剩壘餘鐫孰敢酬董石美松久零落何如池上摩青虯

禹廟後壁畫梅歌幷序　會益

吾越禹廟經亂頹毀順治九年壬辰重修煥然一新仲冬同朱

騰之張宗子林叔含魏子煌謁祠適詠杜甫古屋畫龍蛇句及梅粱化龍事諸君顧予曰盍畫梅於壁以代之因援筆作二梅并書梅龍二字於上字徑四尺壁横二丈有四高二丈有八遂作歌以紀

高天一聲飛霹靂回看禹廟雙龍失屋頭古畫黯無存粱間水藻久猶溼我來懷古試一探寂寞空山愾今昔戲拈禿筆畫雙梅濃處無塵淡無迹眠者如龍屈曲蟠昂者干霄作龍立著花向背爭離奇有石參差學疎密由來神物解通靈此梅寧肯終潛蟄翻疑注海蒼龍逃今被曾生偶捉得宛委依然在眼前寒雲疊疊浮春色

山陰五老歌 查昇

熙朝養老崇膠庠頒賜粟帛歲有常時維春矣

帝省方黃衣皓首拜道旁所過十里或五里老人什伯爭迎喜
自言生作
堯舜民出作入息蒙
皇仁縣家給得黃絲絹由來
賜出光明殿頻年被服
聖人恩今朝喜識
君王面誰與健者山陰民有五兄弟歌莊椿生本同根復同茂
其幼七十長九旬五人有婦各偕老弋雁鳴雞賡靜好出腹於
今聚一堂孫枝幾輩盈懷抱更有同懷雙女弟結褵嫁得賢夫
婿白首相莊十四人修齡屈指盈千計五老匍伏
行宮前觀者歡笑聲喧闐黃門陳奏開
龍顏擘窠運帝生雲烟如此禎祥世希有一門人瑞登耆耇

奎章賜出萬人看溢港塡衢齊額手臣聞漢廷四皓非同生淮安八叟無留名又聞五老浮河應列星傳之載籍誇神靈何似五人一父母歲月天長復地久微臣竊喜附枌榆願言作歌垂不朽誰云世無眞神仙五人皆得全其天自今菲祿尢延綿齊祝我
皇億萬年

窆石行 胡天游

禹穴祠前窆石在嶭嶭立向四千歲大抵一丈含青蒸海鯨丐穿厚地背桐棺下葬懸綍麗故老流傳未茫昧但看鼻紐不敢論斲字八分東漢存俗人不知禮所敬溪女來過樵童捫禹時藏書果何有或道金璙玉符此所守向石再拜問有無生世詎晩徒悲吁

蜀阜寺觀吳大帝戰鼓歌　前人

寺中椆鼓圍十夫紫泥煆鐵扶桑枯靈夔雷骨絶洪吼飛鶴一去空相呼摩挲腰腹問何代彷彿字餘吳赤烏僧言鼉口昔潛涌犍椎神送供耶輸紫髯將軍虎嘯初斑闌巳識黃金車錦帆青蓋耀赤壁鼓吹護子鏖濡須飄雲萬騎襍風雨䩞霆百道驚羆貙雄謀右手倚未倦七十二城援一枹皿猳安足取黃祖廳釁子桓陳鄰都國山碑殘秋草没蔣陵亭下降帆孤洛陽飛廉沈莫雨積環況復千春徂山川精氣倘未竭終嘆仲謀懷伯符寺中蒲牢亦誕幻夜半往往凌江湖轟闐怒擊龍在埜蟲獸曉觸翻萍蒲怪奸縛鎖馴未得嗚叱絶島猶鶢鶋驕爭猛競此何有諸天戰鬬知奚如他時仇勝更爾女雄頽覔或秦人趁夙憐嗔卵誰破豚安使調御歸空無詩成發我一笑粲仰見纖月浮

林於

南鎮古松歌 前人

祠前古松二千尺倒刳蒼龍拔危壁鱗鬣長搖赤日寒波濤盡卷秋天白六丁不敢偷取將雷公夜半潛奔藏太乙下觀亦惆悵靈旗慘淡翻蒼茫君不見徂來老翁化爲石彷彿問年纔五百乾坤電轉不自知空爾摩挲歎銅狄都輸倔強碧霄外泰山大夫羞行輩首陽伯夷見孤直蓬萊清淺知幾歲秋風動地元雲乖換盡白骨塡金髓叶 終疑十日吐霹靂浩蕩縱橫天上飛

柯亭椽竹歌 商盤

中郎審音先用目以目代耳得椽竹高遷亭古歲月深荒涼閱世無知音在昔曾經丹鳳食一朝忽作蒼龍吟中郎當日來吾地青光咫尺含靈異遂師鑢硐配陰陽宮商一聲風雨至如此

相竹天下奇伏滔作賦胡會詩艮玉在山珠在水無意寶者乃得之卽今亭址生荆棘人竹俱亡事堪惜神物千秋遇合中世間何處無焦桐

飛來山登應天塔遂謁朱文懿公祠　蔣士銓

東武誰見飛來時歷人入地人不知縵井錫痕指靈異蕭詧造塔來何遲沙門之說本荒忽賸有浮圖撐突兀越王游臺今已無想見君臣覽雲物城南秦望山獨尊列岫相倚如兒孫江湖西騰海北陷東接兩郡煙雲屯倒身下瞰十萬户街巷河梁棊局布城中曠土綠漫漫滿地纍棺無葬處相公祠宇山之陽侍講切引花石綱全君骨肉正國體妖人何惜誅生光罷稅撫蠻天下宴遺疏猶能此尸諫摩厓手寫小琅邪後世前生皆不見越有天地有此山曰龜曰怪山無言相公不逐許詢返客影下

散斜陽閃忽有天風送人語大善塔鈴相爾汝我欲攜山更飛去

潘曦亭別駕招游三江觀應宿閘宴飲竟日入城夜半矣 前人

兩山中斷開危峽內江外海蛟龍狎海飛江立山腳破巔石橫空立飛閘長三十丈闊二丈閘板雙層中貫插二十八洞排水門各有星官司歕飲海如盜賊凜窺垣江若虎兕欣出柙百川東去難撼搖萬嶺西來敢傾壓天神列鎮肅旌旗水將連營布兵甲潮頭逆上見崩摧江尾順邐隨管押當年人力豈能到太守默傳神禹法連樁入地奠千秋積潦浮天消一霎三城雪卷水安瀾萬頃春回人荷鍤閑看網戶稅魚蝦罷問舟蛟掌鯫鴨湯公俎豆自不祧應請蕭公分饗祫我拏勁楫劃玻璃不異清游泛苕霅人家斷續冠畦町岸樹彎環互寬狹漁郎水嬉篙技

擊別駕鐙筵酒盟歃糟浮子蕭舌尖糝蜜飣霜柑爪痕掐藏鬮戰拇各分曹算馬度壺同用筴嘉賓側弁主猶醒君子欠伸僮且乏皷斜揖別雁翔汀偪仄登舟歛歸匯回帆自發小海唱泠月生寒透巾帢

五言律詩

送賀祕監歸會稽詩并序　唐　明皇

天寶三載太子賓客賀知章鑒於止足抗歸老之疏解組辭榮志期入道朕以其夙存微尚年在遲暮用修掛冠之事俾遂赤松之游正月五日將歸稽山遂餞東路乃命六卿庶尹三事大夫供帳青門寵行邁也豈惟崇德尚齒亦將勵俗勸人無令二疏獨光漢冊乃賦詩贈行凡預茲宴宜皆屬和

遺榮期入道辭老竟抽簪豈不惜賢達其如高尚心寰中得祕

要方外散幽襟獨有青門餞羣公悵別深

法華寺 唐吳融

寺近十峯陰穿緣一徑尋雲藏古殿暗石護小房深宿鳥連僧定寒猿應客吟上方應見海月出試登臨

宿法華寺 唐嚴維

一夕雨沉沉哀猿萬木吟陰龍常護法長老密看心魚梵空山靜紗燈古殿深無生久已學白髮浪相侵

寄鏡湖朱道士 唐李頎

澄霽晚流闊微風吹綠蘋鱗鱗遠峯見淡淡平湖春芳草日堪把白雲心所親何時可爲樂夢裏東山人

送崔處士先適越 唐劉長卿

山陰好雲物此去又春風越鳥聞花裏曹娥想鏡中小江潮易

滿萬井水皆通徒羨扁舟客微官事不同

泛鏡湖南溪　唐宋之問

乘興入幽棲舟行日向低巖花候冬發谷鳥作春啼沓嶂開天小叢篁夾路迷猶聞可憐處更在若耶溪

題鏡湖野老所居　唐馬戴

湖裏尋君去樵風往返吹樹喧巢鳥出路細葑田移溫芋成魚網枯根是酒卮老年唯自適生事任羣兒

鏡湖別墅二首　唐方干

寒山壓鏡心此處是家林梁燕窺春醉巖猿學夜吟雲連平地起月向白波沉猶自閒鐘角棲身可在深

世人如不容吾自縱天慵落葉憑風掃香秔倩水舂花朝連郭霧雪夜隔湖鐘身外能無事頭宜白此峯

鏡湖別墅　後唐釋齊巳

賀監舊山川空來近百年聞君與琴鶴終日在漁船島露深秋石湖澄半夜天雲門幾回去題徧好林泉

同朴翁登臥龍山　宋姜夔

龍尾回平野蒼牙出翠微望山憐綠遠坐樹覺春歸草合平吳路鷗忘霸越機千涼松影亂白羽對禪衣

寶林山靈鰻井　宋林景曦

雲根藏海眼靈物此中蟠吐沫晴巖雨飛陰夏木寒何年化龍去半日待潮看消長從誰問微吟倚石欄

梅山　宋戴表元

梅尉成功後安知不此來路逢耕者問山是化人開樵隴低逼海茶村暖待雷乎談亦可隱不用墾蒿萊

前題　元陳孚

鏡湖八百里水光如鏡明偶尋古寺坐便有清風生天濶鴈一點山空猿數聲老僧作茗供笑下孤舟輕

玉笥山　元王冕

幽窅無人迹空虛見遠天雪深山氣伏崖斷樹根懸烏鳥翻身入狐狸放膽眠老夫多腳力更欲上層巔

山陰晚泊　明李堎

落日山陰道孤舟帶遠汀秋林紅葉重夕浦黑風腥客夢礁前斷漁歌鏡裏聽來朝餘興在何處訪蘭亭

本覺寺　明王守仁

春風吹畫舫載酒入青山雲散晴湖曲江深綠樹灣寺晚鐘韻急松高鶴夢閒夕陽催暮景老衲閉柴關

前題　明鄒績

梅福多年寺，停橈試一來。路緣青嶂入，門對白雲開。野蔓藏千片，山茶薦客盃。平生耽勝賞，日暮未言歸。

興教寺　明蕭昱

迢遞尋古刹，寂寞見羣峰。好竹無人掃，繁花對客紅。雲歸僧院靜，雀下佛檀空。興盡方歸去，春山落照中。

寓山二首　明李雯

風靜蒹葭渚，寒深薜荔衣。紅亭高曲磵，碧磴俯重扉。竹定罷罷落，池空屬玉歸。諸山烟翠薄，攜手夕陽微。

不覺風亭暮，相從爲勝游。樓分秦望月，溪引若耶流。霜甲拔松子，蘭根到石頭。直看用幽意，早晚在滄洲。

蛾山看梅　朴廷勳　以下國朝人

不淺尋梅與因之冒雪過暗香浮玉樹寒色凍銀河歲月盤根久風霜吐氣多山靈好呵護留勝訪巖阿

蕺山戒珠寺 毛奇齡

古殿倚嵯峨春風似永和龍歸華藏遠僧把戒珠多舊巷看巢燕清池想浴鵝前王曾採蕺霸業近如何

柯山 朱彝尊

柯山亭下路修竹暮紛紛衆壑千尋暗雙崖一境分江光明草樹日氣冷江雲更憶中郎笛寥寥不可聞

新壽泛舟花園至興教院曉公方丈 王霖

春節九十日日日峭寒生鳩婦不堪雨鼠姑初放晴花林移棹入禪侶瀹茶迎一洗從前懣能令病骨輕

匆匆辭岫出急急倦飛回彈指時何駛攢眉客又來獻花勞佛

子問法愧凡才爲覓安心地皈依是此回

稽山廟　沈麟趾

半壑臨秋水松陰遍上方書聲和梵響講席間禪房老衲依然

健新篁如許長山門閒眺望雲樹共蒼蒼

山陰　齊召南

鏡中看竹樹人地總神仙白玉長隄路烏篷小畫船有山多抱

野無水不連天朝暮分南北風猶感昔賢

南塘　王霖

夙愛南塘勝曾聞五月涼況逢秋氣爽正及稻花香荷葉翻翻

綠菱絲故故長棹歌聲一片搖蕩水雲鄉

彤山　即容山　前人

會經歌舞地木石想平泉俯仰空陳迹荒蕪賸野田遠峯韲晚

黛獨樹咽吟蟬隴畔聞人說耕時出翠鈿

鷗湖觀漲集杜工部句　前人

江漲柴門外江村八九家江雲飄素練江沫擁春沙泥筍初苞荻陽坡可種瓜野人時獨往直欲泛仙槎

王文成公祠集杜工部句　王霖

汗馬收宮闕中原仗老臣異才應間世雄略動如神茅土加名數尊崇邁等倫力侔分社稷君側有讒人

夜宿畫橋　劉正誼

十里名橋路扁舟向晚過犬聲吠月淡鴉影背星多楊柳垂烟霧澄波皺綺羅寒塘人獨宿渺渺奈愁何

柯亭懷古二首　金振豫

一訪高遷舊中郎事已遐思將雲夢竹重譜落梅花腸斷桓伊

賦音傳絶塞谺荒亭人不見啼殺夕陽鴉

隻眼人千載孤亭水一涯繁音唐供奉舊琯漢昭華眞賞空今古遺材足嘆嗟低徊情未已江上月痕斜

清涼寺　馮均

斗絶清涼境攀援信杖藜金銀開世界棟宇自梁齊雨壓秋雲重天連大漠低松房聊小憩掃壁更留題

宿天衣寺　楊廷彪

絶巘游蹤少秦皇古蹟存域中天最大法界佛常尊星近如懸李風微亦動旛晨鐘發深省幾日洗襟煩

蕺山書院拜劉念臺先生待漏圖遺像二首　方觀承

執簡衣冠古憂時涕淚長江湖身屢黜鄉曾道重光舊宅山同仰遺編穴可藏春風吹短蕺采薦有餘香

吾家舊驄馬風義重平生願識宗傳意殊欣私淑情山河　遙問社弟子盡知名蘭芷荒岡外如聞弦誦聲

山陰道上二首　李友棠　集句

欲別誠堪戀稽城浙水東鳥飛溪色裏人歇樹陰中度雨諸峰出緣雲一逕通招招瀁輕楫此日意無窮

韋莊　白居易　朱慶餘　姚合

劉長卿　白居易　謝朓　杜甫

盡入新吟境長疑畫不成江帆衝雨上山篆逐雲行碑缺曹娥宅溪迴句踐城千巖兼萬壑何必往蓬瀛

鄭谷　杜牧　李端　釋皎然

劉長卿　張祜　方干　李乂

紅橋在塗山下相傳禹斬防風氏血流至此故名　潘江

畧約橫谿畔何緣獨著名九州稱甸服多士號公卿路屆誅無赦征誅非不平餘波屬玷穢千載未澄清

陸郎渡 陸諱尚質年十五掾父溺而死 前人

兩岸秋波濶來尋古渡頭名高千尺浪身等一浮漚父溺甘同溺思誼常自誼徘徊思往事落日滿滄洲

蘭亭上方寺 陳榮杰

坐來拳動息白日冷松關雲響龍歸洞風腥虎出山觀空潭水靜悟法雨花閒千嶂鐘聲暮長天一雁還

宿大善寺 前人

覽盡湖山勝來棲丈室中夜禪雲殿冷秋夢竹樓空塔影迴殘月鐘聲落遠風五更林雨過心跡老僧同

三江訪沈雲崖 前人

此中有逸士孤訪入山椒海近潮侵檻風和花覆橋聽鶯移綠樹看鼠剝紅蕉羨爾江村晚無言倚畫橈

小瑯琊 朱相國文懿公宅　吳壽昌

小小飛來岫猶聞東武吟雲烟移海角臺榭歷城陰庭樹存前代齋鐘送隔林山上有寶林寺攀蘿差易上重擬拂衣尋

大埠尖 前人

如笏秀崚嶒諸山俯視憑其靈出雲雨於派儼高僧吾邑西南山派俱從此發日飽凭樓眺偏憐蠟屐登春來香市近寄語上方僧

小閣 前人

樹里峰當檻耶溪水到階座間風月好道上畫圖如重是先賢跡宜為有道居經時共吟眺戀戀此樵漁

鄉物十詠 前人

日鑄茶

越茶饒佳品名輸此地傳根芽孤嶺上採焙早春前餘味回雲

霧清芬試水泉幸辭團餅貢風韻最天然

東浦酒

郡號黄封擅流行盛域中地遷方不驗市倍榷逾充潤得無厭

妙清關製麴工醉鄉寧在遠占住浦西東

平水冬笋

欲叩禪師版爭尋稚子根鮮新蔬氣退瑟縮凍痕存褒面才頃

擔駢頭旋就髡都人珍十倍販到一開樽

型塘楊梅

赬彈諸楊顆堆柈五月炎去襦膚外暎如蜜味中甜種好還憑

嫁嘗多或點鹽上林盧橘樹兩美惜難兼

百步瓜

瓤剖黄金嫩仁留赤玉殷名非冒西土種已勝東關地僻知猶

少生稀得更艱年時藏一二珍重舊家山

鑑湖菱

百頃畫橋西差差水面齊都傳生角銳不碍折腰低論斗划船市經風葦索攜客來便白剝美爾遠淤泥

湘湖蓴菜

旁邑湘湖菜吳淞可並稱未經千里致日擬一帆乘勺水銀絲滑舌羹雉尾登先秋須記憶時過也堪憎

陡亹鰻線

海鱺生若線殊費吾師撈味較餬魚美廚增菽乳膏餽人時物重饌客食單豪憶否鯤鮞禁吾將畀老饕

陶堰艾餻

香色味三絕眞教題字難都梁霏作糝碧玉杵爲團合付柔腸

飫尤於冷胃安重陽處此品次第薦春盤

賓舍牡丹

豔豔盈臺蕊亭亭亞屋柯傳家忠孝遠在錢氏宅閱世刼塵多數有尋芳到閒思倚樹歌卅年游賞處未用感婆娑

七言律詩

會稽山 唐李紳

削平水土窮滄海畚鍤東南盡會稽山擁翠屏朝玉帛穴通金闕駕雲霓祕文鏤石藏名壁寶檢封雲化紫泥淸廟萬年長血食始知明德與天齊

謝微之誇鏡湖 唐白居易

我嗟身老歲方徂君更官高興轉孤軍門郡閤曾閒否禹穴耶溪得到無酒盞省陪波卷白骰盤思共彩呼盧一泓鏡水誰能

羨自有胸中萬頃湖

九日陪越州元相燕龜山寺　唐趙嘏

佳晨何處泛花游丞相筵開水上頭雙影旆搖山雨霽一聲歌動寺雲秋林光靜帶高城晚湖色寒分半檻流共賀萬家逢此節可憐風物似荆州

寶林寺二首　唐方干

山捧亭臺郭繞山遥盤蒼翠到山巔叢中古井雖通海窟裏陰雲不上天羅列衆星依木末周回萬室在簷前我來可要歸禪老一寸寒灰已達禪

中天坐卧見塵寰峭壁垂蘿不易攀晴捲風雷歸故壑夜和猿鳥鎖寒山勢横緑野蒼茫外影落平湖瀲灔間師在西巖最高處路尋雲裏見禪關

蓬萊閣　宋張伯玉

書報蓬萊高閣成越山增翠越波明雲收海上天風靜人在月中金翠橫游女弄芳珠作珮仙人度曲玉爲笙會須長揖浮丘伯醉聽銀河秋浪聲

萬疊湖山烟水濱朱門畫戟問松筠登臨不踏紅塵路燕寢長居紫府春晝靜欲驂風外鶴夜深疑是月中身我慙白首方懷綬猶得蓬萊作主人

附唐元稹州宅詩　蓬萊閣名因此

州城縈遶拂雲堆鏡水稽山滿目來四面無時不屏障一家終日在樓臺星河影向簷前落鼓角聲從地底回我是玉皇香案吏謫居猶得小蓬萊

寄酬程給事上巳日鑑湖即事二首　宋趙抃

湖上初經上巳春水邊遥見碧蕪新輕舟競泛無涯樂夾岸希逢不醉人厨醖旋篘浮蟻釅府茶深點臥龍珍詩筒往復余知幸垂老親仁得善鄰

蓬萊高與臥龍俱位望兼崇似合符絃管夜聲傳井邑樓臺春影蘸江湖休功卽報期年政直節曾行萬里途眞是玉皇香案吏坐看歸去贊蘿圖

次韻前人蓬萊閣卽事　前人

蓬萊窗外曉光分夢覺初驚杜宇魂但有吏供衙府喏斷無人到訟庭喧濛濛宿靄開湖面隱隱更潮過海門一水兩州皆重鎭越濤杭劇不同論

寶林寺　宋杜衍

中懷無絆外緣閒深掩柴扉客到難勝境可曾飛錫去好山多

應捲簾看晝升講座天花落夜步吟軒海月殘今日逢師堪論道歸心愁思一時寛

蓬萊閣 宋王十朋

中秋玩月小蓬萊風廻嬋娟入座來樽俎論文清有味湖山照眼淨無埃雲生脚底蛟龍臥影落人間鼓角催把酒問天兼問月何時此夜更啣杯

鑑湖道中 宋陳造

風烟佳處放歸橈吟坐篷窗首屢搔萬壑千巖爭獻狀三江九堰自忘勞何多菌萏張秋錦少待蟾蜍印夜濤繚碧森青誰子宅未容載酒訪清高

右軍宅 宋朱熹

因山盛啟浮屠舍遺像仍留内史祠筆塚近應爲塔塚墨池今

已化蓮池書樓觀在入隨遠蘭渚亭存世幾移數紙黃庭誰不重退之猶笑博鵝時

鑑湖道中　宋陸佃

越王山下藕花洲夜近郵亭傍客舟水箭銅壺官閣漏風簾銀燭酒家樓十年城郭歸黃鶴萬里烟波老白鷗霜月滿天清不寐蓬窗吟倚木棉裘

戲詠山陰風物　宋陸游

萬里秦吳税駕遲還鄉已嘆鬢成絲城邊綠樹山陰道水際朱扉夏禹祠項里楊梅鹽可徹（太白梁園吟云玉盤楊梅爲君設吳鹽如花皎白雪不知楊梅酸者乃薦以鹽佳卬未嘗用也）湘湖蓴菜豉偏宜（蓴菜最宜鹽豉所謂未下鹽豉者言下鹽豉則非羊酪可敵蓋盛言蓴羹之美耳）圖經草草尚堪恨好事他年采此詩

蕺山戒珠寺　宋高翥

葉葉東風吹客衣昌安寺裏晚游時敧斜竹屋羲之宅磨滅經幢齊府碑佛化是誰留實相鵝亡猶自見方池逢僧小作煎茶供略問源流笑不知

蘭亭 前人

老來渾不愛春游來對蘭亭爛漫秋亭下水非當日曲山前竹似舊時修二三客子因懷古八百餘年續勝流試與山靈論往事不知還肯點頭不

項里山 宋林景曦

英雄傾蓋竟何爲故里淒涼越水涯百二勢傾爭逐鹿八千兵散獨乘騅計疎白璧孤臣去淚落烏江後騎追遺廟荒村人酹酒至今春草舞虞姬

湖上作 元李孝光

賀家湖裏見秋風放翁宅前東復東兩行雲樹忽遠近十里荷花能白紅行人濯足銀河上越女梳頭青鏡中我欲長帆上南斗扶桑碧海與天通

越王臺　元貢悅

曙光晴散越王臺萬壑千巖錦繡開俯檻僧鐘雲外落捲簾漁唱鏡中來樹藏茅屋雞聲斷露溼松巢鶴夢回安得畫圖分隙地移家仍住小蓬萊

自山中歸鏡湖別業　元吳景奎

數椽茅舍清江曲六月炎天困鬱蒸賴有青山圍故宅歸來赤脚蹋層冰石泉松籟爲琴筑野蔌山肴薦豆登明日回頭望亞鼇芙蓉半出白雲層

天衣寺三首　明劉基

城上餘寒曉氣凝湖邊春樹綠層層三山獨表秦皇望衆水皆朝夏后陵白眼嗣宗終嗜酒青鞋杜子謾尋僧仙都石室烟霞裏早晚相攜策瘦藤

郎看梅蘂發江南漸見柔桑可浴蠶日鑄雨餘峰似髻雲門烟合樹如藍青猿不避游人過碧澗能消宿酒酣況有山僧頗解事何妨聊駐使君驂

可愛寒潭似鏡清清光寒氣襲軒楹草根流水泠泠出石上滑魚箇箇橫翠鷸驚風和露滴白沙得雨照人明故鄉近報猶豺虎愁對滄浪詠濯纓

亭山　明王琥

如蓋亭亭蘸鏡心澹蒸濃發變晴陰勢凌萬仞雲霞表地鎖千峰紫翠深無忌舊亭基已沒野翁高躅客重尋郡城樓閣瞻來

近風角霜鐘送瞑音

越王崢　明王文轅

每恨高崢不易梯數峰長與白雲齊蹟存秦望千尋上影落瀟湘萬頃西絶險始知天去遠臥崖頻見鳥飛低十年一躡烟霞頂雨後寧辭没脛泥

鑑湖　明傅俊

重湖望斷水東西百折蓮塘曲曲堤楊柳暗藏茅屋小菰蒲遥映畫橋低採菱歌去聲還沓載酒船來路欲迷幾度落紅流出緩錯教人認武陵溪

前題　明王詵

春波橋外水連天一曲桑麻一曲烟僧磬遠聞松寺裏漁家多住柳塘邊雲深夏后藏書穴花豔知章載酒船回首蘭亭今寂

寞流盃空說永和年

蘭亭次韻　明　徐渭

長隄高柳帶平沙無處春來不酒家野外光風偏拂馬市門殘帖解閑花新觴曲引諸溪水舊樹巖垂幾樹茶回首永和如昨日不堪悵望晚天霞

蘭亭　明　陶望齡

千載清眞王右軍重游今日感斯文幽蘭寂寞自流水古木蕭疎空白雲江左風流悲往昔越山辭藻見諸君酒闌莫問興亡事巷口烏衣總夕曛

前題　明　王思任

碧水丹山野鳥啼松篁夾路綠陰齊孤亭寂寂園春草古寺深深隔遠溪玉版飽嘗堪卻肉竹床閒臥不聞雞永和勝事皆塵

跡誰向雲林一再題

同郡世培侍御泛鏡湖　明陳子龍

越溪千折繞山流黛色橫分曉蕩舟五月陰晴天漠漠一川風露草悠悠鳴榔空翠烟中市捲幔輕紅水上樓十二雲鬟飛不定獨留明鏡照人愁

南鎮　朱彝尊　以下國朝人

稽山形勝鬱岧嶤南鎮封壇世代遙絕壁暗愁風雨至陰崖深護鬼神朝雲雷古洞藏金簡燈火春祠奏玉簫千載六陵餘劒舄鵑啼魂斷不堪招

初秋泊錢清江　前人

錢清江口水平隄雲木參覃磴不齊川靜未聞鴻雁渡雨昏時有鷓鴣啼逃名梅尉來吳市避地梁生入會稽枉自含情臨北

渚秋風嫋嫋草萋萋

六陵懷古 周長發 案六陵在會稽縣今以冬青古跡在山陰故錄此詩

園陵寂寂半荒苔一樹冬青慘不開半月六年空下淚金燈玉匣總成灰厓山風雨翻滄海雪窖精魂哭夜臺獨藉林唐諸義士高原拾骼瘞崔嵬

偕徐笠山家幾山兄游蘭亭二首 前人

滌淨湖波泛畫船風流欲繼永和年溪山十里攜襄屐禽鳥三春當管絃曲水送觴聞濊濊修篁拂檻弄娟娟人如雨晉原淸絕暢敍幽情亦靜便

山行窈窱石谽谺村店靑帘竹外斜眞覺春衫宜被水尚留殘帖解開花疎松離立鼓烏幘翠篠抽萌近白沙薄暮醉歸新月上晚峰影裏見人家

山陰道中喜雨　查愼行

謝家雙屐舊曾攜，轉覺清游愛會稽。白搶紅亭山向背，赤欄烏榜岸東西。波光拂鏡羣鵝浴，竹氣通烟一鳥啼。野老豈知身入畫，滿田春雨自扶犁。

右軍祠　黄遠

捨宅山陰興廢多，招提不改舊山河。百花滿市曾題扇，春水平池好浴鵝。月上松陰人影亂，風來絃管暮鐘和。晉時郵野隋城郭，滄海桑田變若何。

登山陰朱相公東武山居　毛奇齡

相君治第並滄洲，齊郡靈峰起壯游。海内羣思師尚父，山中曾臥富平侯。崇臺萬井搴珠箔，曲檻層霄敞畫樓。回首華林行樂地，白雲長繞舊官溝。

夜宿寓園精舍兼詢祁曜徵起居 陳至言

夜扣禪關傷客心重臺落木自蕭森星河倒入方池影雲氣長留畫棟陰到此眞疑塵路隔坐來猶覺法堂深明朝擬過楊雄宅梅尉山頭何處尋

寓園 劉鉤

峩峩青嶂白雲横千尺澄潭萬古名山靜泉流聲愈咽春深花落鳥空鳴殘碑卧草荒烟合古木平崖夜雨生一片忠魂憑逝水寒風颯颯吼長鯨

櫚花書屋 唐彪

風流文采迥清塵記室才名更絶倫白鹿曾邀丹闕重青藤猶剩彩毫新偏將斗酒埋奇士轉覺飄蓬出俊人此日徘徊瞻故里櫚開爛漫集花茵

曉行瓜渚　王霖

湖光瀲灩漾高春千頃平涵浩蕩胸極浦漁舟纔點點遙村烟樹一重重青山南去如奔馬佳氣東來自卧龍此地當年隱梅尉蒼茫何處問仙踪

南湖泛舟　前人集陸劍南句

酒薄雖傾不敵愁出門聊復弄輕舟剩償平日清游願獨占城南十里秋射的山前雲幾片香爐峰下水交流此身合是詩人未到處臨歸爲小留

詩巢漫成　前人集陸劍南句

白髮森然憎鏡明百年鉛槧老書生人材衰靡方當慮詩句豪雄易取名壯日自期如孟博他年猶得配元英窮通要自兒嬉事學道寧容氣不平

由畫橋歷道士莊柳姑祠遇雨而返 前人集陸劍南句

杖頭高挂百青銅小立灘邊伴釣翁溪鳥低飛畫橋外野人參語夕陽中殘年已覺衰難强好景逢來病欲空安得身爲雙白鷺却銜微雨上樵風

寓園謁祁忠敏公像 商盤

豈獨銅駝蔓草荒故家遺跡久淒涼兩京不盡孤臣恨萬古長留四頁堂城郭鶴歸愁惝恍山川龍戰血元黃尊前莫話華嚴刼百八鐘聲下夕陽

鏡圃 圃在常禧門外爲鏡湖最勝處予將退閒於此 前人

勝情步步出常禧第一湖山卜宅宜賣酒帘通梅尉墅爵泥船過柳姑祠人閒風月原無價谷口耕耘未有期十載卧游聊快意煩他淸景寫迂癡

晚過鏡園至沈南塘龍湫山房夜話王本

酒闌躡屐過南塘前輩風流未渺茫老去三山稱待制賜來一曲有知章落霞細綴壺天色新月斜連鑑水光還與閒人共懷古却疑身在黛雲莊陸放翁有黛雲菴

梅子眞丹井前人

佛頭濃共曉山靑讀盡黃庭一卷經洗藥水常含蜃氣烹茶烟亦帶龍腥時聞地籟潮生浦日覩天花雨散汀不識先生何處去他年相遇話浮萍

南湖秋泛和韻劉大申

偶乘艇子出湖隈蟲頭玻瓈倦眼開尋菊人從梅市去采菱舟自畫橋來霜收寒色歸林葉水記枯痕在石臺柔櫓一枝秋月裏兒童新學棹歌回

鏡湖舟次　陳松齡

未是風狂雨横天，篛篷低卸筆牀偏。十分花事春當半，百里湖光畫不全。紅樹賣鱸曾踐約，綠楊繫馬又經年。勞生敢受高閑福，一曲清江入破舷。

拜祁忠敏公墓　張梯

江聲淅淅灑長林，入岸如聞澤畔吟。九闕孤魂霄漢氣，一樽清淚草茅心。鴉音墓道藤蘿暗，馬角秦庭歲月深。無那歸舟愁絶處，夜寒風氣露華侵。

送輪菴和尚歸寒溪　梁清標

故人杯渡歷江河，驚見緇衣洛下過。先世停雲推獨步，通門握手歎雙皤。戈船借箸風濤靜，貝葉繙經智慧多。野鶴孤飛輕去住，吾衰意久在烟蘿。

詩亦甚拙將存一首足矣

山陰潘烈女潘公調之女年十四許同里袁氏子袁輕狂無行將別求婚欲渝盟而不得造作穢語以污之烈女聞遂投井死炎天蒸鬱屍久停不腐遠近驚以爲神醵金即其地祠焉　周炳曾

鴛譜中間錯幾行紅絲偏繫黑衣郎將珠投暗眞如礫以鴆爲媒豈必鮫清白一肌不受汙毒炎五月忽飛霜道旁井渫心爲惻碧血千年恨未忘

貧家好女淨梳頭月扇難遮一面羞休比潘妃纔辱井爭如魯婦赴清流露筋未報蚊蛇毒精衛寧忘渤海仇血散血凝大塊裏三生因果費追求

書俞八越州竹枝後　宋梅

一曲新翻唱鷓鴣越王城抱允常都平分風月歸吟卷領略溪山入畫圖垂老窮途雙淚在思鄉遠道片帆孤蓮花博士頭銜好月給千壺俸在無

越城向傳八山張岱定爲九山九山者何黃琢山也在華嚴寺後寺去予家不遠而地偏向未之入未見山也今讀放翁華嚴寺記五雲鄉有山曰黃琢則黃琢乃五雲之鄉矣何云城乎或曰城蓋篤滿帖睦邇增築之作黃琢山詩 成周助

佗地尋常輕攬勝佳山咫尺重探幽非無奇蹟分秦望況有閑情在陸游半郭曲包猶綠野五雲深鎖郎丹邱擬將返棹邀朋好特爲禪關一日游

天樂鄉琴石 方洲 在湍化山下高不滿尺長三尺許濶尺許面正而平其紋六故鄉名天樂云

莊涼片石半如琴遮莫雲閒挈伴尋欽響非緣輕釋手無聲不爲少知音綠蘿纏縵風霜古紅蘚侵絃歲月深欲譜鈞天誰與奏四山惟有亂啼禽

排律

送荀八過山陰舊縣兼寄剡中諸官 唐劉長卿

訪舊山陰縣，扁舟到海涯。故林嗟滿歲，春草憶佳期。晚景千峰亂，晴江一鳥遲。桂香留客處，楓暗泊舟時。舊石曹娥篆，空山夏禹祠。剡溪多隱吏，君去道相思。

送紀秀才游越 唐李白

海水不歸眼，觀濤難稱心。即知蓬萊石，却是巨鼇簪。送爾游華頂，令余發鳥吟。仙人居射的，道士住山陰。禹穴尋溪入，雲門隔嶺深。緣蘿秋月夜，相憶在鳴琴。

游法華寺 唐宋之問

高岫擬耆闍，眞乘引妙車。空中結樓殿，意表出雲霞。後果纓三足，前因感六牙。宴林熏寶樹，水溜滴金沙。寒谷梅猶淺，温庭菊未華。臺香紅藥亂，塔影綠篁遮。果漸輪王族，緣超梵帝家。晨行

踏忍草夜誦得靈花江郡將何匹天都亦未加朝來沿泛所應是逐仙槎

題靈祐上人法華院木蘭花 唐劉長卿

庭種南中樹年華幾度新已依初地長獨發舊園春映日成華蓋搖風散錦茵色空榮落處香醉往來人菡萏千燈遍芳菲一雨均高歌倘爲楖度海有良因

奉和獨孤中丞游法華 唐皇甫冉

謝君臨郡府越國舊山川訪道三千界當仁五百年巖空騶馭響樹密旆旌連閣影夌空壁松聲助亂泉開門得初地伏檻接諸天向背春光滿樓臺古製全羣峰爭彩翠百谷會風烟香象隨僧久祥烏報客先清心乘暇日稽首慕良緣法證無生偈詩成大雅篇蒼生望已久迴駕獨依然

立秋日題安昌寺北亭　唐　孫逖

樓觀倚長霄登攀及霽朝高如石門頂勝擬赤城標天路雲虹近人寰氣象遥山圍伯禹廟江落伍胥潮徂暑迎秋薄涼風至日飄果林垂苦李萍水覆甘蕉覽古嗟漶漫淩空愛泬寥更聞金刹下鐘磬晚蕭蕭

送王協律游杭越十韻　唐　元稹

去去莫悽悽餘杭接會稽松門天竺寺花洞若耶溪浣渚逢新豔蘭亭識舊題山經秦帝望壘辨越王棲江樹春常早城樓月易低鏡呈湖面出雲疊海潮齊章甫官人戴蓴絲姹女提長干迎客鬧小市隔烟迷紙亂紅藍壓甌凝碧玉泥荆南無底物來日爲儂攜

游蘭亭　吳沭以下國朝人

和開晉代山水擅蘭亭萬壑三春碧千峰上巳青橋橫銜畫舫簾捲儆踈櫺揮麈談何綺拋絃響暫停花叢留蛺蝶荇簇趁蜻蜓繞砌團紅藥飛觴泛綠萍惠風披曲檻淑氣轉遙汀竹下書金薤松間采茯苓前山疑帶雨歸路欲侵星祓禊仍如昨花香吹酒醒

禹陵二十四韻　袁枚

天地平成始皇王禪讓終一人生石紐萬古闢蠶叢玉斗胸垂象金鞀耳啟聰壽書齋委宛受牒作司空地險龍門鑿人功鳥道通爲魚援赤子幹蠱慰黃熊學裸姑徇俗乘欙又轉蓬庚辰斂水怪豎亥步崆峒貳負甘雙梏將軍號百蟲嘗聞下車泣忍過羽山東破石佳兒出開山遁甲窮勤能師墨子威不赦防風息壞波全奠扶桑日更紅過門心澹泊造粉事朦朧鑄鼎神姦

列遐方玉帛同偶然巡越甸遽爾墮軒弓身自跳天上棹應葬穴中葛繃烟露冷陽聘水雲空復土來蒼鳥南風送祝融江山猶拱待廟貌更穹隆眞冷懷文命偏枯想聖躬雨廂環岳牧九殿拜兒童窆石摩挲古衡碑刻畫工微臣擎旨酒不敢獻元宮

羅井懷古詩并序 黃受谷

辛丑之秋予與諸子踏月竹山下攢巒幃張青壁斗絕斯山陰之雁蕩海客之瀛洲也已而有瀏然以清泠然以深掩映于疏篁古樹間者諸子曰嘻此古羅仙井也仙故善京房術誅茅于此就詹尹者踵相錯也仙不能具茗鑿井以待千餘年來不溢不竭香洌已疫故吾鄉寶焉余聞之甚未敢遽信也當唐末僖昭之際仙爲宰相鄭畋所重畋女覽仙詩諷誦不已令狐滈登進士仙賀以詩其父綯謂滈曰吾不喜汝得第喜汝得羅公詩

一派俗氣痴人說夢此公乃竟不知有羅江東者矣

也仙之以詩名也舊矣而兹乃以善卜聞何哉仙生于亂世遭擯斥即不求聞達飄零秦蜀吳越間意其人固深識達觀有見于天時人事之表者其爲善卜固無足怪獨怪以彼其才使南投南漢北走中山當必有築金臺以師事者胡爲乎來此窮山中賣卜自給其鑒于白馬淸流之禍耶抑朱三稱帝之後晉處士羞不臣二姓耶吁可悲也已仙名隱字昭諫餘杭人與弟虬鄴齊名時號三羅唐懿宗咸通十四年舉進士不第時錢武肅節度鎮海軍仙往依焉三十餘年而唐祚移于梁天下大亂羣雄割據潔身自負之士固多有老死岩穴者仙於何時入越何時仙去蓋五代干戈之際文字殘缺今無所考云井在山陰天樂鄉四卦村南

明月山陰路花桐傍野棠蘇庭空石井嚴卦記江鄉守檻金人

杳牽絲玉虎忙白州鍾國色驪岫洗春妝何似丹砂窟偏餘碧玉漿神泉和帝藥天酒泛瑤觴潨洞原驅癘濤泠也辟狂亂山團翠影叢竹護寒光憶昔僖昭際憐君姓氏揚疆江分秀氣葛塢娩幽芳得第詩尤貴窺簾句自香畫圖規使宅牋表啟賢王西子湖邊月南屏寺外霜勝游依鎮海高咏滿錢塘別挾京房術先升郭璞堂杖藜尋宛委投筆出餘杭松嶺人何在桃源宅更荒烟霞迷漢魏人代閱滄桑雲母千年湧洪涯百尺涼令公金鶖恨今古一蒼茫

蕺山書院 蔣士銓

采蕺人何在當年内史家橋存題扇跡池賸浴鵝注萬井當樓見羣山抱郭遮地從人境別心到上方遐講席依峰拓名賢接踵誇吾懷本空曠此座實高華階級千尋迴雲霄尺五拏俯窺

諸家得橫覽萬途睇位置天公擇經營古哲加俳優遝列肆鐘簴設崇牙俎豆湯劉示儀型孔孟嘉飭躬惟不苟澄慮任無邪敢立名山業先攻美玉瑕修途相砥礪疑義共梳爬偽體擧羣幟游談絶衆譁尋詩偕屐齒漉酒藉巾紗悅性何瀟洒敷言則正葩育賢吾道長養士　國恩奢僕病歸無用人才信有涯願書忠孝字朝夕語侯芭

絶句

寶林八詠爲別峰同禪師賦　元　廼賢

千仞瑯琊石飛來鎮越州江波欲浮動還被白雲留　飛來峰

獨上峰顛墖秋清曙色開憑闌望東北潮向海門來　應天墖

大布僧伽衲流傳六百年攜來香滿袖猶是御爐烟　大布衣

鐵鉢溪頭洗冰花六月寒山僧偶彈舌引得老龍蟠　鐵鉢盂

錫杖虛空落靈泉發地中忽看流菜葉始信石橋通　羅漢泉

甃石瀦山溜蜿蜒竹色青風來忽涼洽雨氣隔林腥　霧鰻井

一笏清涼地森森萬玉齊月明時倚杖間看鳳來棲　深竹堂

石磴藤花落山牕嵐氣浮晚來高樹暝一榻似新秋　盤翠軒

鏡湖六言三首　明夏煥

南村北村桑密東坂西坂田肥雲林自通樵徑烟水不没漁磯

昨來已著吟鞭今到還乘酒船花遶千秋館裏樹遶九里山前

閒身喜伴沙鷗日向湖中泛舟水出若耶溪口雲横小隱山頭

鑑湖採蓮曲　唐賀知章

稽山雲霧鬱嵯峨鏡水無風也自波莫言春度芳菲盡別有中流採芰荷

題鼃山魚池　唐元稹

勸爾諸僧好護持不須垂釣引青絲雲山莫厭看經坐便是浮生得道時

飛來山　唐方干

激巖香木夏生寒牀下雲溪枕上看臺殿漸多山漸少卽今飛去卻應難

湖上草堂　唐釋皎然

山居不買剡中山湖上千峯處處閑芳草白雲留我住世人何事得相關

越中贈別　唐張喬

東越相逢幾醉眠滿樓明月鏡湖邊別離吟斷西陵渡楊柳秋風兩岸蟬

鑑湖　宋趙抃

春色湖光照錦衣岸花汀草自芬菲若耶溪上游人樂舉棹狂歌半醉歸

寶林寺　宋王安石

飛來頂上千尋塔聞說鷄鳴見日升不畏浮雲遮望眼祇緣身在最高層

鄉人或病余詩多道蜀中遨樂之盛適春日游鏡湖共請賦山陰風物遂即杯酒間作絕句以誇西州故人也　宋陸游

嬾日輕雲淡沲天撲燈過後賣花前便從水閣杭湖去捲起朱簾上畫船

舫子牕扉面面開金壺桃杏間尊罍東風空送笙歌近一片樓臺泛水來

鑑湖　宋王炎

粼粼萬頃碧玻璃今日耕鋤半稻畦菡萏開時還自好買舟一醉玉東西

夜過鑑湖　宋戴昺

推篷四望水連空一片蒲帆正飽風山際白雲雲際月子規聲在白雲中

訊蕺　宋王十朋

十九年間膽厭嘗盤羞野味當含香春風又長新芽甲好擷青青薦越王

古博嶺　宋姚寬

北風獵獵篤寒雲低壓平川路欲昏人馬忽驚俱辟易一聲乳虎下前村

戒珠寺雪軒　宋李邴

四山環繞翠岩嶢想見淩晨雪未消八萬四千修月手不知何處琢瓊瑤

簞醪河 宋徐天祜

往事悠悠逝水知習流尚想報吳時一壺解遣三軍醉不比商家酒作池

馬太守廟 前人

澄湖昔在鏡中行總是當時畚插成莫訝靈祠荒蘚合烟波萬頃已春耕

法華山 宋曾幾

布襪青鞵踏欲無看山看水未成疎十峰雙澗尤奇處萬壑千巖總不如

劉太守廟 元王叔能

劉寵淸名舉世傳至今遺廟在江邊近來仕路多能者也學先生揀大錢

過鑑湖二首　元貢悅

歸思關心路轉遥打頭風急滯蘭橈夕陽江上秋無數一點蜻蜓立碧苕

南風吹斷采蓮歌戲渚船開小似梭却恐紅妝不成態背人偷照鑑湖波

南湖卽事　明周瑾

湖水空明靜不波蕩舟人遠夕陽多秋來無限相思意欲採芙蓉奈晚何

鏡湖　明徐渭

鏡湖八百里何長中有荷花分外香蝴蝶正愁飛不過鴛鴦拍

水自雙雙

若耶溪上好風光無人將去獻吳王西施一病經三月數問荷花幾許長

鏡湖竹枝詞二首　前人

越女紅裙嬌石榴雙雙蕩槳在中流憨妝又怕旁人笑一柄荷花遮滿頭

杏子紅衫一女郎鬱金衣帶一葦航堤長水濶家何在十里荷花分外香

大乘菴落月軒題壁　前人　案董瑒青藤書屋記引此云題祉丙東嵛之壁與此題異故再錄之以備雅故

童時晝壁剝成泥圓澤投胎錦水西一念忽穿三十載竹稍寒雨覆牕低

興教寺二首　明王李

古栢寒松是處逢門前山色倚層空老禪定後談元寂一樹桐花落午風

勝游清興竟如何翠逕荷裳露氣多試問禪心與僧臘古松無恙水無波

梅山　明陸相

一峰寒影墮江天花落層崖泣杜鵑却笑子眞原未隱尚留名姓在山川

南鎮春游詞　毛奇齡　以下國朝人

春船兩槳白蘋開十里横塘晚未迴南鎮祠前北風急夏王陵上雨飛來

鵁頭艇子鹿頭車山路深深雨又斜何處相逢增懊惱菱家山

下看桃花
香鑪峰峻少入登兩兩三三上禹陵陵前草深花似霧山頭風
急雨如繩
榴花書屋　余縉
竹牕幽雨日瀟瀟上有紅榴豔未銷獨臥空齋無個事一聲鶯
語滴芭蕉
鏡圃　王霖
詩壇酒社儘流連泠落歡塲二十年記得樓頭吟醉處秋光如
水水如天
三山　前人
員嶠方壺咫尺間何曾弱水阻躋攀山陰自是神仙窟徐福爭
教海上還

栁西　前人

栁外紅欄歷綠蕪逢林烟靄似平鋪放翁老去無人畫添我三山岸幘圖

海山　前人

一墮紅塵便不還青堂虛掩翠微間依稀認得來時路流水桃花是海山

亭山　前人

水作簾櫳石作屏烟雲繚白樹縈青此間合著幽人住個是乾坤一草亭

芙蓉城在亭山下明詩翁吾宗蛻巖墓在焉女素娥號檗弈亦能詩葬翁側　前人

白楊蕭瑟幕雅屯衰草淒迷落照昏華表年深歸不得自攜嬌女伴詩魂

蘭渚由蘭亭者至此登陸　前人

蘭畹香消霸業空，永和遺韻此尋蹤。游人纔度黃泥坂，聽得天章送遠鐘。

四十初度同弇山先生游柯山　王霖

相約嵇康餐石髓，弟兄攜手爛柯山。一塵不隔神仙窟，瑤草琪花滿袖間。

吼山雲石　平度

獅子林開峭壁前，吼來驚倒野狐禪。盤陀側就凝雙碧，彷彿飛雲落九天。

詞

漁父詞　唐張志和　錄五首

西塞山前白鷺飛，桃花流水鱖魚肥。青箬笠，綠蓑衣，斜風細雨

不須歸

釣臺漁父褐爲裘兩兩三三舴艋舟能縱棹慣乘流長江白浪

不曾憂

雪溪灣裏釣魚翁舴艋爲家西復東江上雪浦邊風笑著荷衣

不歎窮

松江蟹舍主人歡菰飯蓴羹亦共餐楓葉落荻花乾醉宿漁舟

不覺寒

青草湖中月正圓巴陵漁父棹歌連釣車子橛頭船樂在風波

不用仙

續鷓鴣天詞并序　宋黄庭堅

李如篪云元眞子漁父詞以鷓鴣天歌之極入律但少數句因

以元眞子遺事足之元眞子當憲宗時畫像訪之江湖不得因

令集其詩歌上之兄鶴齡懼其放浪而不返和其詞云樂在風波釣是閒草堂松桂已勝攀太湖水洞庭山狂風浪起且須還此予續成之意

西塞山前白鷺飛桃花流水鱖魚肥朝廷尚覓元真子何處如今更有詩箋青篛笠綠蓑衣斜風細雨不須歸人間欲避風波險一日風波十二時

和漁父詞并序　宋高宗

紹興元年七月十日余至會稽因覽黃庭堅所書張志和漁父詞十五首戲同其韻賜辛永宗

一湖春色夜來生幾疊春山遠更横烟艇小釣絲輕贏得閒中萬古名

薄晚烟來淡翠微江邊秋月已明輝縱遠抱適天機水底閒雲

片段飛
雪灑清江江上船一錢何得買江天催短棹泛長川魚蟹來傾
酒舍烟
青草開時已過船錦鱗躍處浪痕圓竹葉酒柳花氈有意沙鷗
伴我眠
扁舟小纜荻花風四合青山暝靄中明細火倚孤松但願罇中
酒不空
儂家活計豈能名萬頃波心月影清傾綠酒糝蓴羹保任衣中
一物靈
駭浪吞舟脫巨鱏結繩爲網也難任綸乍放餌初沉淺釣纖鱗
味更深
魚信還催花信開光風得得爲誰來舒柳眼落梅腮浪暖桃花

夜轉雷

暮暮朝朝冬復春高車駟馬趁朝身金柱屋粟盈囷那如江漢獨醒人

遠水無涯山有鄰相看歲晚更情親笛裏月酒中身舉頭無我一般人

誰云漁父是愚翁一葉浮家萬慮空輕破浪細迎風睡起篷窗日正中

水涵微雨湛虛明小笠輕簑未要晴明鑑裏縠紋生白鷺飛來空外聲

無數菰蒲間藕花棹歌輕舉酌流霞隨處好轉山斜也有孤村三兩家

春入渭陽花氣多春歸時節自清和衝曉霧弄滄波載與俱歸

又若何

清灣幽島任盤紆一舸橫斜得自如惟有此更無居從教紅袖泣前魚

漢宮春　秋風亭觀雨　宋辛棄疾

亭上秋風記去年嫋嫋曾到吾廬山河舉目雖異風景非殊功成者去覺團扇便與人疏吹不斷斜陽依舊茫茫禹跡都無千古茂林猶在甚風流章句解擬相如只今木落江冷渺渺愁余故人書報莫因循忘却蓴鱸誰念我新涼燈火一編太史公書

滿庭芳　范蠡祠　別詳碑刻卷中　宋朱熹

富貴有餘樂貧賤不堪憂誰知天路幽險倚伏互相酬請看東門黃犬更聽華亭鶴唳千古恨難收何似鴟夷子散髮弄扁舟

鴟夷子成霸業有餘謀致身千乘卿相歸把釣魚鉤春晝五湖烟浪秋夜一天雲月此外儘悠悠永棄人間事吾道付滄洲

夜行船　越中作　宋邛密

水滿平湖香滿路繞重城藕花無數小艇紅妝疎簾青蓋烟柳畫船斜渡　恣樂追涼忘日暮簫鼓月明人去猶有清歌迢遞聲在芰荷深處

齊天樂　登禹陵　宋吳文英

三千年事殘雅外無言倦憑秋樹逝水移川高陵變谷那識當時神禹幽雲怪雨恨萍溼空梁夜深飛去雁起青天數行書似舊藏處　寂寥西窗坐久故人慳會遇同剪燈語敗蘚殘碑零圭斷璧重拂人間塵土霜紅罷舞謾山色青青霧朝烟暮岸鎖春船畫旗翻賽鼓

臺城路　杭友抵越適鑑曲漁舍會飲　宋張炎

春陰不暖垂楊柳吹却絮雲多少燕子人家夕陽巷陌行入野畦深竅籌花鬬草記小艇尋芳斷橋初曉那日心情幾人司向近來老　消憂何處最好夜游頻秉燭猶是遲了南浦歌闌東林社冷贏得如今懷抱吟悰暗惱待醉也慵聽勸歸啼鳥怕攪離愁亂紅休去掃

菩薩蠻　越城晚眺　明劉基

西風吹散雲頭雨斜陽却照天邊樹樹色蕩湖波波光艷綺羅征鴻何處起點點殘霞裏月上海門山山河莽蒼間

憶王孫　夜汎鑑湖　朱彝尊　以下國朝人

天邊新月兩頭纖鏡裏晴山萬點尖小櫂烏篷不用簾夜厭厭漸覺微風衣上添

摸漁子　送輪菴和尚歸寒溪　孫暘

幾年間巴陵麋子征衫著破應卸相逢燕市秋風裏又共小春歸也臨水榭問橫槊談兵誰是英雄者隙駒野馬恁氅帳琵琶樓船簫鼓都作夢中話　寒溪畔曾搆駿伽精舍輕帆江渚斜挂鑑湖曲似魚山路只有杜鵑啼罷句乘下看雲碧楓丹染出王維畫還期白社向爐芋香時鉢蓮生處同坐一燈夜

右藝文下

山陰縣志卷二十八

山陰縣志卷二十九

政事志第三之十一

昔顔師古於漢律厤志題下解云志記也積記其事也引春秋左氏傳曰前志有之然則前事之不忘後事之師也語可互證矣案山陰之有志始於明嘉靖中知縣事許東望大畧以嘉泰會稽志爲藍本至隆慶初知縣楊家相增輯刊行其在我

朝則康熙十年辛亥知縣高登先重修二十二年癸亥知縣范其鑄再修之厥後壹補於四十年辛巳知縣顧彪再補於雍正二年甲辰知縣丁弜每修補一次邑令與同官及一邑之士夫率襍撰序文錄若干首置於卷端而前志之體裁元本悉在所畧大氐牽率應酬之作故於書罕所發明然而創始之難與前事之勤皆未可沒也茲從叢殘漫漶之餘錄其篇幅完具者益

以舊目合爲一卷所謂與廢寧存庶後此載筆者有所折衷云

舊志紀畧

明紹興府志內孫鑛月峰氏記曰山陰志向有修者未成嘉靖十七年嶺東許公東望以進士觀政於秋官問我山陰徐比部千巖萬壑之奇因索其志徐君曰無有也假得君爲吾邑令願留意焉弗旬月許公果拜山陰知縣踰三年乃輯邑志時張太僕天復及栁都昌文方有名於諸生間時與羅生椿齋名號越中三儁許公即以志屬之而聘耆儒傅君易參校焉書十二卷文典核有法張公登嘉靖二十六年進士官至雲南副使致仕家居値楊公家相續修縣志公再執筆增入近事甚多獨列傳循故俟論定也時傅已久没栁以明經方仕於外公專其事然今刻本猶稱天復栁文纂傳易校公以二公昔年嘗同事心力

具在不欲磨滅之也

許序

余初釋褐試秋官政事有山陰徐子爲秋官郎相與甚善嘗論及山陰名勝如右軍蘭亭諸述作今猶可相見不知所爲千巖競秀萬壑爭流者更當何如是其山川效靈人材翹楚理固然爾因求閱其志徐子曰吾邑闕志久矣粵自宋人作會稽郡志猶得覩其畧元以來簡帙散軼無所稽考間有藏之野史率多殘訛罔有修之者或修之亦罔克有成竟勿逹其故維時山陰令之貟乃戲余曰假得君爲吾邑令願以是屬子始以爲成一空談也弗旬月遇拜乃官徐子聞之卽躍然稱賀曰夙昔之言今若符契適然之會其眞有待之者乎嗣爲余參大其事徧索諸在秋官名公詩賦若干首且自爲敘以贈余行曰吾邑之志

今其無辭矣既入厥邑則見吏事倥偬簿書鞅掌未遑也歷今幾三載頗政通訟簡日有隙暇試諸庠生得張子天復柳子文謂之曰山陰文獻地也何獨久無志無志則於文獻奚攷焉二子曰志非病於採輯之艱也聞諸經理者慮其費操筆者避其謗耳余曰不然夫志者記也匪直記其事已也彰顯幽隱暴揚休善以示近垂遠勸懲之典實寓焉史稱司馬遷記事不虛美不隱惡而劉向楊雄氏服其敘事謂之實錄今之爲志者多有意見失眞私情附會以異同爲好惡以違合爲是非兼之羣咻淆亂猶結廬道左如之何其克有成今能虛心無我周爰咨諏考古究其原酌今求其當參之義理協之輿論如所謂實錄者則公已公人欲興謗不可得已夫奚費之足慮耶二子不以余言爲非相與定規格裁體制搜諸遺錄采其名實遠極炎劉之

朝近遵當代之典編類草創罔敢擅私適值大巡雲川舒公案越蒞整頹風振刷遐獘移檄郡屬諭以修志爲治首務宜亟就編纂用昭元鑒余捧檄遂既乃心愼乃事弗避嫌期底於成計輯十有二卷焉爲之作圖十志二表十傳諸條畧備復召邑之耆儒傅子易訂正焉茲志也闕之於千百年而輯成之於一旦二子之勞實多矣捐俸鋟梓庸識修志之意

明嘉靖癸卯秋知山陰事東郡許東望

楊序

鄉邑州郡之有誌所以佐國史也而其制實昉於禹貢職方間嘗讀二家之言不能無慼焉夫其紀揚州也限淮海鎭會稽明輪域也瀦蠡導江以及具區五湖滌源陂澤奠川也下下其田則壤也錯其賦貢以及島夷篚包錫貢之物愼財賦也斯王政

之鉅者載而列之宜其詳乃若男女生齒之數穀畜鳥獸蕃息之宜下逮篠簜羽毛之微金錫竹箭之利雖細必書何也至杜氏撰通典衍之寖廣則豈無故而黃霸治潁川稱循吏爲最乃其微眇如某所大木某亭楮子舉無不知豈其志好察抑潁川地約治固宜爾耶何猥瑣不憚煩也或曰史志載言紀事即有家之籍也是故經其家政大而田廬小而米鹽租甒絲縷麻枲無一不書而後主之者有所據而攷證以爲發斂之度雖其鞅掌倉悅而無所亂經世阜民亦若是焉故其籍必詳於史志邑志者一方之史也縣令者百里之命也以之佐王而殿邦輯俗無一物非王產也無一民非王臣也無一事非王事也而所以給供輸成上下出政令示觀戒於是乎繫苟肆焉寡謀遺文獻不事則何異於司家之出納負主者之托而失其籍俾農桑畜

牧漫無証焉可乎籍具矣舉大而畧其微逞華而忘其實與歲更月易繇作賦入盈縮劑量罔知規前而利後也又可乎嗚呼旨哉乎其言也足以喻志矣山陰隸郡首先八邑環山戻海其地瀉滷洎洳尤揚之下下齒繁而產薄征歛不給民貧病焉丙寅之冬余初被命爲令蚤夜孜孜稽其利弊贏絀之大圖以酌而劑之爰諮掌故得邑志蓋前令近山許公所修刻而前湖南督學張公天復與其友文學栁公文章縫時所詮次焉者也歷宋元迄於今遺闕不修者上下千百年當其纂而無據也僅掇拾於遺史載籍之文與三老閭胥之言是故畧古而詳今至其載邦土之計若湖陂溪浸之源堰閘瀦洩之利戶口繇稅所供所需之實與風土習尚之致凡切於裨民者殆可指數而鏡照也噫斯非禹貢職方之所用情而潁川所繇茂其績者與可以

覲可以興矣顧閱歲久興置參錯如前令豐里何公之履畝均稅諡泉陳公之省煩蠲溢巡臺龎公之均里平徭與余近所規復山額設條徵緩租庸數事不可無紀而官師科貢闕不書者亦垂三十年皆所須籍事之鉅者旋將增葺而以覲行不果無何度關不戒梓刻悉燼洎還亟圖復之而詢於公力於是取余數年所節縮於口體芻騎之奉者以付剞劂屬張公內山邵埽山中乃亟書而乞之曰此公所嘗載筆者昆爲桑梓圖其竟辱公不辭遂就編凡關國體民隱類前志者悉增入之而列傳獨循乎故遵凡例俟論定也夫黄霸循良不特其瑣務必知也而戶口日增孝子弟弟順孫貞婦日益加衆余之爲山陰也三年矣於民微瑣罔敢濶畧乃名宦寓賢與鄉大夫士嶶猷芳躅民間孝弟貞惠之行耳目睹記不可殫數也顧獨靳焉得無觖觖

於霸耶蓋愼之所以重之也其將有望於後之君子矣夫

明隆慶戊辰春知山陰縣事方湖楊家相

修誌申約

邑之有誌上以敷揚

聖化下以縷析輿圖方今四海昇平

皇威遐暢國不异政家不异俗矣而鄉有鄉風方有方言里有里域土有土宜十里之外聲音不同百年之内趨尚不一志之所繇昉也班扶風以分野應列宿馬伏波以聚米識山川其遺制猶可考焉本府蒞越三載每思博稽掌故如古藩宣牧伯之所爲一覩禹服之舊而職掌所寄則刑名是問錢穀是司屬員賢否是覈水旱災荒是憂王事鞅掌不遑啟處雖繪圖在胸而目力未逮恐或錄十而閒遺其一或採瑜而並存其瑕字非金

五文不雅馴德音未昭漢宣所以思良二千石也若夫聽臚言於市詢鄉老於庭山之高者下者俗之貞者淫者川原之汙者潦者田賦之腴者瘠者版圖戶齒之頑者良者傳聞記載之醇者疵者宜芟除者芟除之宜更改者更改之宜避諱者避諱之此賢有司之責也

令甲森嚴敢弗祗畏本府不任編輯之勞亦安能受指摘之咎昔司馬長卿以諭巴蜀而父老傳太守之意會本府不能以諭於越哉願各有司臨文而嚴汰之毋忽

康熙十年辛亥二月會稽太守張三異

張序

由昭代而溯黃農可考者惟器與書器無過九鼎書無過禹貢其數適相儷後世廣之而圖史之學蔚然以興顧余嘗讀易至

賁之象曰文明以止讀詩至烝民篇曰有物有則夫賁云文矣何以言止民云烝矣何以言則豈不以離下艮上其道從上始而是則是傚在示民不恌者乎故物不可以苟合受之以賁物不可以徒庶慎之以烝是道也在古則爲山川風物在今則爲簡編乘志卓犖哉勵世磨鈍與時推移洪惟

昭代大一統而式九垓太史崇文外誌是採大者綱紀名教小者不失褒揚土風比於繁星之拱極祭川之先河矣山陰故漢舊邑自郡治去姑蔑而建焉上下相維歷千百年靡有易者茲且屬在首轄而顧使載籍坳湮民志無所觀感縱鄉不我督能不惕於心歲辛亥余檄行諸有司亟修邑誌山陰實始之維時猶有所誡誡夫贋者稗者訛者奪者方言者放而失者襍然並進誌之不足爲史重也幾於以傳翼經而經滋晦以疏廣義而

義滋離綰郡符者奚不戛戛乎慎諸而邑幸有令毅然斯事謂禮先大宗别支子矣政在承流稱指臂矣邑吾邑也邑有掌故託於故老之流傳而不列於文詞以傳後誼不出此矧夫治行於名區都人士塾有藏書齒危髮秀之倫上遡百年赫赫如前日事沿革幾何名損益幾何議鄉先生歿而祀於瞽宗者何例之從吏習民安法維舊而惠維新者田賦丁徭何若畇畇原隰維禹甸之山陰故土其猶可按圖而求乎余因思史之不可以無誌猶郡之不可以無邑書曰如網在綱又曰若作室有基無壞碁羅而星置之千巖萬壑應接不暇其猶掌上之紋螺也所慮一卷之書昭往蹟則是懸象魏則非循名失實而愚廓然有以大變其俗也民其許我乎漢史謂南斗星紀而魁次二星主會稽亦司政事茲山陰猶漢舊名郡與邑同之覽其版章詢其

政事庶幾與鑄鼎作賦紹禹舊服哉虞夏氏而後風徽可作則文明以止有物有則邑以是達之郡郡以是達之畿禹貢一則在是矣誌之揚扢長吏非所問亦曰八索言其求九丘言其聚有多士在

康熙十年三月知紹興府事漢陽張三異

高序

士自扃戶讀書便云不出門知天下事及分符綰綬有在州不盡知一州之民物在縣不盡知一縣之利弊者此不獨胥鮮智珠才乏經緯亦平時睹記猶有弗周考詢尙多未備也故必一州一邑之內咸深觀而熟識如昆於弈者弈必有譜善於醫者醫必有案斯無愧乎州邑之長爾越爲屬邑者八而山陰首邦也里二百一十有一西控小江東接會稽南連諸暨北枕大海

洋洋乎大邑哉然官是土者疆域山川詎必其盡諳物產民風詎必其盡察制度沿革人物古今詎必其盡考所賴昔有成書開卷而豁然省按圖而洞然見奈時移風易運逢鼎革名山之石匱之書兢問罕百年之老文獻無徵而信從莫據豈不爲邑有司大慮乎幸漢陽張公奉

命涖越下車來政平訟簡吏畏民懷猶謂典籍不修是爲治無本也乃首以邑志下檄山陰爲諸邑先爰延文學熟於典故而長於載筆者任纂緝則沈子麟趾單子國驥任校訂則朱子越蛟馬子式玉余亦從簿書之隙親加讐校十閱月而書迺告成始於故明隆慶之戊辰訖於

皇淸康熙之辛亥補綴周詳燦如眉列噫百年廢興之故與

盛朝肇造之典其略覩一斑於茲乎故明規則凡田賦科目大

約定於萬歷以後漸成濫觴而風俗亦不可問啟禎之際大運
淩遲賴士節不衰而忠義屢見
清興一代制度聿新雖一邑具有天下之全模今取所謂風土
人物諸項悉載之於編亦猶治一室者必舉家之田產財物盡
籍其多寡美惡家之子弟臧獲盡知其賢愚不肖而爲家督者
始得經理之整頓之焉耳昔傅僑佑父子孫三世宰山陰人皆
傳其治縣有譜余以爲治道若大路然豈眞有譜可私習哉必
以爲果有其譜也請即以斯志當之可矣
康熙十年冬十月知山陰縣事鍾祥高登先

王序

職方氏視禹貢較詳獨先會稽豈不以有夏氏東巡而封域爲
始盛哉由帝迄王堯著晉舜禹之蹟竝著越賦風俗者代多揚

厲惟孫因越問特標大體則志所自來聖人行之而時至事起學士採之而歌風賡俗艮亦運會之所趨也開於先必昌於後自其後而觀之道惟古治惟新開之者一二昌之者且什百未有已而聖人亦似懸其數以待後人之增華後人咸受成焉莫之或逾勢則然也越爲揚州之一山陰爲越之一漢踵秦名尙矣宋翠華巡幸得於山陰舉大享禮以紀元名紹興而邑則治其舊蓋不惟嘉名之亢錫殆亦聖人之澤之不可湮而區區謂虞夏後駐蹕數四爲斯邑光豈遂以光邑乘者哉余世句章越人也今且以越人言越事而句章視山陰道如咫漢及隋唐隷會稽旋隷越越之有句章嘗并姚江而邑之矣然則以越言越詎敢出於誇而風燉所至雖欲不沾沾而不可得猶夫宋孫因之由句章入姚江輙有越問數千言然其自序猶曰欲補越絕

之所未載廣越賦之所未備而未能也矧余瞠乎其後欲於今之邑志爲續貂爲學步乎且夫孫子以一代之儒從菰蘆中熟摩挲牒及其發而爲文爲賦萃山川之奇氣飄飄凌雲遡王梅溪則遲五十餘載封疆人物吏治民隱覃思幾盡而余方以鞅掌王事之驅偶一偃息之暇謬期考古鏡今進山陰志而釐定之其不爲博物諸君子之所訾議亦厚幸矣況邑志之修自明隆慶戊辰迄今百有三稔其間事與時移所謂得失之林是耶非耶幸邑中名卿碩彥項背相望蒐故實而網羅焉時經寒暑互爲繙訂重以守是邦者治行卓絕有漢陽張公以政餘綜其文獻而郢中高侯雅意承流參以臧否古所稱相得益彰斯其允協已哉滋愧者自分譾劣當此以越言越而未能繼句章孫子之後登高一賦惟沐虞夏氏之遺風睪然思前之聖人經綸

於屯與茲之聲教復旦於後洋洋大邑今昔有同揆也猗歟盛矣

康熙十年辛亥歲長至日桂林郡守句章王嗣皐

孫序

邑之有誌所以紀山川誌人物考食貨別沿革蓋有史家之遺意焉至鉅典也山陰爲越郡首縣襟江帶海形勝甲東南魁奇俊傑禮樂文章之彥比肩接踵天下之數名邦者指必第一屈也而縣志一書自勝國隆慶時邑令楊君與鄉先達張公内山栁公彬仲修輯之後曠百餘年無過而問焉者文獻無徵典章淪落殊可歎也漢陽禹木張公以廉明治郡百廢具興檄諭屬城先修邑志而以郡志總其成山陰令鍾祥高公廉介賢能爲治行第一首先告竣余受而讀之不惟千巖萬壑蘭亭柯山之

勝宛在目前而歷代忠良孝義文苑儒林班班可攷於前書之
訛者正之闕者補之其自隆慶以迄今茲則網羅舊聞搜採遺
逸發凡起例旣核且備典則明而制度悉因革辨而懲勸嚴余
因歎是書之大有功是邦而高公之政事文章爲不可及也方
今
天子神聖修明典禮高公旦夕以賢良奏最出入承明金馬著
作之廷行見功在國史豈止一鄉一邑之被其澤也哉抑余有
進焉者張公之治郡第五倫劉寵之伯仲也高公之宰邑顧凱
之流亞也一方著美上媲古人使他年讀是志者或翹首而興
思或頓足而起舞則楚中二賢已登乎三不朽之列又豈止一
時之文章政事已也四明王德邁先生今之班楊也實爲總裁
而釐定焉其分纂校閱則邑庠彦沈麟趾畢國驥以及朱起蛟

馬式玉諸君皆博雅風藻質有其文與有勞績不可以不書是

爲序

康熙十年辛亥臘月東吳孫曾

范序

邑誌已輯成於辛亥

朝廷允禮垣李公疏纂集一統會典於是

命郡邑復備誌書甚盛典也予不佞牧此土迄今四載竊念於

越爲浙東之首郡而山陰廼於越之首邑人文之藪甲諸東南

繇來舊矣況辛亥至癸亥時甫一紀天道於是而消長人事於

是而升沉變遷無定吐故納新安得執舊時之聞見而不爲之

廣蒐弘攬者哉吾思閭巷之中匹夫匹婦其有嘉德懿行姓名

至於淹滅而不彰者往往不可勝數夫顯先民之芳躅矢奕世

之儀型大節昭垂固屬不朽之盛業其或片長足紀君子亦所兼收是役也不獨壬子以後固當綜緝於無遺辛亥以前尤宜網羅於未備成一代之信史發潛德之幽光人以遠而必登事雖隱而必錄表章猶實考核從公要以期無負於

聖天子詳覈釐定之至意而已矣夫敦教化勵風俗者有司之任也而飭廉隅砥名節者士民之責也志中載列燦如日星顧有所以存即知有所以刪有所以美即知有所以刺揚瑜匿瑕而隱寓彰癉之法使爾邑之人務於爲善之足樂而惕於爲惡之足耻比戶可封淳良自式未必不於簡編內而坐致一道同風之盛優游太平耕田鑿飲共沐浴歌舞於光天化日之間也豈不休哉況乎學校武備田賦河渠等類又皆御國裕民經文緯武之道茲皆釐然而悉具之俾千載以下知所折衷而堪爲

七邑之表率者也昔太史陳詩以觀民俗察其淑慝辨其貞邪而於以識爲治之得失臧否焉誰謂今日之褒輯成書勿足以當輶軒之採乎哉

康熙二十二年知山陰縣事漢陽范其鑄

金序

維

皇上神威赫濯武功耆定文教覃敷爰

命廷臣編實錄之紀輯玉牒之書更頒律例以至鹵簿樂章升歌郊廟協神人而和

邦國猗歟休哉當

御極之二十有二年特

允禮垣疏纂修一統會典爰

勅陪京直省續修郡邑志寔盛事也昔聖王省方巡狩問諮利弊命太史陳詩以察民俗之貞淫臧否觀風之典貌乎尚已迨詩亡而後史著於是乎有列國之史若晉乘越絕書之類是也有列朝之史若子長史記孟堅兩漢書之類是也竊謂邑有志即一邑之史云爾郡有志即一郡之史云爾顧曰志者何即記也記以傳信信以成志則修之誠亟亟矣煜於世祖朝謬列南宮不得讀書中祕自愧東魯舊吏何敢昂首舒眉以會稽一邑典故第念縣志自辛亥以後英喆嗣興才華繼起其間鄉賢名宦孝子節婦之儔或以功績文章著或以道德節操垂麟麟炳炳亦足見吾邑之不乏人而堪備采風之一助也司牧范公以三湘之雋爲八邑之冠循良愷悌葺學校藝桑麻人文風俗蔚然丕變今祗遵憲檄重修邑志遐訪博搜特命

家孟炯傳前志所未載者爲之闡揚近代所未顯者爲之表著則皆吾公采風之懿德勿令含瑜抱璞隱而勿彰全美片長抑而不錄以成一邑之信志卽以成一邑之信史云爾煜不敏滯跡丘園勿獲潤色

皇猷以黼黻太平亦惟優游於河清海宴之世以樂觀一統全志之告成焉至吾公以茹納之懷弘蒐羅之藎是志也將與天下共見之豈僅增輝一邑已哉

康熙二十二年原任山東郯城縣知縣邑人金煜

顧序

山陰邑乘自鍾祥高公修輯之後秩然明備訖成大觀余偶一披覽舉凡山川疆域人物風尚與夫興廢沿革事無鉅細綜覈不遺始歎公之有裨於文獻爲不朽也然辛亥迄今不過三十

年而板籍收存遂多殘闕夫以前人之旁搜博採編纂成書不知幾許心勞乃令覯者有飄零散失之憾可乎哉及今不爲增補竊恐歲月經久漸至淪亡是亦守土者之責也爰考其缺畧計五十餘頁悉倣原本捐捧鐫之敢曰修廢舉墜亦使後之君子無飄零散失之憾斯已耳因援筆記之

康熙四十年辛巳季秋知縣事長洲顧彪

丁序

古之君子其讀書也殘缺者補之失次者序之凡以作之於前守之於後其道一也山陰縣誌手自名儒義甚嚴而辭甚贍奈歷歲既久鋟板散失難稱全璧余力爲搜覓踰年後始復薈萃遂重雕以比次之夫誌猶史也史記之缺褚生補之漢書之缺班昭補之此以作爲補者也尚書二典之缺補自航頭泰誓之

缺補自女子此以補爲補者也若逦周禮之缺冬官河間獻王至以千金購之不得而春秋鄒氏無師夾氏不傳易經連山歸藏劉炫僞造說卦序卦歐陽不信嗟乎古人精義遭此厄運六經三史乃日月經天江河行地者猶復不免而況他書乎蓋古人之書以簡策則易脫落矣以縑帛則爲帷幔衣服矣且唐馮瀛王以前書無雕本則又寥寥無幾矣其有所缺也宜也今人免艱遽易輒不珍惜聽其兵燹蟲鼠風雨婦豎毀焉棄焉其有所缺焉又勢也第古人之書古人補之而古人之書缺而復完今人之書今人不爲補之而今人之書不爲古人所笑乎故余今日之力補誌書亦猶行古之道也抑余尤有進焉山邑戶口繁多山川環繞自前誌迄今以圖則有滄桑以誌則有興廢以傳則有忠孝節義文學藝術高人逸士之紹起故誌在於補尤

在於修但修而不補是舍桃問梨也補而必修又得隴望蜀也余未遑修而先爲補之亦爲修之之地云爾故余望後之能修之者尤望後之能補之者

雍正二年歲次甲辰清和月知山陰縣事丁卯

魯序

山陰縣誌一書成於張太僕先生父子猶李氏北齊書也與郡之嘉泰誌稱佳構焉

本朝續之歲久雕板散失失而不已勢且昔有今無如陸放翁嘉泰志求其善本已零落不可復得誰之咎與山陰邑侯丁公檢閱愀然爰命搜補其闕踰年顛末復完凡圖誌傳中今新鐫者皆是也噫亦勤矣夫玉巵無當棄而弗用故書貴於完也驪珠既失追而弗獲故補貴於早也昔史公之序春秋也曰文成

數萬而張晏有言曰春秋止萬八千字何數萬也然今細數之更闕一千四百二十八字豈夏五郭公之外復多斷編殘簡與夫誌猶春秋也吾越之誌僅存其名而罕見其書者如謝承之會稽先賢傳鍾離岫之會稽後賢傳孔氏之山陰記虞預之會稽典錄其軼時見於册府元龜藝文類聚諸書其號猶存於天下書目崇文總目諸部而欲考其山川風土文物成一方之文獻備千載之典型則已全豹莫窺末由裒集豈不惜哉今侯下車以來修學宮謂教化所係也修蘭亭謂

聖祖御墨所藏且名蹟也其他水利祠廟百廢具舉今又力補誌書之缺使先儒精力不沒於荒烟野草之間此其功殊不小矣抑闕書多備於後世如陶潛文集梁有五卷隋有九卷唐有二十卷蓋旹補也有其補之莫敢廢也且聞嘉泰舊志吳下尚

有藏本愧余力不能得侯能及早得之則余言庸奮肉揚嘗爲侯再弁一言矣是爲序

雍正二年歲次甲辰四月翰林院庶吉士邑人魯曾煜

舊志目錄

卷之一曰疆域志 沿革 分野 區界 坊里 市鎮 鄉舍 衢路 附圖三 分治圖 縣境圖一 縣境圖二

卷之二曰城池志 縣城 所城 巡司城 廢城 附圖一 三江所圖

卷之三曰署廨志 縣署 行署 衛所 禩署 廢署 附圖三 布政分司圖 縣署圖 學署圖

卷之四曰山川志上 形勝 山 塢 洞 溪 澗 渚 附圖九 臥龍山圖 秦望山圖 蕺山圖 梅山圖 塔山圖 塗山圖 爐峯圖 越王崢圖 梅里尖圖

卷之五曰山川志下 浦 河 瀆 江 滙 海 池 橋 潭 渡 湖 湖 附圖三 鑑湖圖 柯橋圖 海防圖

卷之六曰古蹟志 臺 園 閣 井 樓 泉 堂 石 闕 塘 宇 水 亭 宅 附圖二 禹陵圖 蘭亭圖

卷之七曰物產志 穀 草 蔬 藥 果 鱗 木 禽 竹 獸 花 蟲 器 貨

卷之八曰風俗志 歲時 俗變

卷之九曰災祥志卷之

八曰人物志六列傳三卷之二十九曰人物志七列傳四卷之三十曰人物志八理學傳卷之三十一曰人物志九忠烈傳卷之三十二曰人物志十孝友傳卷之三十三曰人物志十一義行傳隱逸傳卷之三十四曰人物志十二列女一卷之三十五曰人物志十三列女二貞女卷之三十六曰人物志十四仙釋卷之三十七曰人物志十五方技卷之三十八曰序志

右前志

山陰縣志　卷二十九

山陰縣志卷二十九

山陰縣志卷三十

政事志第三之十二

嘉慶歲在昭陽重輯山陰縣志經始於孟夏之月及秋而書成謹敘述體例大旨殿諸簡末敘曰竊惟孔子制春秋之義命子夏等求周史記得百二十國寶書此公羊春秋傳疏所引閔因敘之言信而有徵哉顧數千年來其書既不傳而所以名書之意亦無能道之者若徐彥云寶者保也謂保守以爲訓戒義則然矣抑孟子不云乎諸侯之寶三土地人民政事觀此則書所由名與其中所稱述者何事舉可識焉已今之州縣古諸侯國也州縣之志猶百二十國之各有書也屬辭而比事徵文而攷獻上備史館要删下爲士夫所攷鏡其名爲志而紀表書傳體無不具雖冠以方州地名而經緯人事足資治理則異於地理

家言雖分類編輯而實事求是辭尚體要則不同於類書甚矣創作者難因而述之者亦不易也今茲所撰敢援古者賓三之義立三大綱弁省舊志多門以爲之目其間斟酌損益必詳必慎古可以稽今可以驗惟土地人民政事之要爲廪廪焉後之字是邑覽是書者尚其知所寶也夫志首自爲一卷以下凡二十九卷敘一篇合爲三十卷復爲之述贊曰

粵聖有謨維皇建極二史夾輔百名書策煥乎禕而首命不律卷之首述

皇言

遐哉分土跡肇九州爰正經界行政所繇嬴秦以降析弁紛繆驗今準古次第以求卷之一 述沿革

周王賜履肇舉四至漢使計程疾馳千里入疆出疆如砥如矢

卷之二述至到廣袤形勢以山從縣不取會稽以陰召陽今則志之表裏無害毋越畔疑不觀怪山昔乃飛來卷之三述山名谿四九鑑湖是滙鑑亡則那流競未艾滔滔盡東請觀於海卷之四述水無餘城古秦望之陽蠡也踰山北焉作宮繇是增廓百雉以崇曰位之表署居乎中街衢四達濟之津梁卷之五述城廨橋道關津之屬是生是聚乃殷衡宇三代之遺有章有伍是用周知匪云隅舉卷之六述坊鄉市鎮驛舖之屬禹蹟渺茫餘亦荒忽後之視今猶今視昔卷之七述古蹟物土之宜何國蔑有畜傒雞豚植衿榆栁畧仍舊章唯唯否否

卷之八述土產

百里需才妙簡銅墨同官爲寮或贊或翊壹登中銓亢不湮沒表而出之馬班遺則卷之九述職官

虞廷九德漢詔四科通經足用茂異竝羅彌縫魚麗好仇兔罝東箭南金美亦孔多卷之十述選舉

昇爾官師登爾俊彥康樂成書行人所獻習俗斯移貞淫以見草上之風當於民監卷之十一述戶口風俗

理縣有譜諸儁著聞厥有劉子載贈官箴云食一升而勿飲醇凡茲故實皆在山陰孰是守土庶幾斯人卷之十二述名宦

襄陽之傳惟舊且耆況述先賢近有會稽借曰桑梓必恭敬止徒云鄉人直鄉人耳卷之十三至十六述鄉賢

偉矣姬姜謚弗踰閾中壘所錄不專一格用式薄夫區明風烈

卷之十七述列女
不名一藝世何繇知或者逃名名乃隨之卷之十八述術藝釋
老
愔愔琴瑟秩秩豆籩矢其文德長此誦弦卷之十九述學校
旱潦爲患等無麥禾海溢作鹹爲鹵奈何節宣孔勞利大且久
居然上腴關中隴首卷之二十述水利
楚鬼越禨俗無古今成民而後致力於神卷之二十一述壇廟
祀者大事其次惟戎軍臬賓嘉咸屬秩宗敘次武署亦以類從
卷之二十二述武備
貢賦稽經係民利病勿諱催科可以觀政卷之二十三述田賦
衒之伽藍李彤冢墓靈氛幽光鬱爲雅故卷之二十四述寺觀
冢墓

雨暘時若念用庶徵仲舒陰陽歆向五行修省其身如寐斯覺曰乂用明毋泥毋鑿卷之二十五述禨祥

劉畧之富三萬餘卷既錄尤多卷贏四萬什不一存他可槩見耳食浮夸無徵不信卷之二十六述書籍

貞石不朽時或奪墜象之紀勝碑目易傳寫摸槧入亦以元年卷之二十七述碑刻

摛藻紛綸逢應風雅山水方滋代有作者卷之二十八述藝文

四時成歲履端惟春千里導江濫觴自岷經生謹案史氏舊聞古曰在昔昔曰先民卷之二十九述前志

文無拙工在正其體志之爲文最近於史史有專官其官不一四方之志外史所職班述劉畧初無史門附於春秋可見淵源王儉七志亦無史家經而曰典史始萌芽七錄鴻裁一曰紀傳

嗣是史籍寖以曼衍逮晉荀勗定爲四部配經子集逵乎今古班固地理志所權輿全史之一倘非專書十道九域志出唐宋統括幅員非畧則冗郡縣之志至宋寖多官撰圖經是其先河酷吏佞臣史文竝見志則不然有褒無貶常璩持論貴朴毋華鈔取計簿羅願所訶今此一編衆手同輯商搉整齊較若畫壹履絇伊誰述而不作備舉原流以俟斤削卷之三十述總敘

右總敘

山陰縣志卷三十

山陰縣志 卷三十 四

山陰縣志校記 一卷

〔清〕李慈銘 撰

民國十九年（一九三〇）鉛印本

影印説明

《山陰縣志校記》一卷，清李慈銘撰，俞奇曾輯録。民國十九年（一九三〇）鉛印本。原書版框尺寸高19.1厘米，寬14.3厘米。

李慈銘（一八三〇—一八九四），近代學者、文學家。初名模，字式侯，更名慈銘，字炁伯，號蓴客，室名「越縵堂」，浙江會稽（今紹興）人。同治九年（一八七〇），四十一歲始中舉。光緒六年（一八八〇），五十一歲始中進士。光緒十六年（一八九〇）補山西道監察御史。民國十九年俞奇曾接受王子餘委託，據王氏手抄李慈銘《山陰縣志校本》，將李氏校記輯録出來，編爲一卷，印行於世。俞奇曾，紹興人。王子餘（一八七四—一九四四），名世裕，紹興人，曾創辦紹興第一張白話報紙《紹興白話報》。書名葉爲蔡元培手書「乾隆山陰縣志校記」，誤，實爲嘉慶志校記。書後有俞奇曾題記。

此次影印，以國家圖書館藏本爲底本。另據《中國地方志聯合目録》，天津圖書館、浙江圖書館等單位亦有收藏。

乾隆山陰縣志校記

李越縵先生遺著

蔡元培題

山陰縣志校記

會稽李慈銘譔

目錄 首卷 第一頁

校正 此志在近時已爲佳志但其取孟子土地人民政事語劈分三類既非著書之體而職官何與於人民寺觀冢墓豈得謂非土地書籍碑刻藝文又於政事何涉支離配合如腐生作時文强立柱意是大謬也

土地志

獨石軒 卷七 古跡

尙書當作侍郎

人民志

鄉賢一 卷十三

案賀道力傳當附其兄道養說見後術傳卷中（按術傳賀道養校記當時漏錄） 孔沚睿

下當增王叔文吳程下當增徐鉉鍇南唐 慈銘案二徐爲山陰人明見陸游南唐書以其父爲南唐司馬卒官遂家廣陵欽定全唐文於二徐下皆系以越州山陰人宋史於鉉下系以揚州其疏謬多若此 又案鉉雖入宋受官而鍇實卒於南唐贈謚曰文鉉之官位事蹟亦顯箸於李氏之世是當系之南唐爲限斷之法

孔愉 卷十三 鄉賢

末句後歷尚書左右僕射下當有加特進卒世說新語注引續晉陽秋

陸軫 卷十三 鄉賢

此可附見其孫佃傳

陸佃 卷十三 鄉賢

字農師下當有祖父軫官至吏部郎中直昭文館知越州又知睦州致仕佃二十三字

徐允讓 卷十三 鄉賢

徐允讓保越錄作徐本道 末附注引萬歷府志允讓項里人案此亦見保越錄

王儼　卷十四　鄉賢

案此等廖廖無事蹟且無他書可證者以舊志既有不敢竟删則當以類附入或别爲一傳總叙之

薛德明　卷十四　鄉賢

宋尙書昂九世孫七字當删去　案薛昂卽所稱薛乞兒者其人不足道且本非越人其官爲參知政事亦非尙書

蔡庸　卷十四　鄉賢

此等但存其名足矣

陳性善　卷十四　鄉賢

徙其家於邊下當有宏光中贈禮部尙書謚忠節十一字

金濂　卷十四　鄉賢

案金濂永樂十六年進士景泰時由刑部尙書調戸部加太子少保卒追封沭陽伯謚榮襄

明史有傳然濂爲南直隸山陽人今之江蘇淮安府山陽縣也故封沭陽伯未有言其爲紹興山陰人者此蓋修府志時有不學之人偶閱甘肅通志忽見金濂傳有山陽人三字誤以陽爲陰遂妄採入志傳而人亦無覺之者縣志承而用之可笑如是

丁能 卷十四 鄉賢

此等亦當總爲一傳

高閏 卷十四 鄉賢

錢輪 卷十四 鄉賢

時都御史李秉子瑗坐贓竟按如法數語案李襄敏賢者何以有此

授潼川州牧當作授潼川知州

陳倫 卷十四 鄉賢

以母老憚歷險遠當作母老憚遠行

張景明 卷十四 鄉賢

終明之世以庶僚贈大學士者景明一人而已

吳蘚　卷十四　鄉賢

嘗以事劾天官卿當作嘗以事劾吏部尚書某　竟中傷之當作竟被中傷

何詔　卷十四　鄉賢

工部尚書上當有南京二字

費愚　卷十四　鄉賢

廷評當作大理評事

朱節　卷十四　鄉賢

案節爲陽明弟子明史附錢德洪傳

蔡宗兗　卷十四　鄉賢

潘壯　卷十四　鄉賢

案蔡宗兗明史作葉宗兗正德十二年進士亦王文成弟子附錢德洪傳

楊邃庵當作楊一淸王陽明當作王守仁蕭子雝當作蕭鳴鳳皆當書名

金椿 卷十四 鄉賢

轉永州通判句轉當作謫

金應暘 卷十四 鄉賢

父椿下當有見前傳三字瓊州知府四字當删去

金聯芳 卷十四 鄉賢

此當於蘭傳中見其名而已 蒞工醫雅慕恬澹荃敦厚性成皆非體

漏坦之 卷十四 鄉賢

此當於思任傳末附及之曰縣人漏坦之字仲容思任之弟也嗜學善屬文以布衣終

陳烇 卷十四 鄉賢

邑廪生當作諸生 遂不食饑四字當删去

張汝霖 卷十四 鄉賢

案張岱三不朽圖贊云字雨若蓋有兩字也　案汝懋名麗附逆閹案此傳當削之

王思任　卷十四　鄉賢

工部主事下當有歷擢員外郎中出爲江西僉事十二字

李銳　卷十四　鄉賢

此當於元豐傳中見其名位而已　昭信校尉是何官　歸僅置田數十畝以都司歸而置田數十畝何足記

邵武書廚何以爲邵武書廚　封昭勇將軍此亦必無之事

陸夢祖　卷十四　鄉賢

時有楊少宰養病金山少宰之稱亦非體且何以不著其名　南京兆非體當作應天府尹

胡楫　卷十四　鄉賢

金吾非體當作錦衣

張汝撰　卷十四　鄉賢

舉子下當有喻思恂三字　徧丐貸萬里當作自言貸質萬里　需罔不給上當有所字

捷南宫入翰苑矣當作成進士入翰林矣　蜀士下喻思恂三字當删去

錢象坤　卷十四　鄉賢

末中書舍人下當作象坤孫鳳覽字子瑞崇禎末以官生入仕至刑部主事鼎革後讞崇禎太子獄獨上疏證其非僞與故明晉王及大學士謝陞爭甚力下獄被誅南都聞詔贈太僕卿謚忠毅明季南略

姜效乾　卷十四　鄉賢

案姜鏡餘姚人官禮部郎中　廣陵倅蓋揚州通判也此非志體蓋沿其家傳之文不知改正耳此志往往多有不能徧舉　遷某藩相蓋卽王府長史也不得云相此尤不通　末句孫之琦壬戌進士案壬戌在明爲天啓二年在國朝爲康熙二十一年選舉表俱無之琦名攷前明進士碑錄姜鏡爲萬歷十一年癸未進士之琦爲鏡曾孫不得於天啓壬戌卽能登第志乘之不足信大抵如是

王揚德　卷十四　鄉賢

總鎮二字非體

陸夢龍 卷十四 鄉賢

顏色如生下當有詔贈太僕寺卿謚忠烈九字案夢龍戰沒事聞莊烈帝詔贈太僕寺卿謚忠烈見徐秉義忠烈紀實及越殉義傳今明史但云贈太僕卿

王業浩 卷十四 鄉賢

字士完下當有尚書華之裔五字 案此兩事皆不可信業浩素與東林左當魏閹時雖不與孩兒義孫之列而初以調停移宮之疏與賈繼春同落職至天啓四年十二月以給事中陳熙昌薦與許宏綱唐世濟等十二人俱准次第推用五年四月以給事中蘇兆先薦准復原官十二月疏劾太僕少卿馬孟禎給事中方有度副使韓萬象等六年二月擢掌河南道御史時擬王心一爲正竟用業浩以其參曹于汴易應昌也崇禎元年正月逆黨御史楊維垣上疏力詆鄒黨趙黨孫黨熊黨而以徐大化王業浩魏應嘉爲正人以上皆見李清三垣筆記吳應箕兩朝剝復錄文秉烈皇小識及明史等書則業浩之爲人可知矣其名雖不入逆案而文秉先撥志始列之逆案漏網中謂

其同劉徽袁鯨朋謀推轂崔呈秀之枚卜又參馬孟禎韓萬象方有度以致皆被削奪則此志所云妄也至其削籍之故則先撥志始言之甚詳謂業浩與孫杰吳淳夫霍維華盧承舒等合謀推崔呈秀入相欲攻去吏部尚書王紹徽于是袁鯨劉徽各疏劾紹徽紹徽廉知其狀遂於辨疏中發鯨等陰謀衆懼忠賢知之寢其事業浩閉門不出呈秀疑其翻向以它事斥逐爲民剝復錄中亦載業浩合謀事

劉永基 卷十四 鄉賢

及得他氏詮解句當删去不解 益有所悟益當作遂 毋王下淑人二字當删去 補贛縣當作起知贛縣 案此謚忠毅三字疑誤永基以監司卒官安得有謚

吳大斌 卷十四 鄉賢

孔師當作孔有德

劉竟中 卷十四 鄉賢

戊午至天下士十九字當删去案施鳳來閹黨之宰相也此何足述

王應遴　卷十四　鄉賢

甲申殉節案此四字可疑李鐸紹興府志僅言其卒於京邸即死亦當在刑拷之列非殉節者

丁乾學　卷十四　鄉賢

時魏忠賢竊柄下一段當作乾學以天啓四年典江西試發策引汪直劉瑾語刺忠賢忠賢大怒矯旨降三級調外復矯稱駕帖差緹騎逮訊指揮僉事高守謙等聚毆之乾學創甚遂卒崇禎初案乾學未聞有上疏事蓋即由試策事附會之今據明史及紀事本末諸書改　案乾學被緹騎猝入其家亂毆致死未嘗逮訊亦未嘗贈謚且其官止檢討安得贈禮部尚書此皆妄造不足信　案乾學宏光時贈侍讀學士明史及諸野史皆同惟李清南渡錄云甲申十二月丙子再贈侍讀學士丁乾學禮部右侍郎仍命與謚廕一子然謚竟寢据此則當時未有謚也文忠之謚明世亦不輕授

姜應奎　吳文龍　卷十四　鄉賢

此等皆當總立一傳　寧紹台至三院十字當删去表其廬上當有督撫二字

唐欽 卷十四 鄉賢

此等皆於書籍門見其字可矣

章大吉 卷十四 鄉賢

此等著作可笑書籍門存其目已爲不必況立傳耶

蔣宏濟 卷十四 鄉賢

慷慨任俠當作素以任俠名 知縣徐貞明知其賢下當有後以尙寶卿督治直隸水田十一字 子一玖上卒之日三字當刪去下方髫至學醫八字當刪去

包梗 卷十四 鄉賢

此可刪 臨江府經歷上當有官字

周懋穀 卷十四 鄉賢

此當附其子鴻謨傳

何騰蛟 卷十四 鄉賢

案文烈明史及諸野史多作忠烈惟永秝實錄作文忠瞿忠宣集作文節　官其子文瑞僉
都御史下當有領父兵擢兵部侍郎大兵克桂林與瞿式耜等同死二十字案領父兵云云據王夫之永秝實錄增
賜專謚忠誠句賜字下當有騰蛟二字

朱兆柏　卷十四　鄉賢

資參酌焉句酌當作決

張明昌　卷十四　鄉賢

屢試不售四字當刪去

祁豸佳　卷十四

案此當立熊佳傳而附豸佳傳

余增雍　卷十四　鄉賢

案此當附後余增遠傳

何國輔　卷十四　鄉賢

舉天啓丁卯鄉試句鄉試上奪武字　與劉蕺山主證人社八字當删去此必附會或在受業之列耳

胡良臣　卷十四　鄉賢

此當附見其子懋宣傳懋宣傳在下卷　廣四十八孝書名甚可笑何足記耶

包希聖　卷十四　鄉賢

此當删　歷任鴻臚寺通政司何官耶明制官王府長史者遷轉悉停故皆終身不徙官惟哀宗皋張景明以興府長史世宗入立宗皋驟擢至大學士景明入京旋卒亦贈大學士此外無聞者景帝以郕王立故長史儀銘等多顯用　是志所云必由其家傳附會而云俱有聲云不避權貴何所見耶

劉壇　卷十四　鄉賢

此宜并其父謙等同爲一傳

姜天樞　卷十四　鄉賢

字紫環下當有禮部尚書逢元子七字

胡士諤 卷十四 鄉賢

旋里日三字當删去 尚作跛態不解 當作尚病跛焉

錢以敬 卷十四 鄉賢

授雲南府通判上當有選字 署新興州篆句篆字當删去 當道倚重當作有司倚重

事載宫諭余煌記中當作諭德余煌記其事

朱光熙 卷十四 鄉賢

嗚咽廢飲食當作絶食

黄鼎元 卷十四 鄉賢

特陞湖廣掌印都指揮使司句指揮使三字當删去 加都督府銜句府下有奪字都督府何官須補載

周崇禮 卷十四 鄉賢

奉孀母至孝句孀字當删去但云事母則必孀矣

李廷孚 卷十四 鄉賢

判官當作州判

張汝嘉 卷十四 鄉賢

熹宗朝歲薦壬戌廷試第一當作熹宗時以歲貢生廷試第一

茹鳴盛 卷十四 鄉賢

北直隸當作順天 已而寇至死之當作寇至城陷死之

陳潛夫 卷十四 鄉賢

全祖望結埼亭外集謂陳公錢塘產非越人也今其後人尚居杭

魯元錫 卷十四 鄉賢

删抹 意氣激昂四字當删去 賊尋釋下奪之字 中翰當作中書舍人

唐九經 卷十四 鄉賢

此亦可疑明制各省督學以部郎科道外授布按兩司官者爲之非推知所得與亦非御史

所得薦且督學八閩亦不辭　擢淮州府推官監藩鎮事當作改淮安府推官監事

劉穆　卷十四　鄉賢

募兵五百民句民當作人　開府晉爵不辭此蓋加右都督耳其封何爵俟考　幼隨穆任江南水師營參將當作幼隨穆在江南水師營　及父穆父字當刪去

王貽杰　卷十四　鄉賢

授江西都使司同知句使字衍

王紹美　卷十四　鄉賢

不爲表暴四字當刪去

吳從義　卷十四　鄉賢

以諸生劾魏忠賢下當有遂有聲三字

徐世儒　卷十四　鄉賢

此等皆一無事實何足載　多行善事此等皆浮辭　官西蜀何官耶　力興文教四字旁抹

倪文道　卷十四　鄉賢

化州同知上當有官字

單一貫　卷十四　鄉賢

大飢上當有歲字　倪鴻寶當作倪元璐

劉匡之　卷十四　鄉賢

聖學當作縣學

賞奇璧　卷十四　鄉賢

庚辰歲廷試五字當删去下有十五年特開徵解科奇璧十字案崇禎開徵解科在十五年壬午非庚辰　特賜進士出身句特字當删去

姚遠　卷十四　鄉賢

家不甚富性好施當作家粗給而好施　有飢戶某家素溫當作有富人某者家中落　遠密有餽遺當作遠密餽遺之　末句人益多其有隱德云當作人兩賢之

沈懋庸　卷十四　鄉賢

補諸生下讀書至章句之末十三字當删去

張景華　卷十四　鄉賢

此當附見其子陛傳陛傳在下卷

朱烱　卷十四　鄉賢

此等皆當類聚爲一傳

倪復　卷十四　鄉賢

事孀母極孝句孀字當删去

馬維墪　卷十四　鄉賢

貢監當作貢生

錢元寀　卷十四　鄉賢

授蘄州倅當作授蘄州州判　値桂惠瑞三藩就封句桂誤作檜藩當作王封當作國下三

藩亦當作三王

劉三達　卷十四　鄉賢

此亦當删其希陶集收入書籍門附見姓名而已　落落自喜此等皆浮辭

姚逵　卷十四　鄉賢

此等皆當删必不得已則以類入附傳而已

沈景修　卷十四　鄉賢

此當見之書籍門

何嗣義　卷十四　鄉賢

此與前之姚逵姚祖振父子及後之陸一桂俞毓等皆當以類附傳之　性不樂豪華當作性恬静

何治仁　卷十四　鄉賢

上虞誤作古虞

葉茂蘭　卷十四　鄉賢

此當删　入成均俗稱　登賢書俗稱　陶養二字旁抹

陸一桂　卷十四　鄉賢

此亦當入附傳

俞毓　卷十四　鄉賢

此當見之書籍門

傅列斗　姚允覲　卷十四　鄉賢

此類皆當見之書籍門

劉昌　卷十四　鄉賢

此及下王鑾柯國梗蕭煁諸彦僑何嘉琳孫泓唐大煃屠景俊陳士俊姚宏吳朝俊施光顯陸偉等皆當於一傳中總括之

袁自立　卷十四　鄉賢

父賈參皮島當作其父販蔘於皮島　死於鋒鏑當作死焉　逆舍主當作逆旅主人　心疑至之乃七字當删去下嚙指血逐骨加滴見血滲焉當作嚙指血滴骨見血滲焉　始便附舟句便當作得

柯國樋　卷十四　鄉賢

嘗穢上奪爲字　鼻衂如注四字當删去

蕭燝　卷十四　鄉賢

未辨安危不通

諸彥僑　卷十四　鄉賢

京邸上慷慨至年在九字删去當作彥僑常侍父下不克至抵父所十字當删去此何足述

唐大燵　卷十四　鄉賢

德藩典儀上當有官字　因母積病未瘳當作因母久病

史宗垣　卷十四　鄉賢

司馬當作同知

姚宏 卷十四 鄉賢

此類當立一傳類叙之

王朝爍 卷十四 鄉賢

年十四至諸書十字當删去此亦足紀耶下作以太學生攷 衡藩相當作衡府長史

張耀芳 卷十四 鄉賢

欠庫銀欠當作負 撫軍上當有巡字

周有鳳 卷十四 鄉賢

評左韻言書名已屬可笑本不宜收即欲見之載入書籍可矣

李安世 卷十四 鄉賢

安世下當有字泰若三字 案是科進士吾越有兩李安世一山陰人一餘姚人 案乾隆府志選舉志癸未進士李安世山陰人尙寶司卿鄉賢傳李磐字用甫餘姚人萬歷庚辰進

士官湖廣承天府推官陝西鎮原縣知縣子安世字泰若先以舉人爲泗州學正癸未舉進士卽歸布衣蔬食然則此志云云乃餘姚之李安世也全謝山鮚埼亭外集跋崇禎十六年進士錄有云會稽余增遠山陰金延韶餘姚李安世皆固守殘山賸水之節以終其身是此志收入者誤也但進士題名錄是科確有一山陰之李安世而其人無攷府志稱官尚寶司卿亦可疑璽卿爲京堂清秩癸未次年卽明亡國朝順治初卽裁此官安世或仕魯監國時所授而諸野史中絶不載及當攷

余增遠 卷十四 鄉賢

年六十五卒下當有鄉人私諡孝節先生八字 案忠節公煌籍會稽

王自超 卷十四 鄉賢

案予安爲工部尚書恭簡公舜鼎之子恭簡會稽人 案柳潭已汚僞命且所傳僅時文耳不必立傳

俞璧 卷十四 鄉賢

授黟縣句授當作知

何育仁　卷十四　鄉賢

育仁可附前何宏仁傳

王先通　卷十四　鄉賢

案先通當宏光時在附祀武臣之列明史及諸野史皆謂其被賊拷死而南京諸勳戚爲之朦混請卹則此所稱殉節之烈必妄也業太亦無言其死節者

朱壽宜　卷十四　鄉賢

案壽宜可附上朱少師燮元傳

劉光世　卷十四　鄉賢

恥言勢利四字當删去　于穎時爲分守道非知府

張楞　卷十四　鄉賢

此宜與下張梯幷爲一傳

鄭遵謙　卷十四　鄉賢

案遵謙時封義興伯入海後晉爲侯

姜廷梧　卷十四　鄉賢

案一洪餘姚人萬歷丙辰進士崇禎時官至太僕卿唐王時擢戸部尚書野史言其奉唐王命赴贛至木樨庵投江死而明史不載

張尙　卷十五　鄉賢

父廷璧下教授至從之八字當删去

姜希轍　卷十五　鄉賢

世居郡城下當有明禮部尚書逢元孫八字　由廩貢生教授新昌縣學遷國子博士案新昌學無教授國朝亦未有以廩貢生爲國子監博士者蓋由新昌訓導遷國子監典簿耳

潘朝選　卷十五　鄉賢

所至悉著謹愼當作所至有清愼稱　恢復當作與平　各著偉績四字旁抹

張星　卷十五　鄉賢

順治上當有國朝二字　任滁和道下當有甚有聲三字　交章合薦當作交薦之　聲望赫然四字當删去

張陛　卷十五　鄉賢

邑庠生三字當删去下有父景華貢生病篤時謂其妻董曰吾世家子足衣食而不永年先令澤將衰矣汝勗吾子力爲善董誌其言歛葬貧者修圮路焚貸劵贖難民悉力行之陛少補諸生六十三字　鬻産得米千餘石（前卷其父景華傳言得米五百石）　抵廣東當作補官廣東　視四會縣事視當作署

陳理　卷十五　鄉賢

理宜附其子允恭傳　孔兵之亂當作孔有德亂　救釋被掠婦女救當作理

吳拱宸　卷十五　賢鄉

删抹

胡明憲　卷十五　鄉賢

此可附入下胡昇猷傳　相繼逝世當作相繼卒　視嫂如母句視當作事　末順治丁亥進士六字可去

朱鼎新　卷十五　鄉賢

授秘書院何官國初亦無經濟王左藩又是何官

金朝聘　卷十五　鄉賢

儼若神明四字當删去不通

王士驥　卷十五　鄉賢

當事下當作有請託者立飛章糾參置之法

胡兆龍　卷十五　鄉賢

擢兵馬使句使當作司明及國朝皆有兵馬司正副指揮拱樞蓋擢兵馬司副指揮也若兵馬使則維鬮賊有之　案蔣良騏東華錄載順治十五年二月刑部左侍郎杜立德劾内院

學士吳兆龍罔上行私甲午中一弟兆麟今科中一弟兆鳳都中有一龍當道麟鳳齊諧之謠旋吏部察議言杜立德參款不實應免立德官遇赦免是年十二月以授督撫餽遺革學士胡兆龍尚書銜並所加之級仍留任攷國初止設祕書宏文國史三院有大學士及學士侍讀侍講學士等官至是年七月始去內三院改爲殿閣大學士設立翰林院兆龍蓋以內院學士加尚書銜者今志乘或言兆龍爲吏部侍郎或言爲吏部尚書皆非也此志未明晰

范仍　卷十五　鄉賢

祝紹燧　卷十五　鄉賢

誡守勿派窮民當作誥郡守勿派窮民　謁選當作後選

删抹

胡昇猷　卷十五　鄉賢

字允大下當有父明憲字澄宇有孝行兄弟不析爨者數世及兩兄相繼卒事嫂如母撫從子如子年八十七卒妻李氏父爲錦衣衛官以非辜論死李伏闕訟寃得免昇猷六十字

王之鼎 卷十五 鄉賢

不屈以殉當作不屈死 俗稱牧然非紀載體 任山東陵縣句任當作知 遷徐州牧當作遷知徐州 徐州此時尚未爲府故沿

王重光 卷十五 鄉賢

順子戊子初倅浙東鹽運當作順治戊子官浙東鹽運通判 未兵部尚書下當有兄子璘

字夏卿有志行因其母疏食終身未嘗近酒肉焉二十二字

胡鶴翥 卷十五 鄉賢

投誠下當有賊字 遂嚴束當作遂奉約束

周國奎 卷十五 鄉賢

張承恩上當有總鎭二字下補鎭江至總兵八字當刪去 與固山譚太誤作與譚太固山

用國奎爲前部句奪爲字 制府當作總督 提升延平副將奪升字 案此時總督當

是李率泰

李宗 卷十五 鄉賢

李宗名字見復社姓名錄 字伯因下當有懋方子三字 明末諸生當作明時爲諸生時逆閹當作魏忠賢 爲彈文下以抒至侍御七字當删去 亟取稿删潤之句亟字當删去 末遂不果仕下當增平字秩南云云

馮肇 卷十五 鄉賢

此等何足傳自來郡縣蕪雜濫登相沿爲例此志稍爲矜愼然亦瞻徇多略删抹之以見體裁

韓大能 卷十五 鄉賢

此等皆宜依類立一傳連次之

傅臚 卷十五 鄉賢

王慶章 卷十五 鄉賢

特命來京下當有引見二字

進士下授少參三字删去當作歷官至布政使參議稱布政使參議爲少參此沿明代俗稱也不宜入之紀載文字

童欽承　卷十五　鄉賢

遂平上當有寇禍二字下歷任二字當作入官

柴雲耀　卷十五　鄉賢

删抹

吳興祚　卷十五　鄉賢

字伯成下漢軍正紅旗人句删去當作父執中見前傳案此漢軍正紅旗人六字宜逐於前吳執中傳而此處只宜云父執中見前傳

徐緘　卷十五　鄉賢

祁彪佳上中丞二字當删去　彪佳死至相得十二字當删去不接　末句嘗著讀書説有歲星堂集嘗字當删去有當作及

趙廣生　卷十五　鄉賢

趙廣生集六卷宜存之書籍門而下注其字及爲忠介弟子此史法也

胡心尹 卷十五 鄉賢

胡心尹及下馮肇楠章尙絅宋時化濮奎聞在上盛守寗等皆稱歷官有賢聲而無一事可紀宜於陳濟美傳下類叙其姓名及官位而已

秦長春 卷十五 鄉賢

子宗游下康熙至如其官十八字當删去

朱用礪 卷十五 鄉賢

此宜附之前明朱少師傳下或見之於選舉表末不必立傳

唐賡堯 卷十五 鄉賢

字載歌下當有父允思見前傳賡堯成九字

馮宗浣 卷十五 鄉賢

删抹

李平 卷十五 鄉賢

既無一事附之其父宗傳可矣不必特立

傅爾申　卷十五　鄉賢

家在魯墟東西村當作爾申家在魯墟墟有東西村　有鄰舍孀婦戴氏當作其鄰有孀婦戴氏者　哭甚哀上當有一日二字

張國勳　卷十五　鄉賢

因樂清衛要授以城守當作因授都司守樂清

金曰璉　卷十五　鄉賢

删抹　於本府縣當作於府縣官　上守城八議於朱守憲當作又上守城八議於知府朱某

秦廣漢　姜明作　卷十五　鄉賢

删抹

朱用調　祁曜徵　何嘉瑋　趙美新　卷十五　鄉賢

此等皆宜於書籍門內見其名字而已

徐沁　卷十五　鄉賢

此可附張岱傳

周大受　盛時驥　陳毅倫　金璐

刪抹　猶聚徒講學句猶字當刪去　盛傳貢科二字旁抹

祝紹龍　卷十五　鄉賢

刪抹

呂興道　卷十五　鄉賢

無倦容當作如一日　經魁當作舉人

沈季昇　卷十五　鄉賢

惜季昇早卒句惜字當刪去不通

何光紳　卷十五　鄉賢

有輕裘緩帶風當作有儒將風

許大信　卷十五　鄉賢

刪抹

濮萬邦　卷十五　鄉賢

刪抹

盛守甯　卷十五　鄉賢

凡有好施之偁而無顯蹟可紀及凡置義田設義塾而無他表見者總爲一傳連綴之

李元豐　沈繹　卷十五　鄉賢

刪抹　最好排解四字旁抹　沈傳昆季二字旁抹

吳雲翔　卷十五　鄉賢

巡司當作巡檢　不甘從逆四字當刪去　末妻金氏至亦卒九字當刪去

胡一治　卷十五　鄉賢

案通判加正一品恐亦事所必無

薛維泗 卷十五 鄉賢

删抹 爭與結納四字旁抹 聲名大起四字旁抹

余立政 卷十五 鄉賢

删抹

屠一鴻 卷十五 鄉賢

删抹 子仕祿句不成 都閫二字旁抹

孟繼美 卷十五 鄉賢

既由國家得官何以云輿化府幕蓋經歷照磨等官也明人依俗稱此等官爲幕職耳國朝則曰首領官矣

嚴爾介 卷十五 鄉賢

删抹

章天寵　卷十五　鄉賢

委都司銜當作誌功授都司銜

王化秀　余允麒　曹九成　卷十五　鄉賢

删抹

陸天祐　卷十五　鄉賢

删抹

陳大綬　卷十五　鄉賢

删抹　末諸美舉三字旁抹

王士璘　卷十五　鄉賢

士璘可附重光傳中

朱之垣　張培　卷十五　鄉賢

删抹　秋曹從事者蓋刑部書吏也

吳三壽　王應魁　卷十五　鄉賢

删抹

王光美　鍾萬傑　鍾鎬　沈選　卷十五　鄉賢

删抹

姚啓聖　卷十五　鄉賢

自幼力學句自字當删去

姚祖振　卷十五　鄉賢

删抹　末經魁二字加抹

謝昌明　錢廷枚　卷十五　鄉賢

删抹

楊德浩　卷十五　鄉賢

凡刲股稱孝子理宜於一傳中連叙之　哀毁如成人五字旁抹

胡懋新 卷十五 鄉賢

此當立胡懋宣傳而以懋新附之 當作胡懋宣字純懋光祿卿文靜之曾孫也父良臣字冀明九歲通五經從周汝登陶望齡遊著有四書詩經直義諸書懋宣成康熙丁未進士未卒於京師下當作兄懋新亦通經 原文胡懋新字敬懋博通經學著有説漁澄心堂初刻諸書此等書名皆不雅不必載

周文英 卷十五 鄉賢

父國奎下從張承恩至副將十五字删去當作見前傳

徐晉 卷十五 鄉賢

删抹

姚儀 卷十五 鄉賢

末事載閩頌彙編幷全祖望傳十一字此宜附注

王大道 卷十五 鄉賢

王慶元當附下林鼎新傳　端方仁厚四字旁抹

林鼎新　卷十五　鄉賢

末句下當有時有王慶元者挺身至賊所諭以禍福賊遂降事聞授守備一十三字

潘錫金　余允鵾　沈寅范　薛昌　卷十五　鄉賢

刪抹　余傳國朝無錦衣衞官此豈明人耶

曹琦　卷十五　鄉賢

食饑當作爲諸生　悉還所付當作琦悉還所付焉　末句無絲毫染指當刪去

戴泰征　卷十五　鄉賢

刪抹

張文選　卷十五　鄉賢

奉檄假西安府銜句西安二字當刪去　贈陝西慶陽府經歷句陝西慶陽四字當刪去

案假府銜者有矣未有假西安府銜者贈府經歷者有矣未有贈慶陽府經歷者蓋皆不可

信今以其意去其西安等字而已

楊賓 卷十五 鄉賢

案春華姜宸英爲作墓誌見湛園集及西溟文鈔

諸來章 卷十五 鄉賢

删抹

聞士琦 卷十五 鄉賢

赤城與至下赤城十七字當删去

秦宗游 卷十五 鄉賢

父長春下知輝縣有惠政六字删去當作見前傳

楊之范 金步瀛 卷十五 鄉賢

删抹

俞鳳章 卷十五 鄉賢

改補山東下奪運判二字　復以誤作以復

張慧才　卷十五　鄉賢

刪抹

向璿　卷十五　鄉賢

向璿國史儒林有傳亦見江藩宋學淵源錄　字荆山下以前朝至江所十字刪去當作其先世在明以軍功世襲三江衞千戶璿五歲

田軒來　卷十五　鄉賢

順天鄉試上奪爲字

陳廷綸　卷十五　鄉賢

庠生當作諸生

黃逵　卷十五　鄉賢

此等亦只宜入附傳　蘇學當作蘇州府

諸朗　傳日　卷十五　鄉賢
諸朗傳日等皆宜於書籍門中附見之
李光昭　卷十五　鄉賢
李光昭亦宜附見書籍志
朱洪謐　卷十五　鄉賢
聖宫當作工所
盛文美　卷十五　鄉賢
删抹
楊恢元　王鼎　卷十五　鄉賢
删抹
周鑲　卷十五　鄉賢
延至晉命課諸子當作延之課諸子　就商當作與論　獄繫纍纍下當作鑲視其力貧乏

及牽連者言於巡撫悉請豁免

金以成 卷十五 鄉賢

以成亦僅宜附見書籍志

胡國楷 卷十五 鄉賢

大宗伯當作尙書 奏歸下當有刑部二字

傅汝翼 卷十五 鄉賢

此亦宜附之童鈺等傳

陳簫 朱霖 鍾之樞 卷十五 鄉賢

陳簫朱霖鍾之樞等皆宜於總傳類敘之

周開捷 卷十五 鄉賢

字凱三下當作祖國奎伯父文英皆見前傳父文傑開捷從文英至蜀討番有功 文傑嘗宰上父字當删去

夏兆豐　卷十五　鄉賢

兆豐亦只宜附見書籍門

趙獻猷　卷十五　鄉賢

周一日上毋字衍

高啓夔　卷十五　鄉賢

不近内近當作入

潘用槐　潘景義　卷十五　鄉賢

二潘皆宜入總傳

吳一默　卷十五　鄉賢

流民横行村落作流民結黨擾村落　立散其徒當作立解散之

施繩武　卷十五　鄉賢

四老下奪人字

韓彥　卷十五　鄉賢

瘋疾當作風疾

何百鈞　卷十五　鄉賢

當得廣文當作以積貲當得訓導

何嘉琊　卷十五　鄉賢

嘉琊亦宜見之書籍門或總立一傳凡有著作而生平稍可考者皆類叙之

朱乾學　卷十五　鄉賢

此宜附入總傳

王元愷　劉正誼　劉鳴玉　沈冰壺　王冠雲　卷十五　鄉賢

自王元愷至王冠雲皆宜於童鈺傳附叙之

金士芳　卷十五　鄉賢

此宜附注書籍下

孫大夏 卷十五 鄉賢

此亦宜於書籍門存其所著書目而附其略

朱霞 王瀛 吳起鳳 王武彬 卷十五 鄉賢

四人皆宜見書籍門

史義遵 卷十五 鄉賢

倡捐焉下嘗他出至遂免三十九字當删去此不足紀 義遵與妻沈奪妻字

王濬 卷十五 鄉賢

所知曰下昔靈均至釆石十九字當删去

王煜 卷十五 鄉賢

次孿生煒當作弟煒 字旬叟下當有同乳生三字 煜占南陽籍句占誤作古

田福茂 鍾夢熊 陳學敬 朱雷 徐爕均 徐銜 卷十五 鄉賢

自田福茂至徐銜皆宜附敘一傳中 徐銜傳母年八十逝句逝當作卒

吳鳳翥 卷十五 鄉賢

案茹敦和集中有鳳翥傳載其著述甚多宜採入

余廷峨 卷十五 鄉賢

宜附見書籍門

馮啓宗 史謙 卷十五 鄉賢

二人宜見下陳聖傳傳末 任臺灣府彰化縣鹿子港巡檢句任當作爲 奉旨賞給當作詔給史傳同

孫毓敏 卷十五 鄉賢

此宜附入總傳

鄉賢四 卷十六

夫志爲官牘非私書也文有定體非小說也事必斷制非類林也賢乃鴻稱非諛具也然而知者希矣此數語頗簡當可見作者之出於不得已 目錄中陳允恭孫詔曾傳王露周大

樞吳壽昌諸人皆加圈識下傳同

謝中行 卷十六 鄉賢

此下人物更蕪穢雜厠删不勝删大率以村學究爲博學以賣菜傭爲盛德以銅臭雜流爲名宦以長平之殤爲殉節而已

陳允恭 卷十六 鄉賢

任編修時主試江右當作官編修時典江西試 所保舉官當作所舉薦者 廣東鹽運使副使上使字衍

孫紹曾 卷十六 鄉賢

以建儲奏當作以奏建儲

傅王霅 卷十六 鄉賢

傅王霅宜附其弟王露傳

傅王露 卷十六 鄉賢

字晴溪下當有號玉筍三字賚明敏當作幼警敏　竟無恙下平居二字當删去與昆弟當作與兄　王雯上當有弟字　案王露家居後嘗薦舉博學鴻詞科被格後高宗南巡王露迎駕以年逾八十加官中允

王霂　卷十六　鄉賢

霂誤作霖

吴𤍠　卷十六　鄉賢

宜附其子璜傳

周大樞　卷十六　鄉賢

末句下當有弟大榜字虎木優貢生亦有名嘗入兩湖總督幕十九字幷當删去下周大榜傳首至賓嘗三十二字與下卽席成晴川閣至有半牛稿文集合爲一傳

鄉賢校正　卷十六末頁

是志出歙縣朱蒼崖比部之手較有條理列傳亦多所裁節較乾隆季年紹興府志似爲過

之但其中失攷濫收俱多不免固由邑人牽掣不能無所瞻徇而蒼崖史學本疏於古文義法未能深解惟諸傳不區列儒林文苑忠節孝義等目自爲有識耳暇日偶取筆訂正之或塗乙之亂後家中無一書夾無可借略就見聞所及以誌一二將來修志者或有所取也列傳不分門類固善而事之宜類叙人之宜附見者須總立一傳以搭之方免雜斷爛之病此志往往有片語數字夾自爲一傳椒綴若帳簿者蓋未知總搭之法同治六年丁卯正月李慈銘附記

政事志

田賦 卷二十三 末第十六頁

覆以刮竹句刮竹據鹽法志紹興府志當作剖竹

唐秦望山法華寺碑重刻本 卷二十七 碑刻

顧炎武金石文字記卷六載諸碑別體字秦望山法華寺碑烔誠作煸誠則烔字當依原碑作煸

靈濟廟碑　卷二十八　藝文

湯公先於康熙四十一年壬午賜封號曰靈濟至雍正三年始封寧江伯乃云爵公神以侯雲持文之不覈往往如此

寓山園記　卷二十八　藝文

永興者蕭山也蕭山以錢清鎮與山陰接界自錢清至梅墅尚四十里乃云自永興達梅墅幾三十餘里已謬矣又云爲越郡從入道蕭山獨非屬越郡乎此皆是癡人說夢明人文字不辨方隅不識今古往往如是梅墅亦未爲越郡從入道　揖讓羅立四字亦不妥　卜築二字不通　蓋所稱寓山也句又不通　性情於山水五字亦不通　計維梯槳不成句　暫乞歸假俱不成句　或謂香山綠野皆功成耄及香山何功之成綠野何耄之及　勳功表著四字旁抹　謝太傅已茂見於前事矣茂字不通　東山以太傅名峴山以羊杜著峴山似無杜姓事且云東山以太傅著太傅但屬謝姓乎羊姓者不亦似有太傅乎

青藤書屋賦　卷二十先　藝文

徐文長本無足深取青藤書屋略誌其蹟可矣此賦既甚拙劣其題其文皆不足存削之爲

得 前既載董無休青籐書屋記亦足以傳文長矣乃又載此惡賦何耶 有藤翼翼至蕃植十二字旁抹 人殊僞聖四字旁抹 亭覩二字旁抹 散花雨之飄零句旁抹 荷標濂水至京兆走馬於章臺二十五字難得如此典博 諳循至附焉十二字旁抹 辟易二字旁抹 奚必海上之珠句旁抹

藝文下 卷二十八

凡志乘詩詞必取其關係山川地理人物古蹟者載之否則古今共傳之作或其人其集俱不經見而詩甚工且足驗風物者間登一二以存其人此志通例也

采葴篇 卷二十八 藝文

刪抹

莊八兒

此詩甚拙不足以傳當爲別譔一詩 自經至昧長理十五字旁抹 荀女江郎二語案世說所載江彪事乃諸葛恢女若後漢書列女傳所載荀爽女采握刀拒嫁則終以死殉云此

二語亦誤

鍾介伯秀才招游禹陵南鎮泛舟溯若耶溪樵風涇而返疊用坡公岐亭韻二首　卷二十八　藝文

清容詩本梁倉山惡派概乏高奇尤病粗獷此二詩既無關風土又非佳篇删之爲當屢沛句旁抹　胄績二字旁抹　𧢲矣句旁抹　莞然句旁抹

冬青行　明李東陽　卷二十八　藝文

删抹　欽宗梓宫何時南返明代人不讀書往往如此

蕺南篇爲時君　卷二十八　藝文

删抹　時君句上加乙接得突　扉臨户敞浮光華七字亦拙甚

飛來山登應天塔遂謁朱文懿公祠

遺疏猶能比尸諫句比誤作此

興教寺　卷二十八　藝文

佛壇誤作佛檀

蕺山看梅　卷二十八　藝文

刪抹

柯亭懷古　卷二十八　藝文

刪抹　雲夢竹三字旁抹　舊瑁句旁抹

清涼寺　卷二十八　藝文

刪抹　金銀開世界旁抹棟宇自齊棟難爲他調得轉

宿天衣寺　卷二十八　藝文

刪抹　域中句旁抹　洸襟煩三字旁抹

紅橋　卷二十八　藝文

刪抹　多士句及下跋扈二句皆旁抹

陸郎渡　卷二十八　藝文

此題當別作一詩存之　名高句旁抹　民謳句旁抹

三月訪沈雲崖　卷二十八　藝文

删抹

大塢尖　卷二十八　藝文

删抹　諸山俯視憑憑字旁抹

快閣　卷二十八　藝文

删抹　耶溪水到除除字旁抹　道上句旁抹

六陵懷古　卷二十八　藝文

删抹

寓園　卷二十八　藝文

删抹

榴花書屋　卷二十八　藝文

删抹　迴清塵三字旁抹　丹闕重三字旁抹　彩毫新三字旁抹
晚過鏡圃至沈南塘龍澍山房夜話
删抹
梅子眞丹井　卷二十八　藝文
删抹　末他年句旁抹
山陰潘烈女　卷二十八　藝文
第二首删　詩亦甚拙姑存一首可矣　豈必舫三字旁抹
游蘭亭　卷二十八　藝文
删抹
禹陵二十四韻　卷二十八　藝文
删抹　石鈕下加乙　身自句旁抹　微臣句旁抹
羅井懷古詩幷序　卷二十八　藝文

删抹　吁可悲也已五字旁抹　與弟虬三字旁抹　唐懿宗至不第十三字旁抹

一派俱是癡人說夢此亦可謂不知有羅江東者矣　仙於至仙去十字旁抹

梅山　卷二十八　藝文

删抹

榴花書屋　卷二十八　藝文

删抹

四十初度同弇山先生游柯山　卷二十八　藝文

删抹

吼山雲石　卷二十八　藝文

删抹　吼來句旁抹

漁父詞　卷二十八　藝文

此非爲山陰作何以入之

續鷓鴣天詞幷序 卷二十八 藝文

删

山陰縣志校記終

附錄

胡懋新 卷十五 鄉賢

案澄心堂初刻當作證心堂集敝族有刻本李先生蓋疑爲四書文耳 胡道南附注

傅仲辰 卷十六 鄉賢

先心儒公以累試不第寄籍順天改名維屏歷官浙江王家岡場鹽大使山東蒲台批驗所大使志中均漏載 六世孫以禮誌

王子餘前輩旣以所編就李蒓客先生所校紹興府志屬爲校譌復出手抄先生所校山陰縣志畀余編寫將合刻迹有清攷据之學鼎盛黎州崑山兼及載紀體例後之作者於斯義屢有攢益先生倔起晚清矢以聊慮無間揣摩其於漢宋詞章諸學靡不討繹其源而自言於史學爲少通蓋其方寸所蓄不啻歎言之矣兹兩志經先生芟剷繁蕪折中戠䍐俾繼而作者得以遵循知所甄別其用意蓋至勤至善也　子餘前輩十年前曾有越中三不朽之刻今復踵此二書其於吾邦文獻亦庶幾無不足徵之歎其苦心孤詣亦與先生同契云是編編次體例大要不悖府志惟塗乙處有注者自當以注爲重不必誌其塗乙無注者不宜闕而不書謹以旁抹二字系之期無失其本旨其删去各條皆冠以删抹二字民國十九年六月兪奇曾記於栖鸕邨舍